Roswitha Mair

Käthe Kollwitz

Roswitha Mair

Käthe Kollwitz

Ein Leben gegen jede Konvention

Romanbiografie

HERDER

FREIBURG · BASEL · WIEN

HERDER spektrum Band 6973

MIX
Papier aus verantwortungsvollen Quellen
FSC® C083411
FSC
www.fsc.org

Vollständig überarbeitete Neuausgabe 2017

Bisheriger Titel: Käthe Kollwitz. Leidenschaft des Lebens. Biografie

www.herder.de

Satz: Arnold & Domnick, Leipzig
Herstellung: CPI books GmbH, Leck

Printed in Germany

ISBN 978-3-451-06973-4

I

Zwei Plastiken von Käthe Kollwitz beeindrucken täglich unzählige Menschen in Berlin und Belgien: vor der Neuen Wache Unter den Linden die »Mutter mit ihrem toten Sohn« zum Gedenken an die Opfer von Krieg und Gewaltherrschaft; »Die trauernden Eltern« am Eingang des Soldatenfriedhofes im belgischen Vladslo.[1] Die weltweit verbreiteten Grafiken rütteln immer noch auf – mit dem Menschen als leidendes, revolutionierendes, liebendes und sterbendes Wesen. Ihr »Nie wieder Krieg« klingt bis heute nach.

Wer war diese Künstlerin, die sich ausschließlich der Darstellung des Menschen widmete? Die so energisch und beharrlich für den Frieden kämpfte? Die so unbarmherzig den Menschen die sozialen Ungerechtigkeiten und deren Folgen vor Augen führte?

Wer war dieser Mensch, der unermüdlich Briefe schrie und Tagebücher führte? Was trieb sie an? Woher nahm sie diese immense Kraft, zu gestalten? Wie wurde sie, was sie geworden ist?

Kommt ein Kind bereits mit einem Charakter auf die Welt? Mit einer unumkehrbaren Prägung, mit Wesensmerkmalen? Bei Käthe war dies wohl der Fall, als sie 1867 in Königsberg auf die Welt kam.

Sie war ein zartes und stilles Kind. Wer sie nicht näher kannte, beschrieb sie als schüchtern. Doch da war noch etwas anderes an dem kleinen Mädchen, ein Charakterzug, der es zeitlebens bestimmen würde: Etwas Ernstes, Düsteres umgab sie. Die geliebte jüngere Schwester Lise beschrieb später das Dunkle als ihre wahre Seite, sprach von »ungeklärten Kräften, die in einer

Tiefe mühsam arbeiten, bevor sie zu einer Gestaltung ans Licht kommen«.[2]

Die Erwachsenen nannten es Eigensinn, wenn das Mädchen brüllte und strampelte, sich gegen unsichtbare, innere Regungen zur Wehr zu setzen schien und einen Kampf mit sich selbst austrug. Sie selbst hatte keinen Namen dafür, wusste nicht damit umzugehen. Die ältere Schwester Julie steckte später immer ein Stück Zucker ein, wenn sie gemeinsam fortgingen. »Warum?«, fragte Tante Tina. »Es der Käthe in den Mund werfen, wenn sie brüllen will«, antwortete sie. Manchmal blieb Käthe einfach auf der Straße stehen und nichts konnte sie bewegen weiterzugehen. Entwickelte sich aus diesem Verharren dieses unerschrockene Beharren in allen Dingen des Lebens?

In Erinnerung geblieben ist Käthe – so hat sie es 1923 aufgeschrieben – besonders ihr neunter Geburtstag. Mit ihrem Kegelspiel, ihrem Geburtstagsgeschenk, spielten die anderen Kinder. Sie beobachtete das Spiel, wie sie immer alles genau beobachtete. Aber sie ist nicht dabei – sie steht daneben. Mit einem Mal wird sie blass, gelblich im Gesicht. Schreckliche Bauchschmerzen übermannen sie. Sie läuft zu ihrer Mutter, sucht bei ihr Hilfe und Schutz. Immer wieder quälen diese unerklärlichen Schmerzen das Mädchen, nehmen ganz plötzlich von ihr Besitz, und sie können Stunden und Tage anhalten. Manchmal legt sich Käthe flach auf einen Stuhl, manchmal reibt ihr die Mutter den Bauch. Nur diese weiß, ahnt wohl vielmehr, dass ihr schweigsames Kind ein heimlicher Kummer quält. Während die anderen Kinder an ihrem Geburtstag ihren Spaß haben, weicht Käthe ihrer Mutter nicht mehr von der Seite. »Sie war da, und das war gut«[3], schreibt Käthe später in ihr Tagebuch.

Und doch war es auch eine glückliche Kindheit.

Die Familie Schmidt lebte in einem Eckhaus mit einem kleinen Vorgarten und einem großen Hof, hin zu einer kleinen Gasse, die zum Pregel führte.

Mit Sehnsucht dachte Käthe später an die Abenteuer ihrer

frühen Kindheit zurück, an die Grube mit dem ungelöschten Kalk, den Lehmhaufen, aus dem man Burgen bauen konnte, die Ziegelwagen, die von den Schleppkähnen die Ziegel zu Vaters Bauten brachten. Zwischen den Höfen in einem lang gestreckten Gebäude arbeitete ein Gipsgießer. Die noch feuchte Gipsluft glaubte sie noch viele Jahre später riechen zu können.

Nach Käthes neuntem Geburtstag zog die Familie in die Königstraße, in eines der schönsten vom Vater neu gebauten Häuser, bald darauf siedelten sie in die Prinzenstraße über.

In dieser Zeit beginnen die kleine Käthe entsetzliche Träume zu plagen. Immer wieder dieselben grauenvollen Träume, in denen Dinge um sie wachsen, riesengroß oder winzigklein werden, so sehr schrumpfen, dass sie kaum noch wahrnehmbar sind und das Mädchen ins Nichts zu fallen scheint. Oder, und das Gefühl ist nicht weniger schrecklich, sie wird von den übergroßen, übermächtig gewordenen Dingen zermalmt. In manchen Träumen liegt Käthe in einem halbdunklen Zimmer, in einem Eck liegt dort ein großes, zusammengerolltes Schiffstau. Langsam beginnt es sich aufzurollen, immer weiter, bis es den ganzen Raum ausfüllt und sie zu ersticken droht. In ihrer Not will sie die Mutter rufen, die im Nebenzimmer sitzt und liest, durch die halbgeöffnete Tür kann sie ihren Rücken sehen. Sie schreit, schreit so laut sie kann – sie schreit um ihr Leben. Aber niemand hört sie.

Ihre Verängstigung war groß, so groß, dass sie in diesen Nächten manchmal wirklich laut schrie. Ein entsetzliches Schreien. Einmal kam sogar der Nachtwächter, um nach dem Rechten zu sehen. Der Vater und die Mutter hörten sie immer. Er kam mit der Kerze, sie brachte warmes Zuckerwasser, um sie zu beruhigen. Lise sah stumm vom Bett aus zu, wie die größere Schwester langsam wieder zu sich fand.

Wie mit diesem Mädchen und seinen Anwandlungen umgehen? Es gab keine adäquate Antwort auf diese Frage, die Familie verstand nicht, was Käthe quälte, was ihre schrecklichen Träume auslöste. Sie ahnte nicht, wogegen sie rebellierte, was in ihr zu lodern begann, welche Kräfte anfingen, sich zu ballen, bis sie etwas fanden, an dem sie sich messen konnten. Fürsorge und Rücksichtnahme waren in der Regel die Mittel, um mit Käthe umzugehen.

Weil man glaubte, die Luft würde der Tochter einen erholsameren Schlaf bringen, verbrachte die Familie von Juli bis September die Ferien regelmäßig an der See. Dort hatte der Vater ein altes Fischerhaus gekauft mit einem Garten, einem Teich und einem kleinen weißen Boot.

Kein Meer bedeutete Käthe jemals mehr als die samländische See: »Diese unaussprechliche Erhabenheit der Sonnenuntergänge von der hohen Küste aus! Dies Ergriffensein, wenn man zum ersten Male sie wieder nah sah, den Seeberg runterrannte, Schuh und Strümpfe auszog und die Füße wieder das Gefühl des kühlen Seesands hatten! Dieser metallische Schall der Wellen!«[4]

Käthe wuchs in einem kleinen, überschaubaren Kreis auf.

Ihren vier Jahre älteren Bruder Konrad, der mit Begeisterung Indianer-Bücher las, bewunderte Käthe sehr, vor allem als er eines Tages beschloss, querfeldein über die Pregelwiese bis nach Amerika zu gehen. Er sollte nicht weit gekommen, aber er hatte sich auf den Weg gemacht.

Julie war zwei Jahre älter als sie. Von ihr sprach kaum jemand, und die Schwestern verstanden sich nicht gut. Lisbeth (Lise) aber, geboren 1870, liebte Käthe inständig, und als diese größer wurde, waren sie beide unzertrennlich. Mit ihr spielte sie am liebsten.

Am schönsten, so erinnerte sie sich, waren die »Spieltage«. Das waren der Dienstagabend und der Sonntagvormittag, wenn die Eltern und die größeren Geschwister sich in der Freien Gemeinde mit den anderen Mitgliedern trafen. Käthe und Lise saßen dann am Tisch und tuschten die Bilderbögen, die sie bei Fräulein Sander in der Königstraße gekauft hatten, und schnitten die Figuren aus. An die 200 Stück waren es schließlich, Figuren aus Theater und Oper, der Teufel, Wilhelm Tell und Tannhäuser, Venus, die Jungfrau von Orkans. Mit großer Inbrunst spielte Käthe den Liebhaber und Lise die Geliebte. Manchmal verkleideten sie sich, bauten sich aus umgedrehten Stühlen und Tischen sowie mit Bauklötzen ein eigenes Bühnenbild, erschufen Paläste und Opferaltäre. Sie spielten Stücke aus der griechischen Mythologie, von Schiller, und erfanden ihre eigenen Geschichten. Als Käthe alt genug war, musste sie die Eltern zu den Sonntagspredigten in das nahe gelegene Haus der Großeltern begleiten.

Das Spielreich schloss seine Tore. Die Papierpuppen verstaubten. Aber Jahre später wurden die dramatischen Gestalten auf andere Weise wieder lebendig.

Unterrichtet wurden die größeren Kinder in privaten Zirkeln, unabhängig von den öffentlichen Schulen wie alle Angehörigen der Freien Evangelischen Gemeinde. Gegründet wurde sie einst als eine der ersten derartigen Gemeinschaften Deutschlands in Königsberg von Julius Rupp, dem Großvater von Käthe. Dass der Großvater für das religiöse Leben damals das war, was Karl Marx für die Arbeiterbewegung gewesen ist, ahnte sie noch nicht.

Nach seinem Tod übernahm Carl Schmidt, der Vater von Käthe die Predigeraufgaben. Er war ein gelernter Jurist und Baumeister, betrieb eine Baufirma, die den Angestellten eine finanzielle Teilhabe am Gewinn gewährte und damit die gleichberechtigte Teilhabe am Leben. Ganz so wie man predigte, setzte man sich im Sinne der Lehre Jesu nach dem Matthäus-Evangelium für die Gleichheit aller Menschen ein und trug für die Hilfsbedürftigen Sorge.

Die Angehörigen der Freien Gemeinde waren Dissidenten, von der Landeskirche ausgegrenzt – aber streng organisiert innerhalb ihrer Gemeinschaft. Dennoch herrschte ein offener und fortschrittlich bildungsbürgerlicher Geist. Man diskutierte über öffentliche Angelegenheiten, über Politik, Literatur, Kunst und Wissenschaft, oder las gemeinsam die Dramen von Shakespeare, Schiller und anderen großen Dichtern.

Der christliche Gott aber, über den ihr Großvater predigte, blieb Käthe fremd. Sie liebte die antiken Götter aus den *Schwabschen Sagen,* die sie geschenkt bekommen hatte. Die Erzählungen kannte sie auswendig und war gerade wieder einmal dabei, der Venus im selbst gebauten Tempel zu opfern, als ihr Vater und ihre Mutter kamen. Benjamin, ihr jüngster einjähriger Bruder war nach einer Meningitis-Erkrankung gestorben. Käthe erschrak heftig. Hatte der christliche Gott sie bestraft, weil sie den heidnischen Göttern opferte? War sie schuld am Tod des Bruders? Wie hingen Leben und Tod, die liebevollen Gefühle für ihren kleinen Bruder und die schmerzvollen zusammen? Sie wusste keine Antwort, vermerkte sie viele Jahre danach.

Doch Käthe fragte nicht, schwieg wie ihre Mutter, die sie am Tag zuvor während des Mittagessens beobachtet hatte. Sie hatte gerade die Suppe ausgeteilt, als die Kinderfrau hereingestützt kam und schrie: »Er bricht wieder, er bricht wieder.« Die Mutter hatte – so schien es Käthe – unbeeindruckt weiter die Suppe geschöpft. Und geschwiegen.

Später dann, als man die kleine Leiche wegbrachte, stand die Mutter am Fenster und sah dem Wagen nach. Sie weinte nicht, sie sagte nichts. Sie schien weit weg mit ihren Gedanken, aber Käthe, die neben ihr stand, spürte eine unbändige Liebe zu ihr. Doch sie blieb stehen, wo sie war. Sie war nur da, wie die Mutter für sie da war, wenn sie sich unwohl fühlte, traurig war oder die Albträume sie plagten.

Die Mutter mit ihrem feinen Gesicht, den dunklen, in der Mitte gescheitelten Haaren, ähnelte einer Madonna. Manchem erscheint sie gar wie eine »Heilige«[5]. Nie sieht die Tochter sie fassungslos, immer scheint die Mutter würdevoll und anmutig. Selbst der Tod zweier Kinder – auch das Erstgeborene starb als kleines Kind – wird scheinbar spurlos an ihr vorübergehen. Nur eine übergroße Angst um die lebenden Kinder lässt ein wenig von ihrem Innenleben, ihrem Schmerz erahnen.

Käthe ist zwölf, als sie die Liebe kennenlernt. Sie spielt nun gerne mit den gleichaltrigen Jungs – und diese mit ihr. Sie ist sehr gut im Klippball, und im Winter rodeln sie mit dem Handschlitten die schräge Prinzenstraße hinunter. Ein ganz besonderer Spielgefährte ist Otto, der im oberen Stockwerk ihres Hauses wohnt. Er ist ihre erste Liebe. Während die anderen spielen, gehen sie manchmal in den Keller oder klettern über den Zaun in den verwilderten Nachbargarten, um sich zu küssen. Es ist immer nur ein Kuss und sie nennen ihn »Erfrischung«.

Julie ertappte die jungen Verliebten eines Tages und erzählte es umgehend der Mutter. Doch diese reagierte nicht, wie immer, äußerte sich weder Julie noch Käthe gegenüber.

So ging die »Liebschaft« weiter, bis eines Tages Otto mit seiner Familie fortzog. Er versprach, sie weiterhin zu besuchen, aber er kam nur einmal zurück. Und so erlebte Käthe nach der Verliebtheit ihren ersten Liebeskummer. Sie sehnte sich schrecklich nach Otto. Der Spielhof mit dem alten Birnbaum, der Nachbarsgarten und sogar der Keller, in dem sie sich geküsst hatten, verloren ihre leuchtenden Farben und bekamen einen düsteren Klang. Alles war leer und öd und auch die Spiele mit den anderen Kindern waren für sie nun ohne Reiz.

Um wieder etwas zu spüren, um Otto und ihre Liebe nicht zu vergessen, ritzte sie sich ein »o« in ihr linkes Handgelenk. Und immer, wenn es zu heilen drohte, erneuerte sie es. Es war wie eine Beschwörung, um ihre Gefühle für Otto aufrechtzuerhalten. Nur der Schmerz während des Einritzens konnte Otto für kurze Zeit in ihrem Herzen wieder lebendig werden lassen. Doch allmählich verlor sie auch diese Empfindung. Andere Jungen und später Männer traten an Ottos Stelle. Von nun an sollte Käthe immer wieder verliebt sein, in Männer, in Frauen, einmal mehr, einmal weniger und oftmals, ohne dass die anderen es wussten.

Die Liebe wurde zur ersten Lebensgrundlage für Käthe; ihre zweite fand sie in der Kunst.

Als die Schmidt-Kinder noch klein waren, brachte der Vater von seiner Baufirma alte Zeichenpläne mit, die nicht mehr gebraucht wurden. Auf diesen langen Streifen Papier begannen sie zu zeichnen. Einige dieser Zeichnungen bewahrte der Vater auf, sie gefielen ihm gut. Viele davon waren von Käthe. Es macht ihr Freude, das zu zeichnen, was sie sah – und bald skizzierte sie auch das, was sie fühlte, worüber sie sprechen wollte, aber wofür sie keine Worte fand.

Eines Tages entdeckte sie im Bücherschrank neben Werken von Goethe, die sie ihr Leben lang begleiten sollten, Kleists *Marquise von 0*. Eifrig begann sie zu lesen, doch sie verstand nichts. Und doch brachte Käthe instinktiv das Gelesene mit ihrem eigenen körperlichen Wandel in Verbindung, den sie als etwas Dunkles und Unerklärliches erlebte. Ihre Mutter sprach nicht über die Pubertät, und so sprach auch Käthe nicht davon, was in ihr vorging. Konrad, den sie so sehr bewunderte und der wohl etwas Ähnliches erlebte, sah es. Er sah ihre Zeichnungen, in denen sie ihre Lektüre und die eigenen Gefühle miteinander verwob. Doch auch er sagte nichts, achtete aber ab diesem Moment sorgfältig darauf, was sie las. Manches nahm er ihr weg und stellte es zurück in den Bücherschrank.

Eines aber wusste Käthe jetzt: Zeichnen war mehr, als Konturen zu erfassen.

In den folgenden Jahren fühlte sie sich sehr unansehnlich, fast hässlich. Sie schien auch nicht in die Welt des lockeren Umgangs miteinander hineinzupassen. Flüchtige Blicke von einem zum anderen, der spielerische Umgang mit Worten und Gesten blieben ihr fremd. Es war alles so schwer, so ernst und tief an ihr, ihre Bewegungen und ihr Blick, die Worte.

Konrads Kollegen gegenüber, die oft zu Besuch kamen, verhielt sie sich distanziert. Zuweilen verliebten sie oder Lise sich in den einen oder anderen. Beklommen näherte Käthe sich den jungen Männern, errötete oft. Scheue Blicke wurden ausgetauscht, ein Händedruck dauerte vielleicht länger als gewöhnlich, schüchterne Zeichen der Zuneigung. Doch dabei blieb es, denn da waren die Regeln, die Konventionen, denen man sich beugte und unter denen man die eigenen Hoffnungen und Wünsche begrub. Manchmal sehnte Käthe sich fort von dieser Welt, die sie einengte, in der sie nicht sein durfte, wie sie war. Sie hasste all das Verschnörkelte, das pathetische Gehabe, die Floskeln, die man höflichkeitshalber austauschte, nur um nicht sagen zu müssen, was man wirklich dachte, was man wirklich fühlte. Sie empfand es als kleine Befreiung, wenn sie diese Welt für kurze Zeit verließ und mit Lise durch Königsberg bummeln konnte. Manchmal wurden sie begleitet von der lebhafteren Lisbeth Kollwitz, die einzige wirkliche Freundin, die sie außer Lise hatte.

Die Mädchen gingen gerne zum Bahnhof, wo die Züge zwischen Petersburg und Paris hielten, hier stiegen die Großfürsten mit ihren Pelzen und Juden in ihren Kaftans und mit den Schläfenlocken um und brachten einen Hauch der weiten Welt mit in die Provinzstadt.

Hin und wieder kauften die jungen Mädchen Kirschen und flanierten durch die Stadt bis zum Schloss, am Dom vorbei und dann bis zum Pregel und zum Hafen, beobachteten das rege Treiben, das Be- und Entladen der Schiffe. Fasziniert schaute Käthe den Sackträgern zu, den Polen wie den Russen und Litauern in ihren Schafspelzen und den lappenumwickelten Füßen. Abends spielten die Männer Ziehharmonika und tanzten dazu, niemand scherte sich um sie, sie konnten tun, was sie wollten. Sie schienen wirklich frei, das faszinierte Käthe an ihnen.

Käthe beobachtete die unterschiedlichen Gesichter, sie sah die Gestalten, wie sie sich sicher bewegten, kraftvoll und ästhetisch. Und immer drängender wurde ihr Wunsch zu zeichnen. Sie wollte Künstlerin werden. Sie musste Künstlerin werden, um das Leben einzufangen. Sie sagte sich: »Ich muss, ich muss, ich muss.«

In der Familie wurde darüber nicht gesprochen, aber der Vater hatte längst ihr Talent erkannt wie jenes von Lise und Konrads zur Poesie. Pragmatisch stellte er gegenüber der Mutter fest: »Sie ist nicht schön. Die Liebe wird sie nicht abhalten von dem, was sie will.«

So begann Käthes Weg zur Künstlerin, ab 1880 durfte sie mit zwei anderen Mädchen beim Kupferstecher Rudolf Mauer Unterricht nehmen und lernte Köpfe nach Gipsmodellen und Vorlagen zu zeichnen. Später brachte ihr ein junger Maler, Friedrich Gustav Naujok, weitere Kniffe des Zeichnens bei. Diese Grundlagen waren wichtig für sie, sie musste sie zweifellos beherrschen. Aber sie wollte nicht Zeichenlehrerin an einer höheren Schule werden, die sich mit Bildnissen, Blumen und Früchten beschäftige. Käthe wollte mehr.

Der Vater ahnte davon nichts. Er träumte seinen eigenen Traum, der nicht weniger kühn war. Sein Traum war männlich dominiert: Seine Tochter sollte Historienmalerin werden und von den großen Taten großer Männer in ihren Bildern berichten. Sonntags führte er sie und die Familie in die Königsberger Museen, damit sie diese Bilder sah, die ihn so sehr beeindruckten. Und wohl auch Käthe.

Sie hatte trotz ihrer körperlichen Zartheit nichts Weiches, nichts Liebliches, nichts Hingebungsvolles und Unterwürfiges an sich – die gewünschten weiblichen Attribute ihrer Zeit. Weiblich war auch nicht ihre Begeisterung für das Revolutionäre. Mit angehaltenem Atem hörte sie zu, wenn ihr Vater Ferdinand Freiligraths Revolutionsgedicht *Die Toten an die Lebenden* las. Leben und Tod – da war es wieder, so konträr und doch untrennbar miteinander verbunden.

Sie träumte von Barrikadenkämpfen, an denen der Vater und Konrad beteiligt sein würden, und sie lud ihnen die Flinte. Sie war es, die »Feuer!« rief, und ihre Mitstreiter dazu aufforderte, bis an die Grenze zu gehen, an die Grenze zwischen den Lebenden und den Toten, zwischen Sein und Nicht-Sein.

Auch der Großvater und der Vater waren Kämpfer für die eigene Sache, waren an ihre eigenen Grenzen gegangen und nicht gescheitert. Julius Rupp hatte sich gegen jeglichen staatlichen Glaubens- und Symbolzwang ausgesprochen, woraufhin man ihn 1845 von seinem Amt als Divisionspfarrer im Militär enthob. Im darauffolgenden Jahr gründete er die erste Freie Evangelische Gemeinde, der sich rund hundert Königsberger anschlossen, und die jahrelang offiziell verboten bleiben sollte.

Sein späterer Schwiegersohn Carl Schmidt, früh verwaist und finanziell schlecht gestellt, wurde 1853 wegen seiner Mitgliedschaft in ebenjener Gemeinschaft als Rechtsreferendar vom Staatsdienst entlassen. Er ließ sich davon nicht beirren, lernte das Maurerhandwerk und gründete nach der Meisterprüfung kurzerhand ein eigenes Baugeschäft.

Sich selbst durchzusetzen im Leben und in der Gesellschaft, hatte Käthe also tagtäglich vor Augen. Immer besser gelang es ihr, die innere Kraft, die sie als kleines Kind als belastend und dunkel empfunden hatte, mit ihrem Können und Wollen übereinzubringen. Und je mehr ihr das gelang, desto mehr stärkte es ihre Willenskraft.

Als der Vater eines Tages am Abendbrottisch zur Mutter über die Zeichnungen der jüngeren Schwester sagte: »Die Lisuschen wird die Katuschchen bald eingeholt haben«, war Käthe zutiefst getroffen. Daran hatte sie, wie sie später feststellte, »sehr lange zu fressen«[6]. »Damals empfand ich vielleicht zuerst in meinem Leben, was Neid und Eifersucht heißt«[7], schrieb sie. Es sollte nicht das letzte Mal sein.

Im Engadin, wohin sie und Lise Mitte der Achtzigerjahre ihre Mutter begleiteten, zeigte man den Hotelgästen Zeichnungen von den beiden. Lise wurde von diesen als die Begabtere der beiden Schwestern gelobt. Käthe litt sehr darunter. Sie war ehrgeizig – auch gegenüber ihrer geliebten jüngeren Schwester: Sie musste besser sein.

Als kleines Kind hatte sie sich durch ihre düsteren Stimmungen und Phasen gekämpft. Sie war geübt darin, sich selbst wieder zurückzuerobern. Und ihre neu angefertigte Zeichnung *Luther verbrennt die Bannbulle* mit den Charakterköpfen bewunderten denn auch alle. »In mir war Zielrichtung«[8], schrieb sie später über diesen initiierenden Punkt ihres Künstlerinnendaseins in ihr Tagebuch.

Lise dagegen hatte kein wirkliches Ziel. Sie zeichnete wie im Vorübergehen, nichts, was den anderen beim Betrachten beschwerte. Auch als Persönlichkeit hatte sie etwas Leichtes, Flüchtiges an sich. Hübsch und lebenslustig wie sie war, wurde sie von vielen umworben. Auch den Maler Lovis Corinth gewann sie Jahre später im Nu für sich. Sie kämpfte nicht – nicht für etwas, nicht gegen etwas. Auch nicht gegen Käthe.

Als Kind fügte sich Lise allen Anweisungen der Älteren. Aber gerade weil sie sich fügte, reizte es Käthe zuweilen, sie herauszufordern. Sie wusste, dass die jüngere Schwester in ihrer Gutherzigkeit leicht verletzlich war und schnell weinte, wenn Käthe sie reizte. Gab es da wirklich keine Grenze, keinen Punkt, ab dem sie endlich Widerstand leistete? Das fragte sie sich immer wieder. Aber es gab keine Barrikaden, die Lise überrannte und keine Kraft, die sie Käthe entgegenschleuderte, wie sehr es sich diese auch wünschte.

Seit den frühen Achtzigerjahren gehörte auch Karl Kollwitz zu den Kollegen, die Konrad, der noch zuhause lebte, besuchten und zu den kleinen Festen und Bällen der Familie Schmidt eingeladen waren. Etwa ein Jahr jünger als Konrad, hatte er schon früh seinen Vater verloren und das Geld der Familie war knapp. Seine Mutter hatte dennoch große Pläne gehegt. Ihr Sohn sollte

Pfarrer werden oder Arzt, die jüngere Schwester Lisbeth Erzieherin. Als auch die Mutter 1878 starb, war Karl erst vierzehn Jahre alt, seine Schwester elf. Der Onkel Dannenberg, ein Gutsbesitzer, verwaltete als Vormund das kleine Vermögen der beiden Kinder. Die Sommer durften die Waisen mit seinen vier Kindern auf dem ostpreußischen Gut verbringen. Karl musste dann zwar auf dem Feld arbeiten, aber nur hier konnten sich die Kinder wirklich satt essen. Der Junge hatte bereits ein gewisses Gespür dafür entwickelt, in welcher der Pensionen, in denen sie unterkamen, es mehr zu essen gab für kleines Geld, aber richtig gefüllt waren ihre Mägen nie – Dickens Geschichten hätten auch in Deutschland geschrieben werden können. Das sah Käthe auch so.

So lernte Karl schon früh die Härte des Lebens kennen. Er lernte, bestimmten Menschen zu misstrauen und anderen zu vertrauen. Er lernte sich anzupassen, Hindernisse zu umgehen. Zwar war Karl ein aufgeschlossener, fröhlicher junger Mann, doch die Fröhlichkeit seines Wesens wurde getrübt durch das erdrückende Gefühl der Verantwortung für sich und seine Schwester. Als er ein Studium begann, nagte das Darlehen für dessen Finanzierung zusätzlich an ihm. Vergaß er diese Bürde für einen Moment, dann war es der Onkel, der ihn daran erinnerte und ihm Vorwürfe wegen seiner Ausgaben und der Schulden machte. So wurde er immer wieder gebremst in seiner natürlichen Heiterkeit und Gelassenheit.

Da traf Karl bei Schmidts die junge Käthe.

Sie war voller Kraft und schien so sehr in sich gefestigt. Das imponierte ihm, der selbst so gespalten war und sich sein Leben schwer erkämpfen musste.

Käthe mit den dunklen, tiefen Augen war etwas Besonderes, das spürte er, wie auch das Unkanalisierte, Offene an ihr.

Karl kam immer öfter zu den Schmidts. Der Grund war Käthe.

II

Carl Schmidt träumte noch immer von der Historienmalerin Käthe. Im Winter 1886/87 schickte er sie nach Berlin, in die Stadt, wo Konrad studierte und Julie seit 1885 mit ihrem Mann Dr. Paul Hofferichter lebte. Käthe bezeichnete es als ein »Probejahr«, vielleicht deshalb, weil sie sich selbst wie der Vater auf die Probe stellen wollte und sehen, ob sie standhalten konnte.

Sie konnte. In der Zeichen- und Malschule des Vereins Berliner Künstlerinnen und Kunstfreundinnen zählte sie rasch zu den begabtesten Schülerinnen. Sie lernte Menschen darzustellen, erlernte das Handwerk und vor allem, etwas auszuarbeiten, sich durchzuarbeiten. Mehr allerdings auch nicht und das ließ die junge Frau unbefriedigt in ihrer Arbeit.

Der Lehrer Karl Stauffer-Bern, der sie nachmittags zusätzlich in Anatomie und Aktzeichnen unterrichtete, riet ihr, sich die Grafiken von Max Klinger anzusehen. Er war mit ihm befreundet und schätzte ihn sehr. Klingers Arbeiten kreisten um die antike Mythologie, um Eros und Tod – befremdliche Themen für viele damals und nur wenige kannten den Künstler. In einer Ausstellung zeigte man seine Grafikfolge *Ein Leben*, doch die Bilder waren schlecht und sorglos gehängt. Als ob sie nicht wichtig genug wären neben den kolossalen Gemälden anderer Künstler. Käthe sah sie und blieb lange vor diesen wenig beachteten Blättern stehen. Etwas rührte sie an, ja erregte sie. Sie stand und schaute. Langsam formte sich ein Gedanke: Das Leben selbst war es, das in den Grafiken verborgen lag. Nicht in den Konturen, die es festzuhalten schienen wie Konventionen. Sie spürte bei aller Distanziertheit und Erhabenheit von Klingers Bildern, durch alle klaren Linien hindurch, etwas Düsteres und Namenloses.

Eng verknüpft mit Brahms' Musik war das, was sie bei Klinger packte, das erkannte sie hinterher. Und Jahre später fasste sie in Worte, was sie damals bewegte. Bei Klingers Begräbnis am 8. Juli 1920 sprach sie für die Freie Secession, deren Ehrenmitglied er war, die Abschiedsworte: »Der ungeheure Lebensdrang, die Energie des Ausdrucks waren es, was uns daran packte ... Max Klinger bleibt nicht an der Oberfläche der Dinge haften, er dringt in die dunkle Lebenstiefe ..., das gewaltige herrliche und traurige Leben fasste er und deutete er uns.«[1] Käthe hatte etwas entdeckt, was sie zuvor nicht hätte definieren können.

Wie magisch zog sie das Leben der Unterprivilegierten auch in Berlin an, suchte es in den Hinterhöfen wie zuvor am Hafen in Königsberg. Als Lise sie besuchte, war es diese Welt hinter den glitzernden Fassaden, die sie ihr zeigte und nicht das moderne Berlin, das nun, in der »Gründerzeit« auf dem Weg war, eine Weltstadt zu werden. 1880 wurde hier das Elektrizitätswerk von Siemens eingerichtet – nun fuhren auf den Straßen der Metropole die elektrischen Straßenbahnen, und man konnte, wenn auch zu horrenden Preisen, telefonieren. Große Gebäude wurden gebaut, Fabriken und zahlreiche neue Geschäfte mit vielen Filialen eröffnet. Schwülstige Dekors stellten den neuen Reichtum zur Schau, kündeten von Überfluss und nicht immer von gutem Geschmack.

Nichts von alledem beeindruckte Käthe.

Stauffer-Bern hatte ihr geraten, ein weiteres Jahr hier zu bleiben. Zu ihrem Glück, wie sie später sagte, wurde jedoch nichts daraus, weil die Unterrichtsgebühren, die Lehrbücher und das Leben in der Pension zu teuer waren; mindestens 3000 Mark hätte der Vater dafür bezahlen müssen. Ende der Siebzigerjahre hatte er jedoch das Baugeschäft aufgegeben und die Familie lebte seither von den Zinsen seines Vermögens. Sie lebten gut, aber nicht üppig.

So nahm Käthe nach ihrer Rückkehr in die Heimatstadt gemeinsam mit einer jungen Tilsiterin Stunden beim Königsberger Akademieprofessor Emil Neide, einem Historien- und Genremaler. Seine *Lebensmüden* waren eine Sensation gewesen, bis nach Amerika schwappte sein Ruhm. Doch was Käthe beeindruckte, war allein sein *Am Ort der Tat*, eine nüchterne Studie zur Untersuchung eines Mordes in einer sandigen Kiesgrube. Als sie bei einem Besuch bei ihrer Schwester Julie in Erkner, bei Berlin, die Brüder Gerhart und Carl Hauptmann sowie Arno Holz kennenlernte, verflog auch dieses Interesse. Die jungen Intellektuellen hielten nichts von der Kunst der Älteren. Das, was für Käthe bisher der Inbegriff der Moderne gewesen war, nannte Arno Holz »ein Bild für Dienstmädchen, und unsere Kunst überhaupt ein Lämmchen mit dem rosa Band!«[2] Neue Horizonte eröffneten sich der jungen Malerin, die dabei war, ihre Inspiration und ihren Stil zu finden.

Sie zeichnete viel, auch zu Hause. Lise saß ihr Modell, geduldig folgte sie Käthes Anweisungen, bis diese die perfekte Pose gefunden hatte. Lise war biegsam, Käthe nicht.

Nur einmal malte sie ein Genrebild, wie es zu jener Zeit Mode war: *Vor dem Ball.* Als Sechzehnjährige schon hatte sie aber eine Zeichnung zu den *Auswanderern* von Freiligrath gemacht, hatte Arbeiter gezeichnet, Arbeiter, die sie bei ihren Bummeleien durch Königsberg auch jetzt wieder beobachtete und die eine merkwürdige Faszination auf sie ausübten. Das Leben in den Bildern von Max Klinger und das Leben im Hafen und in den dunklen Gassen – da fühlte sie einen Gleichklang in sich, der wellenförmig zu schwingen schien. Als ob sie eine Musik hören könnte, deren Töne immer lauter wurden, ganz nah an ihr Ohr drangen, aber immer, wenn sie meinte am Ziel zu sein, wurden die Töne wieder schwächer.[3]

Immer noch quälten sie Albträume, in denen sie das Gefühl hatte, in einem luftleeren Raum zu schweben oder sich aufzulösen. Es war etwas im Werden, das begriff und fühlte sie. Etwas tat sich in ihr, wenn auch nur langsam und für die Menschen in ihrer Umgebung nicht wahrnehmbar. Sie musste dem nur Zeit geben.

Viel später schrieb sie ihrem Sohn Hans in einem anderen

Zusammenhang: »Ich habe das Gefühl, wenn ich unaufgefordert nach etwas frage, dass durch Sprechen so leicht in Bewegung sich Befindendes fixiert wird.«[4]

Karl Kollwitz kam weiterhin zu den Schmidts nach Hause.

Er kam vor allem zu Käthe. Liebenswürdig, freundlich und mit einem Leuchten in den Augen, wenn er mit ihr sprach. Eines Tages, als sie allein waren, fasste er sich ein Herz und fragte sie, ob sie ihr Leben mit ihm teilen wollte, wenn er das Studium beendet hatte. Vielleicht war sie überrascht. Vielleicht freute sie sich auch darüber, umworben und geliebt zu werden. Karl war jemand, dem man vertrauen und dem man sich anvertrauen konnte. Manchmal lachten sie auch zusammen, und sie mochte seine Art, mit ihr zu reden, sie herauszuholen aus ihren schweren Gedanken, aus ihrem inneren Gefängnis.

Käthe überlegte und wog die verschiedenen Aspekte ab. Eine unbändige junge Liebe war es wohl nicht. Aber ihr war klar, das sie von Königsberg fort musste, fort von all diesen Konventionen, die ihr Leben einengten. Um Künstlerin zu sein, musste sie das Leben spüren. Karl konnte ihr dabei helfen.

Ihre Mutter mischte sich nicht ein in diese Entscheidung, blieb wie immer außen vor. Doch eines Tages brach sie ihr Schweigen und sagte zu Käthe: »An Karls Liebe wird es dir nie fehlen!«

Und Käthe sagte »Ja« – zu Karl und dem Leben mit ihm.

Der Vater träumte indessen weiter den Traum von Käthe Schmidt, der Historienmalerin. Er ließ sie nach München ziehen, in die Hauptstadt Bayerns, die als Kunststadt durch die Diezschule bekannt geworden war und in der man die Historienmalerei nach wie vor schätzte.

Cäsar weist den königlichen Stirnreifen zurück, den der Senat ihm darbietet, so oder ähnlich hatte sie ihre Arbeit betitelt, die sie zur Anmeldung bei der Schule vorlegte. Bei Ludwig von Herterich, dem Porträtist und Monumentalmaler, übte sie nun das Aktzeichnen und das Malen. Sie war zunächst nicht sehr erfolgreich, bis sie begann, wie der Lehrer zu malen. Mit einem Schlag gehörte sie zu den guten Schülern der Klasse, wurde anerkannt. Sie spielte das Spiel mit. Auch als sie später ein zweites Mal nach München kam: Sie malte wie Herterich, aber sie suchte weiter ihren Weg. Sie suchte sich selbst.

Argwöhnisch steckte sie dabei ihre Grenzen anderen gegenüber ab. Als man davon sprach, Lise, die geliebte und begabte Lise, nach München zum Studium zu schicken, wehrte sie ab.

Hier wohnte Käthe nahe der Akademie in der Georgenstraße, in einer bürgerlichen Wohngegend – und wurde von den Bürgerinnen und Bürger dieser Stadt als »Malweib«, das sie nun war, misstrauisch beäugt.

Doch das kümmerte sie genauso wenig wie ihre Kolleginnen Linda Kögel, die später 40 Jahre gelähmt im Bett zubringen sollte und dennoch unzählige Entwürfe für Wandmalereien anfertigte; Eugenie Sommer sowie Marianne Geselschap und Marie Dorette Caroline Schorer, die später unter dem Künstlernamen Slavona bekannt wurde. Und dann war da Emma Jeep, mit der sich Käthe bereits in Berlin angefreundet hatte. »Die Schmidt« und »die Jeep« sollten sie sich ein Leben lang nennen.

Tagsüber arbeitete sie hart, abends ging sie mit ihren Kolleginnen und Kollegen aus, genoss das Leben in der Großstadt. Gemeinsam bummelten sie durch die belebten Straßen, den Englischen Garten, besuchten die Bierkeller, die Cafés wie das Café Lohengrin und das Café Luitpold. Sie fühlten sich frei. Und jede der Frauen hatte, was seinerzeit nicht selbstverständlich war, ihren eigenen Hausschlüssel.

Neun Jahre hat sie insgesamt studiert, einmal war sie in dieser Zeit in Italien, in Venedig. Das Geld für die Reise hatte sie sich im Konkurrenzzeichnen verdient. Sie blieb unbeeindruckt von der Stadt, die so viele Menschen magisch anzieht. Und das sagte sie auch. Manchmal eckte sie an und traf auf Widerstand bei den Kolleginnen, die gerne einmal dies, einmal das ausprobierten und mit ihren wechselnden Positionen kokettierten.

Käthe ging es nicht darum, zu gefallen. Sie wollte ungeschönt ehrlich zu sich selbst sein, und so begegnet sie uns auch in den zahlreichen Selbstbildnissen, in denen sie immer wieder versuchte, sich selbst auf die Spur zu kommen. Manchmal lacht sie auf den frühen Bildern, wie sie später nie mehr lachte, aus vollem Hals, und nur einen kleinen Widerschein meint man in ihrem Gesicht zu erkennen. Doch nichts deutet auf ihre inneren Kämpfe hin, auf ihre Zweifel, weil sie sich so früh an Karl gebunden hatte.

Er studierte in Berlin, belastet von finanziellen Sorgen und dem Druck, das Studium so schnell wie möglich zu beenden. Diese Ernsthaftigkeit des Lebens trennte ihn von Käthe vielleicht mehr als die vielen hundert Kilometer, die zwischen München und Berlin lagen. Eines allerdings einte sie, ihr gemeinsames Bekenntnis zum Sozialismus.

Karl hatte noch während der Gymnasialzeit beim Nachbarn seines Onkels, einem Pfarrer, von der politischen Bewegung gehört. Trotz des Einspruchs des Onkels schloss er sich bald darauf einer sozialistischen Studentenverbindung an. Aus Zeitgründen musste er sie bald wieder verlassen, aber er blieb den Mitgliedern Zeit seines Lebens verbunden, vor allem den jüdischen Ärzten.

Er hatte sich sein Leben schwer zu erkämpfen. Leichter schien es Käthes Bruder Konrad zu haben. Vorerst zumindest. Er war wie sein Vater 1887 der SPD beigetreten, der vom Kaiser verachteten Partei. Im selben Jahr schloss er das Studium der Nationalökonomie und Philosophie ab. Seine Dissertation *Die Durchschnittsprofitrate auf der Grundlage des Marx'schen Werthgesetzes*, die 1889 als Buch erschien, beeindruckte selbst Friedrich Engels. Karl Kautsky gegenüber äußerte Engels, dass er es für das Bedeutendste halte, was seit dem Tod von Karl Marx geschrieben wurde.

Konrad ging für einige Monate nach London, um sich weiterzubilden. Einmal wöchentlich besuchte er den großen Meister Engels, später korrespondierte er mit ihm bis zu dessen Tod 1895. Der Mitstreiter von Karl Marx sagte ihm eine glänzende Karriere voraus, allein die Prophezeiung traf nicht ein. Sein Versuch, sich zu habilitieren, misslang. Resigniert schrieb er an Engels: »Das bloße Akzeptieren der Marx'schen Werttheorie ist bei den Herren schon als Staatsverbrechen angesehen; lieber schwören sie darauf, dass Smith und Ricardo lauter Unsinn geredet, als dass sie irgendeinen Satz annehmen, von dem sie dunkel befürchten, er könne irgendwo sozialistisch verwendet werden.«[5]

Weil sie nicht in das System passten, hatten schon der Großvater und der Vater ihren Dienst quittieren müssen. Nun verwehrte man auch Konrad eine Staatsanstellung, denn für den Kaiser waren die Sozialdemokraten Reichs- und Staatsfeinde, die es nicht einmal wert waren, Deutsche zu sein. Er resignierte.

Konrad schrieb dennoch weiter an seinen Studien, nahm aber eine Anstellung in der Redaktion des Berliner sozialdemokratischen Blatts *Vorwärts*, die ihm sein Vater besorgt hatte, an.

Käthe fand in München über Heinrich Braun, einem jungen, gutaussehenden Mann, den Weg zum Sozialismus. Gemeinsam mit ihrer Kollegin Marianne Fiedler las sie August Bebels in Deutschland verbotene Streitschrift *Die Frau in der Vergangenheit, Gegenwart und Zukunft*. Sie besuchten Veranstaltungen, auf denen der glänzende Redner Bebel sprach. Mit einigen Klassenkameradinnen und Kollegen fand sie sich zu einem Kreis zusammen, in dem die sich gegenseitig die Themen für ihre Arbeiten außerhalb des Unterrichts vorgaben. Ein Thema lautete »Kampf«. Käthe brauchte nicht lange nachzudenken. Ihre Wahl fiel auf eine Szene aus Émile Zolas *Germinal*: Sie zeichnete die beiden Männer, die in einem verrauchten Lokal um die junge Kathrin kämpften. Ein Kampf um das Leben. Auf ihrem Bild sind die einfachen Menschen zu sehen, wie sie es auf den

Bildern der neuen Maler des Naturalismus in Ausstellungen in München bewundert hatte – nicht mehr die Figuren von Rubens, die sie auf dem Weg ins Engadin noch faszinierten.

Plötzlich war alles klar für sie. Als hätten sich die Nebel verzogen, nahm etwas Gestalt an, das sie bislang nur vage gefühlt hatte, das sie in den dunklen Ecken von Königsberg und Berlin gesucht und in den Grafiken von Max Klinger geahnt hatte: das pure Leben.

Die kommende Nacht verbrachte sie schlaflos, voll Vorfreude, da die Vision, die sie zuvor nicht hatte fassen, nun in greifbare Nähe gerückt war. Nun wusste sie es: zu sagen, darzustellen, wie das reale Leben aussah, das war ihr Auftrag, direkt und ohne Umschweife.

Als Käthe nach dem Studium nach Königsberg zurückkehrte, in einem selbstgenähten Kleid und mit einem selbstgemachten Hut, war sie ein freier und selbstbewusster Mensch geworden. Sie stopfte ihre Strümpfe nach einer neuen Methode, nahm dickes Garn doppelt und war fertig, ehe die anderen mit der Arbeit begonnen hatten. Sie kam mit so viel Freude und unendlicher Energie für dieses neue Leben, doch was ihr begegnete, empfand sie als steif, dunkel und einengend.

Die Welt in Königsberg hatte sich nicht verändert. Es war, als ob sich die Fesseln erneut schließen würden.

Konrad und Karl, der sein halbes Jahr als Arzt beim Militär diente, waren in Berlin. Von der kleinen Provinzstadt aus schien ihr ungeheuer spannend, was sich in Berlin tat. Dort, dachte sie, stünde sie mitten im Leben, während sie hier nur zuschauen konnte. Wenn sie mit einer Freundin spazieren ging, schwieg sie meistens. Aber manchmal erzählte sie von München wie von einem verlorenen Traum.

Auch der Mutter gegenüber blieb sie schweigsam, das war sie

gewohnt. Als diese einmal versuchte, mit Käthe zu sprechen, lehnte sie ab. Jeder müsse allein zurechtkommen, sagte sie sich, allein aus dem Dunkel ans Licht vordringen.

Dunkel war diese Zeit zweifellos für sie. Sie dachte auch später nur ungern an dieses ungelebte Leben zurück, in dem sie sich so weit von sich selbst entfernt fühlte. Es erinnerte sie an die frühen Kindheitstage, wenn sie nach außen verschlossen mit ihrer Schwermut und den Ängsten zu kämpfen hatte.

Düster wirken auch ihre Bilder aus jenen Tagen, in denen Licht und Raum in schummrigen Tönen ineinandergreifen. Sie malte eine *Knieende vor weiblicher Gottheit* und *Eine langgewandete Gestalt, die sich über eine vor ihr sitzende nackte Frau beugte.*

Und dennoch: Bei den Bällen und Zusammenkünften im Elternhaus tanzte sie viel und verliebte sich immer wieder. Sie konnte es nicht verhindern, Karl war in Berlin.

Auf ihren Selbstbildnissen blickt sie trotzig von unten nach oben, die Hände fest an das Kinn gepresst, die Haare widerspenstig, vor einem erregten, bewegten Hintergrund. In ihr war die Zielrichtung, das sagte sie nicht nur.

Etwas musste sich ändern. Entschlossen mietete sie ein eigenes Atelier und übernahm Porträtaufträge vom gehobenen Bürgertum. Sie war viel allein, auf sich selbst gestellt. »Es ist so, wie wenn einer immer nur mit sich spricht«[6], schrieb sie an ihren Studienfreund Paul Hey nach München. Aber sie konnte frei arbeiten.

Im Atelier las sie gemeinsam mit der Freundin Helene Freudenheim-Bloch Kautskys *Popularisierung der Marx'schen Ideen.* Sie besuchte die Parteiversammlungen, und sie ging wieder hinaus ins Leben, in die proletarische Welt. Es war nicht wirklich Mitleid, das sie empfand, nicht wirklich ein Mitempfinden der Not, wenn sie zu den Ausgestoßenen der Gesellschaft ging, zu jenen, die nicht zählten. Sie ging, weil sie Menschen sehen wollte, die ihrer Empfindung nach durften, was sie nicht durfte: leben. Sie ging in die Kneipen in den engen, winkeligen Gassen in den alten Pregelvierteln, wo viele Matrosen und Sackträger verkehrten.

Insgeheim hatte sie sich immer gewünscht, schön zu sein, »und zwar eine ganz unglaubliche, überwältigende Schönheit«[7]. Aber nun stellte sich heraus, dass es von Vorteil war, nicht auf den ersten Blick attraktiv zu sein. Sie konnte kommen und gehen und fiel nicht auf. Sie konnte schauen und zeichnen, und niemand kümmerte sich um sie.

Sie kam immer zu demselben Wirt, und immer in den ruhigen Vormittagsstunden, am Abend war es zu gefährlich. Fasziniert beobachtete sie die Arbeiter im Hafen und auf den Schiffen, in den Kneipen mit den Frauen und bannte sie aufs Papier.

Manchmal fragte sie der Vater: »Warum zeichnest du diese Gesichter, sie sind nicht schön.« Für sie waren sie schön. Man ahnte die Körper unter den Kleidern dieser Frauen und Männer. Sie zeigten ihre Hände, ihre Füße, in ihren vom Leben gezeichneten Gesichtern konnte sie lesen. Käthe sagte sich »*Le beau, c'est le laid*«, obwohl es richtigerweise eigentlich hieße, »*Le laid, c'est le beau*«. Das Schöne war eben für sie das Hässliche.

Ihre Eltern wunderten sich: »Es gibt doch auch Erfreuliches im Leben. Warum zeigst du nur die düstere Seite?«[8]

Darauf antwortete sie nicht. Sie hätten nicht verstanden, dass das Leben, wenn es nur wahrhaftig gelebt wird, schön ist.

So wuchs ihr Wunsch, wegzuziehen aus Königsberg immer mehr, »nur um anders und mein eigenes Leben zu leben. Nur nicht in dem hergebrachten fertig eingelebten Stil weiter.«[9]

1890 erhielt Karl Kollwitz die Krankenkasse der Schneiderinnung in Berlin zugesprochen, er konnte seine eigene Praxis als Kassenarzt eröffnen. Damit war die Existenz beider gesichert, und er und Käthe konnten 1891 heiraten.

Es gibt kein Foto von dieser Hochzeit. Wir wissen nicht, ob

die Feier ausgelassen und Käthe glücklich war. Wir wissen nur, dass sich Käthe sagte: »Spring herein – es wird schon gehen.«

Enttäuscht über die Hochzeit waren auf jeden Fall die Kolleginnen in München. Die Kunst, das war ihr Motto, duldete keine Nebenbuhler, so berichtet Lenka von Koerber. Der Vater hat seinen Traum von Käthe Schmidt, der Historienmalerin, spätestens jetzt begraben. Lange Jahre hatte Käthe studiert, und was sie nun zeichnete, war das einfache Volk, was sie suchte, waren die düsteren Orte der Stadt. Es gab keine Ausstellungen, sie hatte keinen Erfolg. Kurz vor der Eheschließung sagte ihr Vater, sie hätte sich nun für ein Dasein als Frau und Mutter entschieden. »Beides wirst du schwerlich vereinen können. So sei das, was du gewählt hast, ganz!«[10]

III

Käthe Kollwitz hat sich für beides entschieden, für die Familie und die Kunst. Vor allem aber für das Leben. »Schon in der ersten Zeit. Da gab es Sturm, freie Luft, keine Sentimentalitäten, kein hergebrachtes konventionelles Gehaben«[1], schrieb sie viele Jahre später über ihre junge Ehe. Sie hat einen Teil dessen gefunden, was sie sich gewünscht, was sie gesucht hatte, wenn sie in die dunklen Gassen ging oder die Kneipen, wenn sie den Menschen begegnete, die ihrer Ansicht nach leben und lieben durften.

Das junge Paar wohnte im Osten Berlins, am Prenzlauer Berg, in der Weißenburgerstraße (heute Kollwitzstraße) Nummer 25. In einem Eckhaus gegenüber dem Wörther Platz, dem heutigen Kollwitzplatz, den eine Kopie ihrer Plastik *Mutter mit zwei Kindern* ziert, mieteten sie eine Vierzimmerwohnung im 2. Stock. Zwei Räume benutzte Karl als Arztpraxis, in den anderen beiden lebten sie.

Das Mietshaus bestand aus einem Vorder- und einem Hinterhaus, wie es typisch in Berlin war. Im Vorderhaus wohnten Familien, die zum kleinen und mittleren Bürgertum gehörten, Gewerbetreibende, Beamte, Anwälte und Ärzte wie Kollwitz. Im Hinterhaus lebten die armen Leute.

Berlin war im Aufschwung, wurde gerade zum wichtigsten Handels-, Banken- und Börsenplatz des Deutschen Reiches, hierher zogen die meisten deutschen Millionäre, zahlreiche Hotels wurden gebaut und aus Wien übernahm man die Idee des Caféhauses. Eines der ersten war das Café Bauer gegenüber dem Kranzler-Eck Unter den Linden an der Ecke Friedrichstraße. Viele Lokale wie das von Kempinski lockten die Feinschmecker, und der Kurfürstendamm, bis vor Kurzem noch ein Feldweg, mauserte sich zur Prachtstaße. In Grunewald wurden seit 1882 Villen gebaut, die Palästen glichen.

Die Mehrzahl der Bevölkerung – immerhin fast siebzig Prozent – waren jedoch Arbeiterinnen und Arbeiter und arm. Anfang der Neunzigerjahre stieg die Arbeitslosigkeit durch mehrere Missernten. Frauen prostituierten sich, um für sich und ihre Familien Lebensmittel kaufen zu können. Den Menschen ging es zusehends schlechter. Viele von ihnen lebten im Osten der Stadt, unter anderem am Prenzlauer Berg.

Als Karl Kollwitz seine Praxis eröffnete, war die Zukunft noch sehr ungewiss für den jungen Arzt. Käthe unterstütze ihn dabei, Patienten zu werben, und half ihm zuweilen in der Praxis.

Bisher hatte sie stets in einer gutbürgerlichen Umgebung gelebt. Sie kannte das Proletariat nur aus der Ferne, vom Hafen und von den Kneipen. Vom wirklichen Leid in den Großstädten hatte sie nur in Zeitungen und Büchern gelesen. Nun sah sie der Not direkt ins Gesicht. Diese Menschen schienen nichts gemein zu haben mit jenen, die sie um ihre Freiheit beneidet hatte. Es war keine Frage des Lebens, sondern des Überlebens. Käthe Kollwitz sah es, aber sie selbst wollte weiterhin nur eins: arbeiten und leben. In Berlin ging sie darum vorerst nicht hinaus in die dunklen Gassen, sie blieb zu Hause.

Im ersten Stock des Hauses wohnte Karls Schwester Lisbeth. Sie war Lehrerin geworden, und wenn sie am Vormittag unterrichtete, benutzte Käthe ihr Zimmer als Atelier. Sie arbeitete allein, und das war ihr recht. »Ich glaube«, sagte sie, »dabei merkt man erst, wie viel wirklich vom Talent in einem drinsteckt, und man arbeitet sich seinen eigenen Weg aus.«[2] Sie malte nur noch wenig. Das Ineinander von Raum und Licht begann langsam Konturen anzunehmen wie für sie selbst. Käthe zeichnete, zunächst mit der Feder, dann mit der Radiernadel.

Vom Kupferstecher Rudolf Mauer hatte sie sich noch in Königsberg zeigen lassen, wie man eine Platte grundiert, welche Ätzwasser man verwendet. Alles andere brachte sie sich selbst bei, langsam, wie es ihre Art war.

Karl Kollwitz nahm Anteil an der Arbeit von Käthe, kam aber immer seltener zu ihr ins Atelier – er hatte schlicht keine Zeit mehr dazu. Die Anzahl seiner Patienten stieg geradezu beängstigend schnell an. Die schlechte, überheizte Luft förderte in den Hinterhäusern und Mietskasernen Seuchen und die Kindercholera. Durch den Fabrikstaub litten viele Menschen an Tuberkulose und Lungenschwindsucht. Aber Karl war bald nicht mehr nur Arzt, sondern auch Ratgeber in allen Gesundheits- und Lebensfragen für die Familien im Hinterhaus, aber auch für die in der Beletage. Konnte jemand nicht bezahlen, verzichtete er auf das Honorar und gab ihm noch Geld für die Medikamente. Immer hatte er das Bild seiner Mutter vor Augen und wie er damals nachts, als sie ihre schweren Anfälle quälten, von einem Arzt zum andern lief. Immer mit der Angst, er könnte zu spät zurückkommen, bis dann endlich einer mitkam, der bereit war zu helfen. Keiner, so schwor er sich damals, sollte jemals umsonst zu ihm kommen.

Das Leben von Karl Kollwitz war darum straff organisiert. Er arbeitete von früh morgens bis zum Abend und oftmals bis in die Nacht. Käthe musste sich diesem Leben anpassen. »Das stille arbeitsame Leben, das wir nun führten, war meiner Fortentwicklung sicher sehr gut. Mein Mann tat alles, um mich zu der Arbeit kommen zu lassen«[3], vermerkte sie.

Sie wusste, sie musste sich anpassen, doch zuweilen war sie unzufrieden mit den Hürden im alltäglichen Leben und mit der unermüdlichen Bereitschaft Karls, immerzu erreichbar und für alle verfügbar zu sein, die ihn brauchten.

Manchmal dachte sie darüber nach, wie es wohl ist, wenn zwei so sehr zusammenklingen, dass sie ineinander aufgehen und eins werden. Karl war immer liebenswürdig. Dann und wann nahm er sie einfach bei der Hand, sah ihr in die Augen und lächelte sie an. Aber Karl blieb neben ihr, er war nicht mit ihr und in ihr.

Es plagten sie keine schweren Träume mehr, dennoch wurde es hin und wieder dunkel in ihrem jungen Leben, spürte sie gegensätzliche Kräfte in sich aufwallen, wie in ihren Bildern, in denen Schwarz und Weiß hart aufeinander prallten. In ihren Selbstbildnissen, die sie nach wie vor regelmäßig anfertigte, erschien dann eine Gesichtshälfte wie in helles Licht getaucht, die andere lag im Schatten. Käthe versuchte pragmatisch mit ihren Gefühlen umzugehen, sie wusste: »Wenn man sich erhalten will, muss man eindämmen. Sonst zieht es einen weg.«[4]

Das Zeichnen half ihr, mit dem Leben fertig zu werden und es zu tragen. Wie damals in Königsberg gab es ihr die Möglichkeit, das Leben in all seiner Gewalt, in seiner unerbittlichen Wucht und in all seinen Widersprüchen zu fassen.

Der Norweger Edvard Munch, der 1892 seine Bilder in einer skandalumwitterten Ausstellung in Berlin zeigte, faszinierte sie ungemein. Er malte Frauen, schön und sinnlich, aber unerreichbar und darum ungewöhnlich für das Publikum, das gewohnt war, die Frauen von den Männern beherrscht zu sehen. Warum musste immer einer den anderen niederringen?, fragte sich Käthe. Sie hatte darüber bei Henrik Ibsen und Bjørnstjerne Bjørnson gelesen. Immer gab es einen, der siegte, und einen, der in diesem Spiel der Geschlechter unterlag.

Aber für das Spiel im realen Leben brauchte es zwei. Und Karl war mit anderen Dingen beschäftigt. Käthe fiel es mitunter schwer, sich auf ihn zu beschränken, den Verlockungen zu entsagen, während er unermüdlich von einem Kranken zum anderen jagte. Dann vergaß sie, dass sie einander liebten und wie sie sich einander hingaben, wie sie sich sättigten, so formulierte sie später, einer den andern.

Trotz aller Arbeit war es Karl, der sie herausriss aus den düsteren Gedanken, den tiefen Gefühlen, in denen sie manchmal zu versinken drohte. Dankbar erkannte sie dann an, was er ihr gab, um sich kurze Zeit später über die von ihm auferlegten Grenzen zu ärgern.

Ihre Gefühle wechselten rasch. Und wenn sie in ihr Atelier ging, nahm sie die Empfindungen mit, die sie bewegten. Hatte sie damals in München in der Pinakothek nicht gedacht, Goethe, Rubens und das Gefühl wären eins? Sie las jetzt viel, sie sah viel, und sie fühlte intensiv.

Zwar dienten ihr Patienten von Karl als Modell, und literarische Gestalten gaben ihr Denkanstöße, wie die Kompositionen der Bilder bekannter Künstler. Doch sie war es letztendlich, die den Gestalten ihr eigenes Leben verlieh.

Die Frauen in ihren Zeichnungen und Grafiken tragen sehr oft ihr eigenes Gesicht. Sie ist die trotzige Frau in dem *Jungen Paar*, das auf dem Sofa sitzt. Sie ist das verlorene Mädchen *An der Kirchenmauer*, und sie ist später das *Gretchen*, das ihr kleines Kind dem Tod überlässt. Sie beschönigte nichts. Der Tod gehört zum Leben wie die Liebe.

Und sie wollte leben. Sie wollte lieben und geliebt werden. Mehr denn je. Käthe Kollwitz war bekannt wegen ihres Lachens, wegen ihrer Fröhlichkeit auf Festen und ihrer Leidenschaft für Kostümbälle. Sie tanzte, wie sie damals in München getanzt hatte. Und sie sang gerne sentimentale Volks- und Studentenlieder.

Auf einem der Maskenbälle, die die Redaktion der *Sozialistischen Monatshefte* veranstaltete, erschien sie als Bacchantin mit einem Kranz im Haar. Und einmal durchtanzte sie als bayerisches Mädel mit einem Bierkrug in der Hand die ganze Nacht. Ihr Drang zu leben war groß.

In ihren Bildern der einfachen Menschen sieht man etwas von dieser Freude, die sie empfand. Dabei vergaß sie, was sie vergessen wollte – die Armut dieser Menschen in allen Facetten.

Aber dann sah sie sie wieder in der Praxis ihres Mannes, sie sah sie auf den Straßen. Und langsam begann sie sich einzugestehen, dass das einfache Menschsein nicht nur Freiheit bedeutet, dass es auch – und vor allem – eine Last sein kann.

In diesen Jahren werden auch ihre Kinder geboren. 1892, ein Jahr nach der Hochzeit, Hans und 1896 Peter. Es ist diese andere Liebe, die Liebe zu ihren Kindern, die sie nun bewegt. Jahre später schreibt sie an Hanna Löhnberg: »Die Liebe nach rückwärts der absterbenden Generation gegenüber ist schwach gegenüber der Liebe zur Brut, möchte ich sagen, zu den eigenen Kindern. Das ist ja doch alles erweiterter Egoismus.«[5]

Sie ist keine zärtliche Mutter. Sie liebt ihre Kinder, liebt sie sehr, aber sie zeigt ihre Zuneigung kaum. Wie ihre eigene Mutter spricht sie wenig und ist da, wenn die Kinder sie brauchen. Käthe hat Respekt vor ihren Kindern, vor deren eigenen Leben, in das sie auch später nicht eingreifen will. Sie beobachtet sie, wenn sie spielen, wenn sie lachen, wenn sie weinen, wenn sie schlafen. Sie steht vor ihren Betten und sieht sie mit ihren tiefen, dunklen Augen an. Beinahe fremd, von ihr unabhängig erscheinen ihr Hans und Peter in solchen Augenblicken.

Hans schläft auf dem Rücken, ganz gerade, mit den Armen über der Brust verschränkt. Peter liegt schräg im Bett, beide Arme ganz weit von sich gestreckt. Verschlossen der eine, offen der andere. So unterschiedlich scheinen sie ihr, als ob jeder von ihnen eine Seite des Lebens mitbekommen hätte – einer die dunkle, der andere die helle.

Als Hans vier Jahre alt ist, sitzt Käthe mit Lise auf dem Balkon und erzählt ihr, was sie sich für ihren Sohn wünscht: »Er muss schwärmen können.« Sein klarer Wille, der sich jetzt schon bemerkbar macht, soll sich mit Visionen paaren. Das ist ihr Traum von ihrem älteren Sohn.

Von Peter ist sie fasziniert. Dieses feine, stille Kind bezaubert sie mit seiner Liebenswürdigkeit. Als er, noch sehr klein, mit den Farben, die Hans gehören, malt, tut er es zaghaft. Nur einmal wagt er sich an eine kräftige, leuchtende Farbe. Glücklich seufzt er und wird ganz rot vor Aufregung. Aber er ist auch voller Witz, und seine Augen glitzern, wenn er etwas erzählt. Als sie nach einer kurzen Krankheit wieder gesund ist, sieht Peter seine Mutter an und sagt: »Jetzt hast du endlich wieder dein altes Gurkengesicht.« Sie lachen beide. Es ist herrlich, mit ihm zu lachen.

Längst hatten sie eine Wohnung im dritten Stock dazu gemietet. Im zweiten Stock behielt Karl Kollwitz seine Praxis, und in dem ehemaligen Wohnraum daneben richtete Käthe ihr Atelier ein.

Das karg eingerichtete Wohnzimmer bildete nach wie vor das Zentrum ihres Lebens. Am großen Tisch unter einer Hängelampe traf man sich zum Essen, und hier saßen alle, die reden oder von ihren Sorgen erzählen wollten. Käthe Kollwitz hörte ihnen zu. Meistens kamen die Besucher einzeln, jeder sollte seine Zeit haben. Aber auch nicht mehr. Käthe steckte die Grenzen klar ab. Ihr Umgang mit Freunden war eingeschränkt, und diese stammten vorwiegend aus ihrer Jugendzeit.

Mit Julie, ihrem Mann Paul sowie den zwei Kindern Konrad und Paula verstand sie sich immer noch nicht, und auch zur Schwägerin Anna, Konrads Frau, war der Kontakt distanziert.

Lise blieb ihre vertraute Freundin, auch nach deren Hochzeit 1893 mit dem Ingenieur Georg Stern aus Königsberg. Das Paar bekam vier Töchter, Regula (Rele), Johanna (Hanna), Katharina (Katta oder Kati) und Maria. Käthe und Lise waren immer schon sehr belesen und wissbegierig – nach wie vor lasen sie oft dieselben Bücher, wanderten und sangen gemeinsam, spielten Theater und diskutierten miteinander. Rituale wie in der Kindheit gab es noch immer. Die Feste wurden gemeinsam gefeiert.

Die Schwester war zudem eine charmante Gastgeberin und ihr Haus ein kleines kulturelles Zentrum geworden. Manchmal verspürte Käthe Sehnsucht nach einem solchen Haus, nach dem Austausch, der Vielfalt, dem Trubel. Auf einigen Bildern aus dieser Zeit sieht man sie auf dem Balkon oder am Fenster stehen. Sie schaut in die Ferne.

Hin und wieder fühlte sie sich trotz der Hilfe durch eine Kinderpflegerin und das Hausmädchen von den häuslichen Pflichten eingeengt. Und doch gab es nichts, was sie wirklich behinderte. Während Hans noch ganz klein war, begann sie ihre großen Ziele zu verwirklichen.

Ihren Bruder Konrad bewunderte Käthe noch immer sehr. Seine wissenschaftliche Laufbahn war nicht wie geplant verlaufen, doch er verkehrte in den literarischen Kreisen der Zeit, die den Naturalismus priesen. Wie er liebte sie die neuen Dichter – Émile Zola, Henrik Ibsen, August Strindberg, Gerhart Hauptmann. Nun war er gerade auf dem Weg für fünf Jahre als politischer Redakteur zur *Züricher Post* in die Schweiz zu gehen. Vermutlich war er es, der ihr eine Karte für das zwei Jahre lang verbotene Stück *Die Weber* von Gerhart Hauptmann schenkte. Im *Kleinen Journal* hatte man von »beispielloser Ergriffenheit« selbst der hartgesottensten Matineebesucher gesprochen[6], und Wilhelm II., der »große Kunstkenner«, hatte daraufhin die Hofloge gekündigt.

Karl hatte wieder einmal keine Zeit, so ging Käthe Kollwitz an diesem 26. Februar 1893 allein ins Ostend-Theater. Sie war »brennend vor Vorfreude und Interesse. Der Eindruck war gewaltig.«[7] Es wird wie ein Paukenschlag für sie.

Als sie viele Jahre später, 1921, *Die Weber* noch einmal mit Karl im Großen Schauspielhaus sieht, wallt noch einmal in ihr auf, was sie damals fühlte: »Etwas von dem Gefühl wie damals, als ich zum ersten Mal die ›Weber‹ sah, kam über mich«, notiert sie in ihr Tagebuch. »Von dem Gefühl, das die Weber treibt, das Auge um Auge – Zahn um Zahn, das Gefühl, das ich damals hatte, als ich die ›Weber‹ machte. Meine ›Weber‹.«[8]

Es sind im wahrsten Sinne ihre Weber geworden. Damals, allein im Theater, hörte und sah sie atemlos zu. Und mit einem Male war sie ganz sicher: Ihr Vorstellung vom Kampf und *Die Weber* gehörten zusammen. Ihre Verunsicherung und ihre Zweifel waren wie weggeblasen. Ohne zu zögern unterbrach sie die Arbeit an einem Zyklus für *Germinal*. Sie hatte bisher nur ein

Blatt fertiggestellt: Am Rand eines dunklen, weiten Raumes steht eine Frau und sieht dem Geschehen im Zentrum des Bildes zu.

Bei den *Webern* steht sie, die Künstlerin und Frau, nun mittendrin. Aug' um Aug' heißt jetzt ihr geltendes Gesetz.

Die Geschichte von Hauptmann war eine Geschichte der Gegenwart, auch wenn die Weber aus einer anderen Zeit heraus sprachen. Sie waren als scheinbar selbstständige Heimarbeiter noch immer der »Inbegriff der Ausbeutung des Kapitalismus« schlechthin, verdienten wegen des Konkurrenzdruckes am Ende des Jahrhunderts nur 83 Pfennig die Woche, selbst wenn sie 14 Stunden täglich arbeiteten. Eine Petition vom 28. April 1890 an den Kaiser von über 700 schlesischen Webern aus dem Eulengebirge wurde in mehreren Blättern abgedruckt, unter anderem in der *Berliner-Volks-Tribüne*, die Käthe Kollwitz las.

Im Winter 1890/91 hatte sich die Situation wegen einer Missernte und der darauffolgenden Hungersnot zugespitzt. Pastor Ernst Klein klagte die Regierung an: Da »wagt dieses konservative Pack im Reichstag zu behaupten: die Löhne sind gestiegen!«, schrieb er. Und dass sie die »Stirn« hätten, »die Zölle aufrecht zu erhalten, um die Hungergroschen jener Elenden in die Tasche zu stecken ... «[9]

Es geschah nichts. Die Regierung und ihre Beamten lebten weiterhin gut, die Weber und ihre Familien hungerten, viele Menschen starben.

Bis Ende 1892 veröffentlichte man die Berichte von Pastor Klein. Dann, als publik wurde, dass er eine Bildreportage über die Weberdörfer plante, verboten ihm Kirche und Staat jegliche Aktivitäten.

Das war für Käthe unerträglich, sie wollte sich nichts verbieten lassen, weder vom Kaiser, noch von der Regierung oder der Kirche.

Mit einer noch größeren Ungeduld als ohnehin wartete sie nun darauf, ins Atelier gehen zu können. Sie brannte darauf, zu zeichnen, und manchmal, wenn sie Zeit mit Hans oder Peter verbrachte, war sie in Gedanken bei den Webern. Sie spürte beinahe so etwas wie ein Gefühl des Verliebtseins – ein Rhythmus beherrschte sie – »Arbeitsraptusse – Entzückungen – Entrückungen – Delirien«[10]. Sie gab sich dem Gefühl hin, musste sich ihm hingeben, um bei diesem Kampf der Weber dabei zu sein.

Für ihre Familie war das nicht immer leicht, für sie, die nicht teilnahm an diesem Kampf, die ausgeschlossen war von dem, was sie allein in ihrem Atelier ausfocht. Aber nichts hinderte sie daran, ihren Weg zu gehen – kein Kindergeschrei, kein müder Blick des Gatten, kein Seufzen des Hausmädchens. Zum Arbeiten muss man hart sein, so formuliert sie es.

Manchmal ging sie in den Studiensaal des Kupferstichkabinetts und ließ sich Grafiken vorlegen, vor allem Radierungen von Max Klinger. Sie saß da und schaute lange auf diese Blätter, als ob sie sich einprägen wollte, was daran so ergreifend war. Manch einer beobachtete sie verstohlen, diese kleine, zarte Frau, die nichts um sich herum wahrzunehmen schien. Sie sprach immer nur das Notwendigste, dann ging sie wieder, in sich versunken, als ob sie etwas in ihrem Kopf bewahren wollte. Die selbstgestellte Aufgabe, die Weber-Geschichte zu zeichnen, erschien ihr groß und fast übermächtig, wenn sie an die Menschen dachte, die hoffnungslos in ihren Dörfern saßen. So bat sie Gerhart Hauptmann, ihre Illustrationen zu seinem Stück anzusehen. Sie kannte ihn von einem Besuch in Erkner bei ihrer Schwester Julie, deren Nachbar er war.

Damals hatten sie an einer langen Tafel in einem großen Raum zum Garten hin gesessen, Wein getrunken, und Hauptmann las aus *Julius Cäsar* vor. Käthe erinnerte sich gerne an diese Runde junger Menschen, die alle voller Hoffnungen waren, auch Konrad.

Dennoch richtete sie es so ein, dass sie nicht zu Hause war, als Hauptmann kam, um ihre Bilder anzusehen. Sie war unsicher und schrieb ihm: »Doch möchte ich Sie bitten, meinen Mann von ihrem (sic) Hiersein zu benachrichtigen, er wird Ihnen Arbeiten von mir zeigen, aus welchen Sie sich ein Urteil bilden können, ob und inwieweit meine Art Ihnen zusagt. Außerdem werde ich – freilich ganz skizzenhaft – eine Reihe von Zeichnungen bei der Hand haben, die ungefähr zeigen könnten, wie ich mir die Illustrierung der Weber denke.«[11]

Käthe Kollwitz Befürchtungen trafen ein, Hauptmann war enttäuscht. Auf den Blättern sah er nichts von dem, was er auf der Bühne gezeigt hatte: keine Fabrikanten, keine Polizei und kein Militär.

An die 40 Entwürfe hat sie schließlich gezeichnet und die zunehmende Unzufriedenheit der Weber bis zu ihrem Elend, ihrem bitteren Ende auf Papier gebannt. Sie zeigen die unendliche Trostlosigkeit, die Bedrohung durch den Hunger. Aber auch etwas von der Entschlossenheit ist zu spüren, etwas von der Wut. Die Fäuste sind geballt, der Zorn schwelt.

Man muss die Menschen zwingen, der Wahrheit ins Gesicht zu sehen, sagte sich Käthe. Man musste sie aus ihrer Teilnahmslosigkeit herausreißen, ihre Überheblichkeit überwinden, und ihnen vor Augen führen, wofür sie verantwortlich sind: die Menschen, gezeichnet von den Entbehrungen, getrieben von der Not und dem Elend, die Frauen und Männer, die sich auf den Weg machen, mit Pflastersteinen und Äxten. Diese Rebellen sind keine wirkliche Gefahr und doch schlägt das Militär mit brutaler Härte zu. Ein Toter nach dem anderen wird in die karge Weberstube zurückgetragen.

Gerhart Hauptmann zeigte am Ende seines Theaterstückes den Triumph der Weber, obwohl der Kampf am Ende des Jahrhunderts noch nicht gewonnen war. Er zeigte, wovon die Menschen träumten, was einmal sein könnte, sein sollte.

Käthe Kollwitz hingegen zeigte, wie es den Menschen wirklich erging.

Rechtzeitig zum 70. Geburtstag des Vaters wurde der Zyklus

fertig. Er nahm die Blätter in die Hand, und schaute jedes einzelne an. Der Vater hatte sich nicht getäuscht. »Es ist gut«, sagte er zu ihr. »Du kannst etwas!« Er hatte diesen Traum gehabt von Käthe Schmidt, der Historienmalerin. Jetzt hieß seine Tochter Käthe Kollwitz, und ihre Bilder würden Geschichte schreiben.

Zu Max Lehrs, dem Kunsthistoriker und Sammler von Kupferstichen, sagte der Bildhauer Constantin Meunier, »er habe so etwas von Frauenhand nie gesehen.«[12] Und auch der Künstler Hermann Struck schrieb: »Nichts ›Weibliches‹ spricht aus diesen Blättern. Sie sprühen von Kraft und sind männlich, mitunter vielleicht allzu männlich ... Ihre Nadel zittert nie – sie setzt ihre Striche scharf und bestimmt hin.«[13]

Männlich – weiblich, das Spiel mit den Worten war tief geprägt von gesellschaftlichen Traditionen. Käthe war mutig, indem sie zeigte, wie die Realität aussah – ohne sich von althergebrachte Konventionen und Rollenzuschreibungen einschränken zu lassen. Jahre später schrieb sie an ihren Sohn Hans: »Notwendig Gegebenem kann man sich nicht entziehen und soll es männlich nehmen.«[14]

Die Streiks und die Demonstrationen wurden immer noch militärisch aufgelöst, noch immer hieß es: »Legt an Feuer!« Und Wilhelm II. sagte: »Ich werde alles über den Haufen schießen lassen, was sich den Behörden widersetzt.«

Eines Tages im Winter 1897/98 ging Käthe Kollwitz mit sieben *Weber*-Blättern unterm Arm zum Kunstkritiker Julius Elias. Mit Herzklopfen zeigte sie ihm ihre Arbeiten, die in der Einsamkeit ihres Ateliers, in imaginärer Zwiesprache mit der Armut, mit der Not, mit den gefangenen Menschen entstanden waren. Was sollte sie tun, um gehört zu werden, fragte Käthe, die schon einige Male ihre Bilder – wenn auch wenig erfolgreich – ausgestellt hatte.

Julius Elias sah sich die Blätter an und war überwältigt: »Der Sturm sozialisierter Zeit drang aus diesen ganz unfanatischen, menschlich-klaren, mit schlichter, fast nüchterner Schrift hingesetzten ... Blättern.«[15]

Käthe Kollwitz hatte ein Meisterwerk geschaffen. Sie musste es, sagte er ihr, am Lehrter Bahnhof zur Berliner Kunstausstellung anmelden.

Da starb ganz plötzlich der Vater. Käthes Trauer war groß und ihre Enttäuschung maßlos darüber, dass er nicht mehr erlebte, wie sie an die Öffentlichkeit trat. Im ersten Moment hatte sie das Gefühl, aufgeben zu müssen. Aber Anna Plehn, ihre Studienkollegin und Freundin, meldete den Bilder-Zyklus für die Ausstellung an und schickte sechs Radierungen aus den Jahren 1893 bis 1897, denen sie den Titel *Ein Weberaufstand* gab, an die Jury. Mit Erfolg.

In der Ausstellung stellten sie alle anderen Kunstwerke in den Schatten. Die Menschen fragten verwundert: »Das hat eine Frau gemacht?« Betroffen, getroffen waren sie alle von diesen »ziemlich kleinen Radierungen und Lithografien«, denen »ein milderndes oder versöhnendes Element gänzlich fehlt«, so der preußische Kultusminister Robert Bosse am 12. Juni 1898 in einem Brief an den Kaiser. Doch dieser lehnte die von der Jury vorgeschlagene Auszeichnung, die Verleihung der großen Goldmedaille, ab, auch weil die Orden und Auszeichnungen nur »auf die Brust verdienter Männer« gehören würden.

Trotzdem kann jetzt niemand mehr den Erfolg der »Rinnsteinkünstlerin« aufhalten. Mit »einem Schlag« gehört sie, wie sich Käthe Kollwitz später erinnert, »in die vordere Reihe der Künstler.«[16]

IV

Das Jahrzehnt zwischen ihrem dreißigsten und vierzigsten Lebensjahr bezeichnete Käthe Kollwitz als ihr glücklichstes. Sie fühlte, dass sie akzeptiert wurde – als Frau und als Künstlerin in einer von Männern dominierten Gesellschaft.

1899 lud man sie ein, der Berliner Secession beizutreten. Als erste und einzige Frau in einer Künstlervereinigung, die unter Führung von Max Liebermann ein Jahr zuvor aus Protest gegen die offizielle Kunstpolitik gegründet worden war. Sie erhielt einen Lehrauftrag bei der Berliner Künstlerinnenschule und unterrichtete dort bis 1903 Radieren und Zeichnen nach lebenden Modellen. Max Lehrs, der Direktor des Dresdner Kupferstichkabinetts, setzte durch, dass sie die Kleine Goldmedaille erhielt und kaufte den Weberzyklus. Er begann mit dem systematischen Sammeln ihrer Arbeiten. Andere Kupferstichkabinette großer Museen wie der Nationalgalerie Berlin folgten seinem Beispiel. Regelmäßig stellte sie bei der Secession aus, die Kunstkritiker wurden auf sie aufmerksam und verfolgten ihre Entwicklung. Bereits 1903 veröffentlichte Max Lehrs ein erstes Werkverzeichnis in der Wiener Zeitschrift *Die graphischen Künste*.

Der Erfolg machte Käthe selbstsicher und frei. In einer Zeit, in der Frauen sich in der Regel entweder politischen Organisationen anschlossen oder aber als Frau eines Ehemannes oder Geliebten zu Ehren kamen, hatte Käthe den Durchbruch alleine geschafft. Während andere Frauen mühsam begannen, einen Weg zur Kunst zu suchen und sich wie Paula Modersohn-Becker oder Gabriele Münter Künstlerkollegen anschlossen, war sie bereits am Ziel angelangt. Sie zeigte mit ihrer Kunst das wahre Leben der Menschen, und man hörte ihr zu.

Im Münchner Glaspalast und in der Berliner Secession hingen Grafiken von ihr, die sich direkt an das Publikum richteten: ein Mann, der seiner Frau mit einem verhungerten Kind im

Arm den Strick reicht; eine nackte Frau, die mit den Händen ihr Gesicht bedeckt, während eine Kupplerin ihren Körper anpreist. Käthe Kollwitz betrat damit vermintes Gebiet.

Auf persönlichen Erlass des Kaisers hatte man das deutsche Strafgesetzbuch mit einem Gesetz, dem sogenannten »Lex Heinze«, erweitert, das neben Zuhälterei und Kuppelei nun auch »Schriften, Abbildungen oder Darstellungen, welche – ohne unzüchtig zu sein – das Schamgefühl gröblich verletzen« unter Strafe stellte. Polizeispitzel wurden eingesetzt, sie beschlagnahmten wahllos, was ihnen »unzüchtig« erschien, selbst Postkarten und Reproduktionen berühmter Werke von Rubens, Michelangelo oder Botticelli.[1] Aber keiner von ihnen fragte, warum die Frauen ihren Körper verkauften, verkaufen mussten. Und keiner fragte, warum es in diesen Jahren zwischen 1881 und 1910 im Deutschen Reich an die 340 000 Selbstmorde gab.

Käthe Kollwitz forderte die Menschen dennoch auf, wenigstens hinzusehen, wofür sie verantwortlich waren. 1906 aber überklebte man ihre zeichnerische Anklage gegen die Heimarbeit, die eine abgearbeitete Frau darstellt, weil die Kaiserin sich weigerte, die Ausstellung deutscher Hausindustrie Unter den Linden, die von den Gewerkschaften und bürgerlichen Sozialreformen initiiert worden war, zu besichtigen, solange das Kollwitz-Plakat an den Litfaßsäulen hing. Die Landesmutter Auguste Viktoria wollte nichts sehen von der Not und dem Elend in ihrem Land. Sie konnte sich nicht vorstellen, wie man nur von sieben Pfennig für die Stunde in Berlin leben könne.

»Ja, wie kann man! Man kann es eben überhaupt nicht. Wer es versucht, der muss hungern und frieren und elend verkommen ...«, so antwortete man ihr am 8. Februar 1906 im *Blaubuch*.

Käthe Kollwitz ließ sich nicht einschüchtern. Sie war Dissidentin, sie sah diese Menschen, die litten, auf den Straßen, auf dem Gang der Praxis.

Sie wusste aber auch, dass Hans und Peter einen Stock höher spielten und lachten. Das war ihr Leben, zu dem sie zurückkehren konnte, oft sehr müde, mit erloschenem Blick, weil sie so sehr gekämpft hatte mit dem, was sie zeigen wollte. Doch sie hatte die Möglichkeit, diesem Leben zu entfliehen.

Vergeblich hofften die beiden Söhne, dass eines Tages das Atelier abbrennen würde, so formulierten die Jungen ihre Sehnsucht nach Käthe. Sie waren traurig, wenn die Mutter ging. Aber zum Arbeiten muss man hart sein, das blieb ihr Motto. Und darum ging sie wieder hinunter – mit dem Feuer der Wut in sich über das, was tagtäglich auf den Straßen und in den Wohnungen um sie herum geschah, aber auch mit einem Feuer der Begeisterung für das, was sie tat.

Anfangs des neuen Jahrhunderts hatte sie begonnen, Wilhelm Zimmermanns *Allgemeine Geschichte des großen Bauernkrieges* zu lesen. Die »Schwarze Anna« faszinierte sie. Eigentlich hieß sie Margarete Renner, genannt Schwarze Hofmännin. Sie stammte aus Böckingen (heute Stadtteil von Heilbronn) und war die einzig namentlich bekannte Frau, die aktiv am Bauernkrieg im 16. Jahrhundert teilnahm. Sie war die Frau, die mutig dazu aufrief, das eigene Menschsein zu verteidigen. Käthe bannte sie auf Papier – den Rücken dem Betrachter zugewandt und mit erhobenen Armen den wütenden Bauern das Signal gebend, auf die Barrikaden zu gehen.

Keiner konnte sich der Kraft dieses Bildes entziehen. Innerhalb von zehn Minuten gelang es Max Lehrs 1903, die Herren von der »Verbindung für historische Kunst« dafür zu gewinnen, Käthe Kollwitz den Auftrag für einen Zyklus zum Bauernkrieg zu erteilen.

Sie arbeitete weiter, suchte weiter nach Figuren, die sie bewegten, und stieß bei ihrer Lektüre auf eine Mutter, die ihrem toten Sohn am Schlachtfeld begegnet. Da war er wieder, dieser »Erzklang des Lebens«, der sie seit ihrer Kindheit begleitete – das Leben und der Tod. Immer wieder.

Im Dezember 1900 ist Karls Schwester Lisbeth nach furchtbaren Qualen gestorben. Ihr Sarg steht in der Wohnstube, Käthe davor. Die Arme hat sie um Hans gelegt, so dass ihre Hände auf seiner Brust liegen. Sie spürt, wie laut und aufgeregt sein Herz klopft. Das Leben pulsiert neben dem Tod und Käthe erinnert sich an die Venus und ihren toten Bruder Benjamin.

Dennoch vergingen Jahre, bis Käthe zu zeichnen anfing, mit dem siebenjährigen Peter auf ihren Knien vor einem Spiegel. Es war anstrengend, ihn zu halten und zu zeichnen, manchmal stöhnte sie vor Mühe. Peter sieht sie dann liebevoll an und sagt tröstend zu ihr: »Sei man still, Mutter, es wird auch sehr schön.«[2]

Es ist diese Frau, die sie auf den unzähligen Bildern im Lauf der Zeit zeichnete. Über ihren Beinen liegt eine Gestalt, die die Frau umarmt. Mal scheint sie zu schlafen, mal tot oder im Sterben begriffen zu sein.

Immer weiter arbeitete sich Käthe durch, mit jedem einzelnen Blatt und jeder Variante gelangte sie näher an das Wesentliche dieser Figur heran. Ohne Schranken wollte sie sich dem Leben öffnen, ohne Schranken ließ sie sich auf das Motiv ein, wollte bis an die eigenen Grenze gehen. Wie ihr Vater, so erinnerte sich die Schwester Lise, »allem Erkennen musste er bis in seine dunkelsten Ecken nachgehen«.[3]

Käthe Kollwitz drang tief ein in das Mysterium des Lebens. So tief, bis auf einem Bild eine nackte Frau, einer Äffin gleich, mit schütteren Haaren, einem tiefen Haaransatz und einer breiten Nase, in einer animalischen, gewaltsamen Gier nach etwas greift, als ob sie etwas zurück erobern will, das sie zu verlieren droht.

War es die Gier nach dem Leben? Ihre eigene Angst vor dem Verlieren? Wenn Hans und Peter krank waren, saß sie ganz dicht bei ihnen, wie damals ihre eigene Mutter bei ihr. Es gab nichts, was sie abhielt, nichts was sie ablenkte von dem Bestreben, sie gesund zu pflegen, um dann das »herrliche Gefühl zu haben« »des Zurückeroberns, das tiefe Glücksgefühl auf dem noch angsterregten Boden: Sie bleiben, ich halte sie.«[4]

War es auf diesen Bildern die Mutter, die um ihr Kind kämpft? Oder eine Frau, die ihr Selbst zu verlieren droht?

Maßlos erschienen die Zeichnungen in ihrer Forderung nach dem Leben. Als Kind hatte sie geglaubt, sie bräuchte nur die Augen des toten Benjamins zu öffnen, und er wäre wieder lebendig: »Dann lag der kleine Benjamin in der Vorderstube aufgebahrt und sah so weiß und schön aus, ich dachte mir: ›Nur die Augen aufmachen, dann lebt er vielleicht doch.‹«[5]

Sie war davon überzeugt, dass man alles erreichte, wenn man es nur wollte. Sie hatte sich schon in der Kindheit durch die depressiven Phasen gekämpft und sich letztendlich selbst besiegt. Auch andere Kinder wurden gequält von einer Kraft, die sie nicht benennen konnten, Friedrich Nietzsche etwa oder Pablo Picasso. Nietzsches »Wutanfälle« hatte man mit Strafen gebändigt. Er flüchtete in die Welt des Geistigen, in der die Maßlosigkeit zwangsläufig an der Realität scheitern musste. Picasso konnte sich durchsetzen und gestaltete die Welt nach seinem Willen. Rücksichtslos ging er mit den Menschen in seiner Umgebung und den Fomen in seinen Werken um, weil es für ihn keine Grenzen gab.[6]

Diese unendliche Freiheit kann einsam machen. Käthe Kollwitz jedoch war es gelungen, ihre innere Kraft zu lenken, das Helle und das Dunkle zu vereinen. Schritt für Schritt hatte sie sich einen Weg ans Licht gebahnt und ging bis zu der Grenze, an der die Freiheit des anderen begann. Nie überschritt sie diese Grenze, aber die Sehnsucht, die Grenzen aufzuheben, mit dem andern eins zu werden, begleitete sie das ganze Leben.

Karl war nicht dieser andere. Das war ihr immer bewusst. Er verlangte nichts für das, was er gab und forderte nichts. Sie aber wollte mehr. Sie wollte gänzlich frei sein; auch von seiner Liebe.

Damals schrieb Karl ein Gedicht über das, was ihn bewegte, traurig machte: »An den Zugvogel! / Du willst nun weiter wandern – / Still bist Du geworden, / Niedergeschlagen / Sehnsüchtig still / Sehnsüchtig unruhig …« Karl spricht von »heimlichen

Wünschen«, von »schmerzenden Sehnen«, vom »Alten«, von dem Käthe sich trennen will. Und:

»Du siehst weit in die Ferne / in Gefilde, in Gegenden / der Wärme, in Schönheit, / in Lust und in großes / Ereignen. / Ich wollte Dich lehren, Deine / große Kraft arbeiten zu lassen / Deine Gedanken, Deine Leistungen / sollten herabfallen auf / die strebende, sehnsüchtige Menschheit ...

Käthe aber wollte nichts mehr wissen von gebändigter Kraft, von beruhigenden Zielen und aufgeklärtem Streben. Und Karl gab sie frei: »Du willst nur fliegen, / wohin der Zug der / Dich treibt / unendlich – in / ungemeine Ferne – / Ich bleibe und sehne mich. / Du aber fliege.«[7]

In der *Neuen Zeit* erschien eine Rezension über das Werkverzeichnis von Max Lehrs. Man hätte Käthe Kollwitz fälschlicherweise als »die Bringerin der neuen, sozialistischen Kunst« bejubelt, hieß es in der Zeitung. Denn »aus allen diesen mit unheimlicher zwingender Kraft der Fantasie geschauten Szenen spricht unstreitig ein tiefes, von aller Sentimentalität freies Mitempfinden mit gequälten und geknechteten Menschen, eine wilde, laut aufschreiende Empörung: aber nichts von der selbstbewussten, siegessicheren Kraft des Sozialismus«.[8] Das sei die wahre Käthe Kollwitz, schrieb Hugo Heller, eine schillernde Persönlichkeit, selbstloser Idealist und tüchtiger Geschäftsmann gleichermaßen.

1894 war Heller als Mitarbeiter der Volksbuchhandlung nach Wien gekommen und verkehrte im Kreis um Karl Kautsky, Max Adler und Otto Bauer. 1902 zog er mit seiner jungen Frau Hermine Ostersetzer nach Stuttgart und arbeitete dort als Redakteur.

Irgendwo und irgendwann – keiner weiß es mehr – lernte er Käthe Kollwitz kennen. Vielleicht in Berlin, wohin er öfters reiste, vielleicht auch anderswo.

Plötzlich war er in ihr Leben getreten, charmant, ritterlich, unentschlossen, treu und doch untreu, wie sie ihn später einmal beschrieb. Seine entwaffnende Art, auf die Menschen zuzugehen, faszinierte Käthe. Und Heller, der dem liberalen Judentum angehörte, lebte in einem kulturellen Umfeld, das ihr verlockend erschien.

Heller bewunderte Käthe nicht nur als Künstlerin, sondern auch als Frau. Ihre Haare begannen bereits weiß zu werden, aber die tiefen, dunklen Augen unter den schweren Lidern beeindruckten jeden, und ihr Mund, er war sinnlich. Sie trug schlichte, handgewebte Kleider in grau, weiß oder schwarz, die ihre Persönlichkeit unterstrichen.

Es gab einige Männer, die Käthe begehrten. Für den Dichter Friedrich Huch, der früh verstorbene Sohn von Marie Huch, der 1898 das erste Mal in ihr Haus kam und später Abstand hielt, weil sie die einzige Frau gewesen war, die er wirklich geliebt hatte.[9] In seinem Buch *Peter Michel*, das 1901 erschien, sprach er davon in poetischen Worten.

Hugo Heller kehrte 1905 mit seiner Familie von Deutschland nach Wien zurück. Weil er keine Arbeit fand, eröffnete er eine eigene Buchhandlung am Bauernmarkt. Tagsüber arbeitete er hier mit seiner Frau, am Abend öffnete er die Räume des ehemaligen Klosters für Fürsten und Diplomaten, für Intellektuelle und Bohemiens. Hier, so wird kolportiert, konnte man die beste Musik in Wien hören, berühmte Sänger und Sängerinnen, Musiker und Literaten traten auf. In der angeschlossenen Galerie zeigte Heller Kunstwerke, die man sonst nur in Museen zu sehen bekam. Allem Neuen gegenüber aufgeschlossen, war Heller ein Begriff geworden, sein Haus ein offener Geheimtipp im kunstbeflissenen Wien.

Eine, die sich hier mit einer Ausstellung dem verwöhnten Publikum stellte, war Käthe Kollwitz. Als sie nach Wien kam, lernte sie auch Hellers Frau kennen sowie seine beiden Söhne Peter und Thomas. Hermine Heller-Ostersetzer war ebenfalls Künstlerin. Sie entwarf Titelblätter für die Arbeiterbewegung, Flugblätter und Maischriften. Auch sie hatte die Figuren am

Rande der Gesellschaft zu ihrem Thema gemacht. Der Zyklus *Das Leben der Armen ist bitterer als der Reichen Tod* erschien im Verlag der k. k. Staatsdruckerei. Viele ihrer Aquarelle, Gouachen, Federzeichnungen und Radierungen zeigten Steinklopfer, blinde Musikanten, Hausierer, Kohlensammlerinnen und Bettlermusikanten. Aber diese Gestalten bleiben stumm, ziehen geräuschlos am Betrachter vorbei. Der junge Kunstkritiker Arthur Roessler, bekannt geworden durch seine Freundschaft mit Egon Schiele, schrieb in der Jugendstil-Zeitschrift *Erdgeist* über sie: »Man erkannte: diese Bilder hatte nicht ein zwitterwesiges ›Malweib‹, keine Exhibitionistin gemalt, sondern eine Frau mit unverdorbenem Sinn und aufgeschlossener Empfänglichkeit.«[10]

Käthe Kollwitz entsprach diesem Idealbild einer Künstlerin nicht. Sie war stark, leidenschaftlich und bedingungslos. Erbarmungslos nannte sie die Dinge beim Namen. Darin lag ihr Genie.

Hugo Heller spürte das. Er schickte ihr Rosen, er schrieb ihr. »Was hat mir diese Handschrift bedeutet!«[11], notierte Käthe später in ihr Tagebuch. Jedes Mal, wenn ein Brief aus Wien kam, wuchs ihre Sehnsucht. Und jedes Mal wurde ihr bewusst, dass es nicht sein sollte. Doch sie spürte in dieser Phase mit einer Intensität wie nie zuvor. So voller Leidenschaft, so voller Lebenskraft fühlte sie sich, dass selbst der Schmerz eine Wonne war.

Es war – zumindest in kurzen Momenten – das wirkliche Leben, von dem sie geträumt hatte. In einem Selbstporträt aus dieser Zeit sehen wir sie voller Hingabe mit nach vorne gestreckten Händen. Bereit zu geben, bereit zu nehmen, bereit zu allem, was kommt.

Erneut griff sie das Thema des *Jungen Paares* auf. Die Frau sitzt abwartend auf dem Sofa. Der Mann in dem Bild hat ihr – wie in den Jahren zuvor – den Rücken gekehrt. Man sagt, Käthe Kollwitz hätte der Liebesroman *Jugend* von Max Halbe zu diesen Bildern angeregt. Darin verlieben sich Anna und ihr Cousin, der Student Hans, ineinander. Anna glaubt nicht daran, dass Hans zu ihr steht, obwohl er dies entrüstet zurückweist. Das Bild hingegen zeigt eine Frau und einen Mann, die schweigen. Er ist nicht aufgebracht, ihr Gesicht wirkt nicht zweifelnd.

Käthe Kollwitz hat in ihren freien Arbeiten nie illustriert. Sie fand ihre Gestalten oft in Büchern oder Theaterstücken, gab ihnen jedoch in ihrem Bilder-Leben stets ihre eigenen Gedanken und Gefühle mit. Diese waren immer stark und kompromisslos. Aber sie war auch überzeugt, dass beim eigentlichen Schaffensprozess die Gefühle draußen bleiben mussten. Sie hatte schon als Kind gelernt, die Gefühle im Leben im Zaun zu halten. Und auch, dass es Grenzen gibt, dort, wo die Freiheit der anderen beginnt.

Käthe blieb bei Karl.

In diesen leidenschaftlichen, bewegten Jahren hatte sie auch begonnen, aktiver ins Außen vorzustoßen und ihre eigenen Grenzen zu verschieben.

Zweimal war sie in Paris. 1901 für einige Tage als Gast bei Lily und Heinrich Braun, die sie aus der Münchner Zeit kannte. 1904 blieb sie rund zwei Monate in Paris. Sie wohnte bei Madame Bret in der Rue de la Grande Chaumière. Käthe sprach gut Französisch. Sie las mit ihren Söhnen etwa Zolas *Germinal* im Original. So fand sie sich gut zurecht in Paris und konnte die Zeit genießen.

Vormittags besuchte sie die angesehene private »Académie Julian«, um zu lernen, mit den Händen zu formen. Nachmittags ging sie in die Museen und bummelte durch die Stadt. Sie kam, um zu schauen. Wie in Königsberg suchte sie deshalb auch in der französischen Metropole ihre Motive weder auf den eleganten Boulevards noch in den mondänen Restaurants und Tanzlokalen. Sie suchte es in den engen, dunklen Straßen, in zwielichtigen Spelunken und Kneipen; am Montmartre oder beim Bal Bullier, wo

Abend für Abend die Kollegin Ida Gerhardi saß und zeichnete.

Sie freundete sich mit der russischen Anarchistin Alexandra Kalmikoff an. Mit ihr und dem Kunsthändler Wilhelm Uhde besuchte sie den »Caveau des Innocents«, den Keller der Unschuldigen, in der Gegend der Markthallen. Es war ein niedriges Lokal, ein Loch fast, an den Wänden Inschriften von Besuchern, Ausdruck von Freude, Einsamkeit oder des Gefühls von Unrecht. Es war kein unbeschwerter Ort, hier tranken auch die düsteren Gestalten.

Aber suchte Käthe nicht genau das? Gehörte nicht das Dunkle zum Hellen? Käthe Kollwitz sah und zeichnete, sie zeichnete die unkanalisierte Freude. Und die Liebenden – in diesem Lokal, auf den Straßen, in den Parks –, wie sie an Wänden lehnten und auf Bänken saßen. Wie sie sich umarmten und ihr Einssein nach außen spiegelten. Seit 1901 hatte sie die Farbe für sich entdeckt. Und nun entstanden neben den Schwarz-Weiß-Bildern auch farbige.

Wie viele andere Künstler aus allen Ländern der Welt ging auch Käthe zum Abendessen in eines der großen Lokale am Boulevard Montparnasse. Da saßen sie streng nach Nationen getrennt an ihren Tischen. Aber Käthe knüpfte viele Verbindungen, lernte die Philosophen Georg Simmel und Bernhard Groethuysen kennen, die Malerin Sophie Wolff sowie den Kunsthändler Otto Ackermann, der mit ihrer Studienkollegin Slavona verheiratet war. Er machte sie mit dem Expressionisten Bernhard Hoetger bekannt und führte Käthe in die Welt der Privatgalerien ein. Vielleicht verhalf er oder auch Sophie Wolff, die seinerzeit erfolgreich war, ihr, im »Salon des Indépendants « auszustellen. Diese Künstlervereinigung war 1884 in Paris u. a. von Odilon Redon, Georges Seurat und Paul Signac als Protest gegenüber der offiziellen Académie gegründet worden und besteht heute noch.

In seinem Atelier besuchte sie Théophile-Alexandre Steinlen, der das berühmte Plakat *Tourneé Du Chat Noir* schuf, in seinen weiten Hosentaschen stets losen Tabak mit sich trug und unablässig Zigaretten drehte. Schließlich, als Höhepunkt ihres Paris-Aufenthaltes, die Begegnung mit dem Bildhauer Auguste Rodin. Sie besuchte ihn zusammen mit Sophie Wolff in seinem Atelier in der Rue de l'Université. Es war einer seiner wöchentlichen Empfangsnachmittage, die er für Künstler und Bewunderer gab. Noch Jahre später, als sie nach seinem Tod einen Nachruf in den *Sozialistischen Monatsheften* veröffentlichte, hatte Käthe Kollwitz dieses Bild von ihm vor Augen, als ob es gestern gewesen wäre: »So deutlich steht mir der alte untersetzte Mann vor Augen. Der lange weiße Bart, die gütig und schlau blickenden kleinen Augen, die Stirn, die im oberen Teil zurücktrat und über den Augen so gewaltig und gebuckelt auslud. Die großen Filzschuhe, mit denen er auf dem Steinfußboden herumhuschte.«[12] Einmal durften sie den großen Meister in Meudon besuchen, auch hier war er nicht allein, es kamen immer viele Besucher zu ihm. Seine Arbeiten sprachen für ihn. Käthe Kollwitz betrachtete sie mit ihren tiefen Augen, und was sie sah, würde sie nie wieder vergessen – die Hände, die Liebesgruppe, die Bürger von Calais, das Gebet und das Höllentor, vor allem die Leidenschaft, die aus den Skulpturen sprach.

Auf ihrer Rückreise wollte sie noch Constantin Meunier besuchen, der durch seine Arbeiter-Darstellungen berühmt geworden war und 1898 in Berlin und Wien ausgestellt hatte. Sie blieb länger als geplant in Paris: »Paris hielt mich fest bis zum letzten Abend«, vermerkte sie ins Tagebuch. »Meunier starb, ich habe ihn nicht mehr gesehen.«[13]

Getroffen aber hatte sie in Paris noch ihre Studienkollegin Rosa Pfäffinger. Sie besuchte sie dann in Montmartre, wo sie mit ihrem Sohn, dem zwölfjährigen Georg Gretor in elendiger Armut lebte und Hunger litt.

Der Vater des Jungen, der dänische Kunsthändler Willy Gretor, residierte derweil in der mondänen Rue Madeleine. Einen »Gentlemanschwindler« nannte ihn einmal Tilla Durieux. Er war zweifellos ein Schwätzer. Nur das eine machte er wahr in seiner unbeschreiblichen Arroganz dem Leben gegenüber, Heines Spruch: »Lass sie betteln gehen, wenn sie hungrig sind.«[14]

Käthe Kollwitz war voller Wut. Sie war zornig, als sie sah, wie schlecht es Rosa und Georg ging, während Willy es sich gemütlich machte.

So entschloss sie sich, den Jungen als Pflegekind aufzunehmen. Dieser fügte sich in das Leben der Kollwitz' ein, wurde ein Teil der Familie. Oft saßen die drei Jungs, Georg, Hans und Peter am Tisch, jeder ein Buch vor sich, daneben Pitti, der Hund. Wenn Käthe abends auf die Straße hinunterging, um die Kinder zu suchen, die beim Spielen die Zeit vergessen hatten, dann sorgte sie sich nicht nur um ihre eigenen Söhne, sondern auch um Georg.

Die Not hatte Georg sensibel gemacht für die Nuancen des Lebens. Einfühlsam erkannte er bald, dass Käthe Kollwitz die Führung des Haushalts trotz der Hausangestellten lästig war. Eines Tages fragte er sie: »Frau Kollwitz, kann ich Ihnen nicht die Wirtschaft führen?« Sie lächelte dankbar. Er sah, dass ihre Gedanken woanders waren.

Sie waren beim Bauernkrieg. Sieben Radierungen wollte sie machen; und viele, ja unzählige Zeichnungen und Skizzen gingen der eigentlichen Arbeit voraus. Immer mehr reduzierte sie das Motiv, kam näher an das Gesicht heran, an den Pflüger, der die Stelle des Ochsen einnahm, an den Dengler, der über einen Weg brütete, der sie von der Unmenschlichkeit ihres Daseins befreien könnte. Unendlich viele Variationen führten sie immer näher heran an das, was sie anderen vermitteln wollte. Immer wieder von Neuem ging sie gewaltsam bis zum Letzten, umkreiste das Thema, um zum Wesentlichen vorzustoßen. Mit gespreizten Beinen liegt die Bäuerin ohnmächtig nach der Vergewaltigung inmitten zertretener Blumen, ein Opfer des Aufstands. Die Fäuste der Gefangenen hinter der Absperrung verschwinden wieder in ihren Taschen.

Silvester 1905 hatte Wilhelm II. an den Reichskanzler von Bülow telegrafiert: »Erst die Sozialisten abschießen, köpfen und unschädlich machen – wenn nötig per Blutbad – und dann Krieg nach außen.«[15]

Das war der Status quo in der sozialen Frage. Immer noch. Käthe Kollwitz zeigte in ihren Bildern diese brutale Realität. Zum Ziel gelangt nur, wer weiß, was ist, und von wo aus er wohin geht. Käthe ließ keinen Schritt aus, sie ging langsam, bedächtig, aber sicher ihren eigenen Weg: Gegen die Not, die Schmach, die Verzweiflung, setzte sie ihr eigenes Leben, das »schöne, das wirkliche, das diesseitige Leben, wenn es auch noch so verwirrend und töricht oft ist«.[16]

1907, in dem Jahr, in dem Käthe Kollwitz 40 Jahre alt wurde, erhielt sie ein einjähriges Stipendium für einen Aufenthalt in der Villa Romana in Florenz. Sie blieb aber nur von März bis Mitte Juli. Das großzügige Atelier in der Villa Romana benutzte sie kaum. Sie vermisste die Anregungen, verstand diese Sehnsucht anderer nach Italien nicht. Für Goethe war es eine bewusste Flucht gewesen, das verstand sie. »Aber was hat der Brueghel in Italien so Wichtiges zu suchen?«[17] Diese Frage beschäftigte Käthe noch 37 Jahre danach.

Das Land blieb ihr fremd. Außer in den Kirchen, von denen manche sie beeindruckten. Die Fresken von Masaccio in der Santa Maria del Carmine mit dem nackten Knaben zwischen den versammelten Männern. Und das Bildnis einer Anna selbdritt: Maria mit Jesus, die auf dem Schoß ihrer heiligen Mutter Anna sitzt etwa – wie sie in einem Brief an ihre Schwester Lise berichtete.[18]

Sie ging viel spazieren und aß abends bei Lapi, in einem alten Kellerlokal, in dem viele Künstler verkehrten, trank zum guten Essen ein Glas Wein und hörte Musik. Das war das Italien, das ihr gefiel.

Zuweilen begleiteten sie die schmachtenden Stimmen liebeshungriger Italiener, wenn sie nach Hause ging. Meistens war die dicke Annina, die Hausdame, noch wach, denn es war nie sehr spät, wenn Käthe Kollwitz zurückkam. Traurig sah sie die Deutsche an und schüttelte den Kopf: »*Sempre sola, la Signora.*«

Allmählich fühlte sie sich wirklich allein.

Lise besuchte sie im Mai, und auch ihre Freundin Emma Jeep kam einmal. Aber immer wieder erinnerte sie sich an Peters Worte. Er hatte sie nach Italien begleitet und fuhr mit Karl, der nachgekommen war, wieder heim. Er freute sich auf Berlin. Als sie an einem Abend beim Essen saßen, sagte er: »Weißt du, wenn man zu Hause bleibt, dann bekommt man auch kein Heimweh.«

Doch mit einmal bekommt ihr Hiersein einen Sinn. Käthe lernt Stan kennen, eine zwanzigjährige Engländerin, die eigentlich Constance Harding heißt und mit dem deutschen Arzt Krayl verheiratet ist. Sie ist trotz der finanziellen Abhängigkeit von ihrem Mann unabhängig geblieben, ist fröhlich und geistesgegenwärtig, verwegen und hat Mut. Sie liebt einsame Wanderungen, nicht nur am Tag, auch in der Nacht.

Käthe Kollwitz ist fasziniert von ihr. Das Schwere, Langsame, Ernste, diese unendliche Tiefe, die man in ihren Augen sieht, wird immer wieder bezaubert von der Leichtigkeit der anderen, von deren Flüchtigkeit. Es dauert nicht lange, und Stan hat sie überredet, mit ihr nach Rom zu wandern. Sich das Land zu erobern, Schritt für Schritt, die Dörfer, die Städte, die Berge und Täler. Drei Wochen lang wandern sie durch die Campagna. Manchmal am Meer entlang, dann wieder über die Hügel wie zwei Pilgerinnen. Hin und wieder geben die Einwohner ihnen zu essen und bitten sie dann, in St. Peter ein Gebet für sie zu sprechen.

Manchmal kommen sie in Dörfer, hoch oben auf den Hügeln, in die nur selten Fremde gelangen. Sie sind wie betrunken vom Schauen, sind müde vom Wandern, als sie am 13. Juni 1907 in Rom ankommen.

Nichts hat Käthe Kollwitz bei dieser Wanderung gezeichnet,

nichts wollte sie zeichnen von der Stadt Rom. Nur Stan, ihre Begleiterin und mit ihr die Jugend, das flüchtige Leben schlechthin. Durch sie hat Italien für Käthe einen Klang bekommen. Die Farben, das Licht, die Eindrücke waren intensiver geworden.

Einige Tage später kam Hans nach Rom. Mit seinen fünfzehn Jahren war er stolz darauf, alleine von Berlin nach Rom gereist zu sein. Sieben Tage verbrachten sie miteinander in der Stadt, die sie durch nichts beeindrucken konnte: »Es wirkt nach wie vor auf mich unübersichtlich und nicht geschlossen. Und direkt enttäuscht hat es mich, wie das alte Rom nur noch Ruine ist, das pietätvoll, museumsartig aufrechterhalten wird.«[19]

Sie fuhren über Assisi und Perugia zurück nach Florenz, weiter nach Spezia und trafen dort Karl und Peter. In Fiascherino, einer winzigen Fischersiedlung, die nur mit dem Boot erreichbar war, verbrachten sie ihre gemeinsamen Ferien. Käthe genoss die Auszeit.

V

Im November 1908 erkrankt Hans. Es besteht Verdacht auf Diphtherie, und Karl spritzt ihm das Behring'sche Diphtherie-Serum, das Heilung von der häufig tödlich verlaufenden Infektionskrankheit verspricht. Doch genau das wird sich als fatal herausstellen. Nach einer Woche, er erscheint bereits gesünder, setzt um acht Uhr abends das Herz des Jungen aus. Ganz plötzlich fällt er um und gibt kein Lebenszeichen mehr von sich. Er liegt da, völlig bewegungslos und still.

Karl Kollwitz kämpft zusammen mit Käthe wie um das eigene Leben. Um drei Uhr morgens sagt er die erlösenden Worte: »Wir haben es geschafft. Hans wird leben.« Erst jetzt, als alles vorbei ist, beginnt Käthe Kollwitz die Tragweite zu erfassen. Sie erschrickt: Hat sie das Unglück vorausgeahnt, als sie 1903 in so vielen Bildern die Mutter um das Leben des Sohnes kämpfen ließ? Es sei kein Zufall, was einen trifft, äußert sie später einmal. Hat sie herbeigerufen, was sie eigentlich mit ihren Zeichnungen zu bannen versucht hat? Oder sind sie nur ein Versuch gewesen, an die eigene Grenze zu gehen und der Realität ins Auge zu schauen?

Hans bleibt am Leben. Es ist wie ein Wunder, aber die Angst, ihn zu verlieren, verlässt sie lange nicht mehr.

An ihre Freundin schreibt sie: »Du, Jeep, viel Angst hab ich schon um die Kinder gehabt, aber dieses kalte Entsetzen, das einen erfasst, wenn man fühlt, weiß, in den nächsten Minuten ist dieses junge Leben vielleicht abgeschnitten und das Kind ist weg, – das war doch wohl das Schlimmste bis jetzt, und das ist auch nicht so bald zu verwinden, obwohl er bei uns geblieben ist!«[1]

Die Kinder nahmen einen immer größeren Stellenwert in ihrem Leben ein. Sie wurden immer mehr Partner, je größer sie wurden. Käthe besuchte mit Hans und Peter Ausstellungen, diskutierte mit ihnen ihre Arbeit, las mit ihnen Bücher. Sie war es, der Hans als Elfjährigen sein erstes Drama *Siegfried und Gunhilde oder Verrat und Treue* diktierte. Er wäre gerne wie seine Mutter gewesen. Wenn sie müde vom Atelier hochkam und ihm und Peter ihre Arbeit zeigte, strahlte sie. Und dieses Strahlen, diese Freude beeindruckten den Älteren zutiefst.

Viel Zeit verbrachten die Familien Kollwitz und Stern miteinander. Manchmal spielte Käthe mit Hans, Peter, Georg und ihren Nichten Theater, den *Sommernachtstraum* oder auch Gorkys *Nachtasyl.*

Angeregt von der Wanderung nach Rom ging 1910 eine Reise gemeinsam mit Lises Töchtern Rele und Katta ins Engadin zum Wandern – wie sie bereits 1908 mit Karl und den beiden Jungen durch Thüringen und Franken und 1909 durch Ostpreußen und entlang der kurischen Nehrung zu Fuß unterwegs war.

Regelmäßig zeichnete Käthe ihre beiden Söhne. Auf ihren Körpern hatte das Leben noch keine Spuren hinterlassen. Sie glichen für sie den Engeln, die sie für Hans' Exlibris gezeichnet hatte. Doch sie hatte trotz der nahezu unbeschwerten Familienzeiten die Widersprüche des Lebens stets im Kopf, die ihr in Berlin begegneten.

Im Westen wuchs das Angebot von Luxuswaren ständig. Teure Restaurants, elegante Konditoreien, Weinstuben und mondäne Nachtlokale, Varietés und Ballhäuser sorgten ebenso für Abwechslung wie zahlreiche Veranstaltungen wie das Sechs-Tage-Rennen der Radfahrer.

Es wurde weiterhin viel gebaut, aufgerissene Straßen und Baugruben gehörten zum Stadtbild. Zwischen 1907 und 1910 wurde das berüchtigte Scheunenviertel nördlich des Alexanderplatzes komplett neugestaltet. Es war die Gegend der Prostituierten, Gauner und der Ärmsten der Stadt gewesen, derjenigen, die man nicht teilhaben ließ am großen Gewinnspiel um die Weltstadt Berlin. Für die »ungeliebten Kinder« des Kaisers war kein Platz auf der »Laufstraße« (Unter den Linden), der »Kaufstraße« (Leipziger Straße) und der »Saufstraße« (Friedrichstraße). Hier bauten berühmte Architekten Geschäftshäuser, Bahnhöfe und Industriebauten aus Stahl, Beton und Glas. Riesige Kaufhäuser entstanden. Allein für das Kaufhaus Hertzog ließ man 40 Häuser abreißen, um genug Platz zu haben für diesen Konsumtempel der Wohlhabenden. Die anderen, die draußen blieben, kauften nach wie vor in den kleinen Kellergeschäften nebenan oder bei Straßenhändlern. Eine erneute Wirtschaftskrise 1908/09 ließ die Arbeitslosenziffern bedrohlich in die Höhe steigen.

Weil die Behörden diese Zahlen zu ignorieren versuchten, initiierten die Sozialdemokraten und Gewerkschaften eine eigene Zählung. In den Fragebögen, die man verteilte, konnte man lesen: »Wenn ich nach einer Stelle komme, dann heißt es: ›Wie alt sind Sie?‹ – ›44 Jahre!‹ – ›Sie sind zu alt‹, ist die Antwort.« Ein 54-jähriger Arbeitsloser antwortete: »überall wegen des Alters abgewiesen, einen Mann in meinem Alter will keiner mehr beschäftigen.«[2]

Viele konnten von ihrem Verdienst kaum überleben, die kleinen Gastwirte, die Schuhmacher und kleinen Grünkram- und Kolonialwarenhändler und immer mehr Frauen. Aber die Angst, auch diese Arbeit zu verlieren, das Wenige, das man gerade noch hatte, ließ sie verstummen, erstickte jede Kritik an den ökonomischen und politischen Zuständen im Keim. Die Kinderarbeit blühte, obwohl sie verboten war. Dazu kamen »die Ausgestoßenen, die vor den Asylen, Wärmehallen und Suppenküchen Schlange standen. Das waren die Halbinvaliden und die Grauhaarigen, die keiner mehr nahm, und die Kranken, die der Betrieb entließ, um Versicherungsbeiträge zu sparen ...«[3]

Während der Kaiser umgerechnet auf einen Stundenlohn von

ungefähr 3600 Euro kam und für keines seiner zahlreichen Schlösser Miete zahlte, verdiente ein Arbeiter zwischen 17 und 25 Cent pro Stunde.

Während im Westen der Stadt eine Familie ein bis zwei Kinder hatte, gab es im Osten trotz hoher Kindersterblichkeit viel mehr Kinder. Der Zuzug aus dem osteuropäischen Raum nahm weiterhin zu.

All diese Menschen waren es, die in die Praxis von Karl Kollwitz kamen. Sie saßen auf den Treppen des Hauses, standen in den Korridoren, warteten geduldig, bis sie an die Reihe kamen. Manchmal kam auch eine Frau zu ihr oder besuchte sie in ihrer Wohnung. Sie hörte die Lebensgeschichten und schrieb sie oft auf, weil sie davon beeindruckt war. Es waren ähnliche Geschichten über Arbeitslosigkeit, Alkoholismus, über einen Mann, der der Familie zur Last wurde, weil er körperlich oder psychisch krank war, manch einer nahm sich das Leben. Und die Frauen blieben mit den Kindern übrig, ohne Hoffnung, ohne Geld, ohne alles. »Bei Beckers. Der Mann geht fort, die Frau klagt. Immer das alte Lied. Krankheit, Arbeitslosigkeit, Suff – das geht immer im Kreis. 11 Kinder hat sie gehabt, 5 leben …«[4] Diese Frauen alterten früh, waren kaputt vom Leben. Und dann ging der Mann und suchte sich ein neues Leben. »Eine Arbeiterehe ist nur erträglich, wenn Mann und Frau gesund sind«, sagte Käthe Kollwitz. »Die Arbeiterwelt ist eine vollkommen geschiedene von der Bourgeoiswelt. Es herrschen in ihr vollkommen andere Wertmaße.«[5]

Sie sah, sie hörte. Seit einiger Zeit hatte sie begonnen, die Not in ihrer Umgebung zu zeichnen und damit tiefer in das harte Leben derer einzudringen, denen sie begegnete. Vielleicht gab Hugo Heller, der Sozialdemokrat und Geliebte, den Anstoß dazu. Auch Karl war auf der Seite der Armen, aber ihn sah sie tagtäglich. Worte, die man selten hört, hört man besser.

Nun bekannte sie sich auch als Künstlerin zu den Verlierern ihrer Zeit. Ihre Gesichter waren grobschlächtig, die Körper von den Entbehrungen gezeichnet. Früher glaubte sie, sie seien schön. Sie hatte sie für glücklich gehalten, da sie keine Konventionen kannten, die Menschen am Hafen und in den Kneipen von Königsberg. Jetzt, das spürte sie, war es Zeit, das städtische Proletariat zu zeichnen, das wahre Berlin des beginnenden zwanzigsten Jahrhunderts zu zeigen.

Sie zeichnete wie besessen: Obdachlose, Kranke, erschöpfte Heimarbeiterinnen, Bettlerinnen, Proletarierfrauen mit ihren Kindern oder wieder einmal schwanger, die toten Kinder, die betrunkenen Männer. Jene, die nicht stark genug waren, ihr Los zu tragen, die von der Gesellschaft ausgeschlossen und ausgestoßen wurden. Außenseiter: die Schwangere, die sich, begafft von zwei Berliner Gören, an der Wand entlang tastet, oder die Bittstellerin, die sich völlig entblößt zeigt, so absolut den anderen ausgeliefert. Käthe Kollwitz verdeckte nichts von den menschlichen Tragödien, machte sie öffentlich mit den zwischen 1908 und 1911 in der satirischen Zeitschrift *Simplicissimus* veröffentlichten Bilder.

Ihre Wut über das, was sie sah, war groß. Und dennoch hätte sie mit Wilhelm Raabe sagen können: »Nicht mitzuhassen, mitzulieben bin ich da.«[6] Sie sprach wenig über sich selbst und ihre Gefühle. Über ihre Kindheit und Jugend schrieb sie erst für Hans Anfang der zwanziger Jahre einiges auf. Sie hörte lieber zu. So zeigt sie sich auch in dem Selbstbildnis von 1909: der Kopf ist nach hinten geneigt, die Augen geschlossen. Ganz und gar aufnahmebereit und zugleich ganz und gar nach innen lauschend.

Sie hatte ihre Bilder, die sprachen für sich, und seit 1908 das Tagebuch. Darin erzählte sie vieles, was sie sonst verschwieg. Sie berichtete von dem, was sie in dem Moment interessierte, was ihr wichtig und bedeutend war, und zitierte gerne Dichter, allen voran Goethe. Zehn dicke Hefte sind erhalten geblieben, die sie mit ihrer großen, klaren und gleichmäßigen Schrift füllte. Bis an den Rand schrieb sie, ohne zu korrigieren, ohne zu zögern, in einer fast klassischen Sprache. Manchmal beschrieb sie mit ihren Erinnerungen auch die Innendeckel und legte lose Blätter ein, mal klebte sie Fotografien ein oder machte eine Skizze. Einige Jahre trug sie auch ihre Einnahmen und Ausgaben ein.

Nach wie vor war sie von den Beziehungen zwischen Männern und Frauen fasziniert. Sie hörte den Frauen zu, wenn sie erzählten, wie sie ohne Mann lebten oder mit den Problemen der Wechseljahre kämpften und vor allem von ihrem Leben mit ihrem Mann oder Liebhaber. Die Zeiten hatten sich geändert, schrieb sie. »Sie nehmen solche Sachen nicht mehr so wichtig, Liebesumgang verpflichtet nicht …«[7]

Langsam kamen auch ihre Söhne in das Alter, in dem sie keine Kinder mehr waren. Hans, Georg, Rele und die frühreife Katta Stern, die ihre Eltern bereits als Zwölfjährige beunruhigte, begannen, sich selbst, aber auch das andere Geschlecht zu entdecken. »Nur eine Tür aufzumachen und dann *verstehn sie* sie auch, dann ist der Schleier weg und der Kampf mit dem stärksten Lebenstrieb erwacht.«[8] Das wusste Käthe aus eigener Erfahrung.

Als Heranwachsende hatte ihr das Zeichnen geholfen, um mit dem Neuen, dem Sexualtrieb, den sie zunächst als Feind empfand, umzugehen. Auch später hatte sie keine Scheu, Sinnlichkeit in ihren Bildern darzustellen. Um die Jahrhundertwende, bis ca. 1906, entstand eine Reihe von männlichen Akten und vielen weiblichen. Vor leuchtenden grünen Hintergründen zeichnete sie die Menschen, die oft etwas Dumpfes an sich haben, zugleich auch etwas Warmes und Weiches.

Manchmal arbeitete sie immer noch mit Modellen. Doch sie hatte auch die Fähigkeit aus dem Gedächtnis das Wesentlichste zu zeichnen und dabei die Figur älter oder jünger zu machen, anzupassen an ihre Vorstellungen, an Gehörtes, Gefühltes, oder an Träume, die auf diese Weise Realität wurden.

Während ihrer Periode hatte Käthe mitunter »ganz abnorme unbegreifliche Empfindungen«. Sie empfand es wie einen Schwindel, hatte das Gefühl, sich aufzulösen. Hin und wieder packte sie ein Zwang, die Arbeiten, an denen sie wochenlang gearbeitet hatte, zu zerstören. Und manchmal glaubte sie, in Hans verliebt zu sein, nicht in den Sohn, sondern in einen heranwachsenden jungen Menschen. An ihre Freundin Jeep schrieb sie: »Der Junge ist mir so verwandt, dass ich es gar nicht sagen kann.«[9]

Waren diese Tage vorüber, erschienen ihr die eigenen Gedanken unvorstellbar. Aber in diesen Phasen waren ihre Empfindungen bis aufs Äußerste sensibilisiert, war sie sich selbst und dem eigenen Körper so nah wie nur möglich. In solchen Tagen sind vielleicht die *Secreta* entstanden. Sie zeigte diese Kohlezeichnungen niemandem. Es waren sehr persönliche Blätter, und vielleicht versteckte sie sie deshalb im Schrank, obwohl sie davon überzeugt war, dass sie zum Besten gehörten, was sie gemacht hatte.[10]

Mit ungeheurer Wucht zeichnete sie Liebesszenen. Der Mann aktiv, mit erigiertem Glied und erhobenen Armen. Sie liegt vor ihm, nicht weniger kraftvoll. Es sind immer Liebende, und doch sind sie immer auch mehr, sie sind ein Symbol für *activa* und *passiva*, für Geben und Nehmen, für Yin und Yang, für das männliche und das weibliche Prinzip als Zusammenspiel.

Mal explizit, mal nur andeutend, zeichnete Käthe Kollwitz die Liebenden. Selbst die Kleidung, wenn vorhanden, bringt keine Distanz zwischen Mann und Frau, die Grenzen sind aufgehoben – wie im schöpferischen Akt, in dem Intellekt und Intuition ein Ganzes bilden. Nicht nur einmal vergleicht Käthe Kollwitz die Sexualität mit dem schöpferischen Akt. Künstlerin und Frau sein war für Käthe Kollwitz ein und dasselbe.

Vielleicht erinnert deshalb das Gesicht der Frau in diesen Szenen so sehr an ihres, mit den ausgeprägten Wangenknochen, den großen Augen, den Haarsträhnen, die ins Gesicht fallen, die breite Nase.

Einmal scheint es auch Karl zu sein mit den langen schmalen Ohren und dem kurzen Haar, der sie umarmt. Dann wieder glaubt man die Züge von Hans zu erkennen, der älter und nun wirklich ein Mann geworden ist: dieselbe große, breite Nase, der breite Mund, das gescheitelte Haar, eine Strähne fällt ins Gesicht. Ist es der junge Mann, ist es sie selbst, ist es niemand und jeder? Es sind Gesichter wie aus Träumen, die vage aus dem Nebel auftauchen und dann wieder verschwinden, sich mit anderen Gesichtern vermischen.

In ihren Träumen erlebte Käthe Kollwitz manchmal ein bis ins Extreme gesteigerte Gefühl, »ein unsagbar süßes, holdes körperliches Gefühl«. Zuweilen, wenn sie von körperlicher Liebe träumte, hatte sie sogar ein schier »unerträgliches Gefühl dabei, als ob« sie »sterben müsste«.[11]

Seit ihrer Kindheit kannte sie die Symbiose von Liebe, Leben und Tod. Nicht von ungefähr entstanden deshalb auch die Todesblätter in dieser Zeit. Nase an Nase, Wange an Wange schmiegen sich zwei, einander hingebend in der Umarmung.

Da ist wieder Käthe mit dem sinnlichen Mund, die mit dem Tod um das Kind ringt. Ist es Hans Gesicht? Oder ein anderes Kindergesicht? Ist es die Jugend im allgemeinen, ihre eigene?

Zweifellos klingt etwas nach von dem, was sie erlebt hat, als Hans beinahe starb, vielleicht empfand sie dabei auch etwas von der schwellende(n), hochschwärmende(n), sanft brausende(n) Musik«, wie sie es bei Richard Wagners *Tristan* einmal erlebte.[12]

Karl Kollwitz hatte wenig Zeit, um zu sehen, was seine Frau in ihrem Atelier zeichnete. Er war überarbeitet und ruhelos. Kaum saß er neben ihr in der Wohnstube oder beim Essen, sagte er: »Ich muss aber gleich wieder laufen.« Abends hörte sie ständig die Klagen, er habe nicht alle Besuche geschafft.

Von Zeit zu Zeit schien er ihr wie ein Fremder. Als ob sie nie das Gefühl des Zusammenseins mit ihm genossen hätte. Nüchtern betrachtete sie ihn, wie er sich rastlos bewegte, folgte ihm gleichgültig mit den Augen zur Tür. »Ich sehe die Jungen viel öfter als Karl, ich sehe sie jung, aufblühend, elastisch. Karl schrumpft gegen sie zusammen, er wird immer kleiner, seine Glieder kürzer, die Haltung eng und unfrei, das Gesicht verknüllt faltig nervös«[13], schrieb sie am 16. Dezember 1910 in ihr Tagebuch.

Zufrieden nahm sie dann wahr, dass er sich ungemein freute, als Hans das Abitur bestand. Sie tranken alle gemeinsam Wein, tanzten, und er sang Studentenlieder.

Aber dann schlich sich wieder dieses Unverständnis ihm gegenüber ein, als er Hans vorschlug, Medizin zu studieren und nationalökonomische und philosophische Kollegs zu besuchen. Er meinte es gut, aber er traf es schlecht, es entsprach nicht den Interessen und Neigungen des Sohnes. Die Kinder waren emotional nicht wirklich seine Kinder. Peter und Hans gehörten zu Käthe – wie auf dem Foto von 1909: einer rechts und einer links von ihr. Mit einer gewissen Genugtuung las sie später, im Dezember 1913, Barlachs *Toter Tag*, in dem sich der Sohn von der Mutter abwendet und hin zum Vater orientiert – aber letztendlich doch »zur Art der Mutter zurückkehrt.«[14]

Einer rechts, einer links, einer hell, einer dunkel, wie die beiden Seiten ihrer Persönlichkeit, stehen die Jungs neben ihr. Peters Statur ist groß und breit. Er hat ein offenes Gesicht mit einer großen, vorstehenden Nase. Während er lässig die Hände in die Taschen vergräbt, kreuzt Hans seine Arme im Rücken. Ernst und schmal ist sein bleiches Gesicht, die Augen haben etwas Unschuldiges.

Er war bedächtig in seinem Tun, und es war schwierig an ihn heranzukommen. Von seiner Lebhaftigkeit, seiner kindlichen Fantasie und seinem klaren Willen war wenig übrig geblieben. Er ähnelte in manchem seinem Onkel Konrad. Peter hingegen war liebenswürdig und humorvoll, aber auch zerstreut und flüchtig. Die Versetzung in der Schule im September 1909 stand zur Debatte. Ob er wohl haltlos sein würde in seinem Leben?

»Etwas dilettantisch interessiert nimmt er leicht Beschäftigungen vor, die er dann wieder liegen lässt«[15], vermerkte Käthe. Er war in einem Rollschuhclub, turnte und schwamm gerne und er begann, sich für Mädchen zu interessieren. Während der Jüngere sich am Außen orientierte, war der große Bruder nach innen gekehrt. Hugo von Hofmannsthals *Der Tor und der Tod*, in dem es heißt: »Im Innern stumm geboren«, trafen Hans zutiefst. Aus diesem Inneren schien es keinen Weg nach draußen zu geben, hin zu einem wirklich gelebten Leben.

1910 verliebte er sich das erste Mal – in eine unerreichbare Frau, die Tänzerin Grete Wiesenthal. Er schrieb Gedichte, die er der Mutter vorlas. »Sie waren sehr traurig und sehr sehnsüchtig und machten mich traurig«[16], so Käthe.

Er wollte Schauspieler werden, sprach mehrere Male beim Produzenten und Drehbuchautor Paul Wegener vor. Dieser lehnte ihn jedes Mal ab, verhehlte aber nicht seine Bewunderung für die Mutter. Käthe tat es weh, wenn der Sohn ihr von seinem Scheitern erzählte. Einmal mehr wurde Hans vor Augen geführt, wie unerreichbar sein Ziel war: wie die Mutter im künstlerischen Schaffen das Leben zu fassen. Mal erwog er, Regisseur zu werden, dann wieder Philosophie zu studieren.

Er folgte schließlich dem Rat des Vaters, doch fühlte er sich mit der Medizin und dem Sezieren nicht glücklich. Er wollte nur eines – das Leben, das lebendige Sein. Er sagte: »... man muss weniger etwas tun, als etwas sein ... Er meint, das Tun schiebt einen in Lebensformen, die an sich fern liegen, eben in Berufe, zuerst käme das Leben.«[17]

Aber, so fragte sich Käthe, wenn er sein Ich »hätschelte«, wie sie es nannte, wie konnte er dann die Kraft finden, etwas zu tun? Hans musste fort aus Berlin, war ihr Vorschlag. Lange überlegte er, dann entschied er sich für ein Studium der Literaturgeschichte in Freiburg. An einem Aprilabend des Jahres 1911 nahmen sie Abschied voneinander bei einem Glas Wein. Als er später auf seinem Sofa lag, kam Käthe noch einmal zu ihm. Wortlos und ohne sie anzusehen, streckte er ihr die Hand entgegen. Sie drückte sie, sie küsste ihn. Dann ging sie in ihre Stube und weinte. Vielleicht weinte auch er.

Peter war anders. Er fügte sich ohne nachzudenken ein; in das Leben und in die Abschiede. Nach einer schweren Bronchitis brachte ihn Karl im Februar desselben Jahres für einige Wochen in das Berner Oberland, wo er sich auskurieren sollte. Er wurde gesund und sah dem Leben ins Auge. Nie vergaß Käthe, wie er später im Sommer in Prerow vor ihr stand, in seiner gelben Leinenhose, der grünen Leinenjacke, das Malzeug im Rucksack, unterm Arm die Staffelei. Mit einem unwiderstehlichen Lächeln sagte er: »Frag mich, ob ich alles dabei habe und was ich vergessen habe.«

Sie war immer wieder aufs Neue von dieser Leichtigkeit fasziniert. Es war das andere, das sie rührte, das ihr Entgegengesetzte. Sie brauchte ihre Söhne, alle beide. Sie brauchte einen rechts und einen links neben sich, um sich einmal diesem, dann dem anderen zuzuwenden. Das war die Freiheit, die sie jedem gab. Karl kannte dieses Loslassen derjenigen, die man liebt, nicht.

Begeistert las Käthe Strindbergs *Rotes Zimmer*, »ein vorzügliches männliches Buch«. Das Thema, das Käthe Kollwitz so sehr faszinierte, ist nur angedeutet, aber es ist vorhanden, »der Geschlechterhass bis zum Grotesken getrieben. Der Hass, der bis zu der Stärke gehen kann, dass er den Gehassten tötet. Es sind da Partien drin, die sind ganz gewaltig«, schrieb sie. »... in allen Werken aus dieser Zeit ist das das ewige Thema: an einander gebunden sein, leiden, sich zerfleischen, hassen. Ein wahnsinnig übertriebenes aber grandioses Gemälde.«[18]

Eine Szene griff sie aus dieser Geschichte über zwei Menschen heraus, die sich hassen und um den Sohn, das Zeugnis ihrer einstigen Liebe, kämpfen. Die aus sich herausbrechende Liebe des Vaters erweist sich als mächtiger als die beschützende, beständige, aber einschließende Liebe der Mutter, die letztendlich sterben muss.

Karl liebte seine Kinder wie diese Mutter. Er ließ denen, die er liebte, keinen eigenen Raum. Nur damals in der Zeit mit Heller wollte er Käthe freigeben, weil seine Liebe keinen Sinn mehr machte. Dieses eine Mal war er über sich hinausgewachsen. Und Käthe hatte sich damals für ihn entschieden und war geblieben.

Am 8. März 1909 war Hugo Hellers Frau in der Lungenheilstätte bei Grimmenstein gestorben, von der Kunstwelt wurde das kaum wahrgenommen.

Heller schrieb Käthe danach, doch sie antwortete ihm nicht.

Zu Ostern kam er mit seinen beiden Söhnen nach Berlin. Sie begegneten einander, hielten aber Distanz. Was immer es war, das sie voneinander trennte, es gab da wohl auch eine große Scheu, das Vergangene zu berühren. Viele Jahre später gestand sie sich ein, dass sie die Zeit mit Hugo Heller nach wie vor schmerzlich berührte. Sie fand seine Briefe, auch die, als er in der Secession ihren *Bauernkrieg* gesehen hatte. Zwei von ihr waren dabei, sie hatte sie niemals abgeschickt.

Manchmal träumte sie von ihm, lebendig und schön, erinnerte sich an seine Worte, die ihr so bedeutsam erschienen waren. Zu Weihnachten schrieb sie ihm noch einmal. Er antwortete, nun aber müde und traurig. Sie schrieb nicht mehr zurück, auch weil sie keine Sehnsucht mehr nach einem Austausch verspürte.

Einmal ließ sie ihn grüßen. Er hatte sich inzwischen wieder verliebt. Und doch war er unglücklich, als ob er nicht glücklich sein konnte, wenn er nicht litt. Das jedenfalls sagte man ihr.[19]

Er ähnelte darin Lise: in einer Situation zu verweilen, nur um sich nicht entscheiden zu müssen. Im Frühjahr 1911 sitzt Käthe mit Lise im Café Kaiserhof am Potsdamer Platz. Sie plaudern, wie immer auch über Belanglosigkeiten, sehr Persönliches klammern sie wie immer aus. Doch plötzlich beginnt Lise, aus ihrem Leben zu erzählen, von dem die ältere Schwester all die Jahre nichts geahnt hat.

Max Wertheimer, der zehn Jahre jüngere Begründer der Berliner Schule der Gestaltpsychologie, lebt im Haus der Sterns und er liebt Lise. Alle wähnen sie glücklich mit Georg. Doch sie steht zwischen zwei Männern und greift nicht ein, indem sie sich endgültig für einen entscheidet.

Käthe hat sich entschieden. Denn zum Arbeiten muss man hart sein, wie sie unentwegt sagte. Das Spiel der Gefühle vertrug sich damit nicht auf Dauer. Ihre Sehnsucht nach Freiheit war inzwischen auch kleiner geworden. Noch vor einem Jahr wollte sie gerne für lange Zeit fortgehen, jetzt schien es ihr nicht mehr so drängend. Und das nicht nur, weil sie vor kurzem eine Kupferdruckpresse gekauft hatte.

Jetzt war sie es, die blieb und zusah, wie die Jungen gingen. Sie war reifer geworden. Die Signatur in ihren Bildern wurde breiter und größer, klarer und selbstbewusster. Der Erfolg nahm zu. Ein großes Festessen im Künstlerhaus nach der Eröffnung der Ausstellung der »Juryfreien« wurde zum Jubelfest für sie.

Sie war entsetzlich verlegen. So unerwartet kam dieser Jubel für sie. Aber sie fasste sich bald, denn inzwischen war sie es gewohnt, erfolgreich zu sein. Sie nahm die Ehrung an und genoss es, im Mittelpunkt zu stehen, auch wenn sie nach außen fast unbeeindruckt schien.

Später am Abend rief sie Karl an. Er musste kommen, trotz seiner Arbeit. Er musste sehen, wie man sie feierte. An seiner Seite und zusammen mit Lene Bloch, der Freundin aus Königsberg, die mit dem Herausgeber der *Sozialistischen Monatshefte* Joseph Bloch verheiratet war, verbrachte sie diesen rauschenden Abend.

Danach schrieb Karl an Hans: »Mutter wurde gestern wie eine Königin gefeiert. Lene Bloch schrie mir immer ins Ohr, so schön hätte Mutter noch nie im Leben ausgesehen.«[20]

Das waren die Sonnentage im Leben. Dazwischen arbeitete sie allein, arbeitete hart. Unzählige Zeichnungen und Grafiken entstanden neben der Plastik, immer arbeitete sie gleichzeitig an mehreren Werken.

VI

Als Käthe Kollwitz 1910 die Ausstellung der Juryfreien besuchte, schaute sie mit einer gewissen Skepsis auf die Arbeiten der jungen Kollegen. Sie sah etwas in diesen Bildern, das sie irritierte. Nicht nur die Konturen unterschieden sich von den ihren, sie spürte vage und ohne es definieren zu können, etwas Fremdes, zu dem sie keinen Zugang hatte. Es war nicht so sehr die jugendliche, stürmende Kraft, die darin zum Ausdruck kam, sondern etwas anderes, wovon sie ausgeschlossen war und ausgeschlossen bleiben würde.

Sie gehörte einer anderen Generation an, mit einer anderen Vergangenheit und Zukunft.

Früher hatte sie nie zur Seite gesehen, hatte kaum bemerkt, was neben ihr geschah. Sie kannte ihr Ziel und das war ihr immer genug gewesen. Was hatte sich geändert? Plötzlich stellte sie sich Fragen wie: »Empfindet er (Hans) mich alt werden?«[1] Später erinnerte sich Jeep, dass Käthe plötzlich anfing, vom Alter zu reden. Und das zu einem Zeitpunkt, als sie, die zwei Jahre älter war, noch überhaupt nicht daran dachte.

Bedrückt beobachtete Käthe Kollwitz die Mitglieder der Familie Rupp, die so früh alterten. Auch Langeweile verspürte sie jetzt häufiger als früher. Sie fühlte sich leer, verlassen, und zuweilen ekelte sie sich sogar vor der Arbeit. Immer öfters klagte sie: »Die Potenz, die Potenz lässt nach.«[2]

Aber wie so oft, es war nur eine Phase im Leben. Sie war zweifellos noch ungewöhnlich vital. Sie hatte in Italien schwimmen gelernt, liebevoll verspottet von den Kindern, weil sie sich nur vorsichtig ins Wasser traute. Sie wanderte viel, im Winter rodelte sie und lief mit Peter, Lise und Hanna Schlittschuh auf dem Müggelsee, wenn bei starkem Frost die Seen zugefroren waren.

Als Hans in Freiburg, später dann in Bonn Literaturgeschichte und Philosophie studierte, berichtete sie regelmäßig von ihrem Leben in Berlin. Nach wie vor war sie sehr besorgt um ihn. Sie gab ihm Anweisungen für sein Verhalten der Zimmervermieterin und Wäscherin gegenüber und forderte ihn auf, Bericht zu erstatten. »Antwort im nächsten Brief!«, hieß es da etwa am 14. November 1911. Aber immer auch machte sie ihm Mut zum Leben, auf ein Ziel hinzuarbeiten, sich etwas zu erarbeiten.

Er schrieb nicht sehr oft, was sie bedauerte. Plötzlich aber und ganz und gar unerwartet für sie kam ein Brief von ihm, in dem er schrieb, er und eine Kommilitonin namens Annie Bender hätten sich ineinander verliebt.

Käthe Kollwitz las die Zeilen, und wieder einmal lagen ihre zwei Seiten im Widerstreit. Hans sollte leben, und er sollte lieben, das wünschte sie sich. Gleichzeitig aber war sie betroffen, getroffen wie damals, wenn Lise in ihrer Kindheit mit den Nachbarskindern spielte und sie nur zusah.

Sie schrieb ihm, dass sie sich freute, es jedoch nicht gut wäre, sich so früh zu binden. Als er nicht schreiben konnte oder wollte, was er fühlte, drang sie darauf, ihren Sohn zu sehen. Obwohl sie eigentlich wusste: »Man muss Vertrauen in sein Kind haben, dass es stark und klug genug ist alles mit sich allein auszumachen.«[3]

Etwa zur selben Zeit verbrachte sie, die immer schrieb »wir vier« und die doch immer meinte »wir zwei«, mit Peter einige Wochen in Fiesole bei der Familie ihrer Freundin und Studienkollegin Beate Jeep-Bonus. Als diese abgereist war, blieben sie beide noch einige Zeit alleine. Beinahe täglich fuhren sie ins nahe Florenz, wo sie abendliche Spaziergänge durch die Stadt genossen. Es war Frühling in der Toskana, es duftete, es blühte, es leuchtete in einem Licht, das sie aus dem düsteren Berlin nicht kannten. Dort saß Käthe meist in der Stube oder im Atelier. Hier spürte sie eine Lebensfreude wie schon lange nicht mehr. Ohne Karl, ohne Hans, aber mit Peter.

Als sie ihn Anfang Juli in Lubochin in Posen auf dem Landgut der Freundin und Studienkollegin Rose Plehn besuchte, fühlte sie schon am ersten Tag so etwas wie einen Schmerz vor dem Abschied. Seit Mitte Juni arbeitete er hier von fünf Uhr morgens bis zum Sonnenuntergang auf dem Feld. Es gefiel ihm, dieses Leben der Landarbeiter. Er rauchte nun eine kurze Pfeife mit starkem Tabak und fluchte auf Polnisch, vermerkte sie.

Käthe Kollwitz beobachtete ihn, wie er mit seinem liebenswürdigen, sanften Lächeln auf die Menschen zuging, wie er mit den Tieren umging und wie er mit den Mädchen tanzte. Er stand mitten im Leben. »Ich liebte ihn so stark in diesen Tagen«, schrieb sie, »das (sich) das Gefühl schon dem Erotischen näherte. Neben ihm zu sein war mir ein Glück. Am liebsten hätte ich wie unser Vater es mit uns tat ihn immer umgefasst beim Herumgehn.«[4] Sie tat es nicht.

Wenig später traf sie in Bonn Hans. Mager, mit seinem intelligenten, ernsten Gesicht stand er vor ihr. Als sie ihn so traurig sah, das entmutigte Senken des Kopfes, den leicht klagenden Ton in seiner Stimme, dachte sie voll Sehnsucht an Peter.

Käthe wollte Annie Bender kennenlernen. Ob sie sie traf, wissen wir nicht. Aber im Herbst nach den Ferien klangen ihre Briefe wieder wie zuvor. Sie war beunruhigt, weil Hans nachts arbeitete, und sie fragte ihn: »Wie lange schläfst Du denn am Morgen? hast Du da genügend Ruhe und Stille? auch hast Du noch nicht viel über die Pension erzählt, ist das Essen gut? und bist Du zufrieden dort zu sein?« Und immer wieder forderte sie ihn dazu auf, öfters zu schreiben: »Am besten aber von Zeit zu Zeit einen Brief, in dem Du über Dich mitteilst, und wenn Du über Dein innerliches Leben nichts sagen willst so über Dein äußeres.«[5]

Käthe Kollwitz lebte mit den Kindern wie sie mit ihrer Kunst lebte. Sie gehörten zu ihr und zu ihrem Leben. Einmal der eine, dann wieder der andere nahm sie stärker gefangen, einmal zog sie das Ähnliche an, dann wieder das Fremde.

Und Karl? Er stand mitten im Leben. Doch plötzlich wurde ihm klar, dass er in ihrem Leben nur am Rande vorkam und seine eigene Frau und die beiden Söhne an seiner Arbeit und seinem Leben wenig Anteil nahmen. Er gab, und was er gab, das gab er absolut. »Er lässt sich aufbrauchen«, sagte Käthe.

Wer immer bei ihm anklopfte, dem half er. Als Arzt, als Mensch, mit Geld. Nie war er zu müde, nie war ihm eine Treppe zu hoch, nie ein Patient zu arm. Für jeden hatte er Zeit, und jedem Patienten schenkte er die nötige Aufmerksamkeit. Er trug immer mehrere Hausschlüssel der Patienten-Wohnhäuser mit sich, wenn er Krankenbesuche machte. Denn oft kam er so spät, dass die Haustore bereits zugesperrt waren, und er wollte niemanden stören. Wenn er dann, nicht selten gegen Mitternacht, zurückkehrte, ging er nicht schlafen, sondern setzte sich an den Tisch und las oder studierte das Aktuelle im Bereich der Medizin, in der Politik, in der Wirtschaft und in der Gesellschaft. Nun, da alles ganz still war und alle anderen schliefen, saß er noch lange und dachte nach, was man in der Welt besser machen könnte. In diesen Nachtstunden schrieb er seine Zeitschriftenartikel und seine Vorträge über Volksgesundheit und Lebensreform, die er bei den Arbeiterparteien hielt.

Karl war unermüdlich; immer getrieben, weiter zu machen, noch mehr zu tun. Es gab so viel Elend, so viel Not und so viele Ungerechtigkeiten. Was er tun konnte, das wollte er tun. Und wenn er nur einen Kranken ermutigte: »Komm ohne das aus«, sagte er ihnen, »du hast etwas anderes, sieh, was du daraus machst.«

Er selbst forderte nichts vom Leben, und wenn andere es taten, verstand er das nicht. Daher rührte wohl auch die Fremdheit, die sich zwischen ihm und Käthe einstellte. Es war seine Arbeit, die sie trennte, sagte Käthe sich, die Karl von ihr und dem, was ihr wichtig war, der Kultur, fernhielt. Es gab zu vieles, an das er dachte – die Patienten, die Armen, den Kaiser, den er verabscheute, weil er die Not zuließ und nichts dagegen unternahm. So hoffte Käthe, mit ihrer eigenen Arbeit mehr Geld zu verdienen, um ihn zumindest in dieser Hinsicht zu entlasten.

Sie verdiente als Grafikerin schlecht. Max Liebermann erhielt zu jener Zeit, um 1912 etwa, für ein in Öl gemaltes Selbstbildnis 12 000 Mark und der erst 28-jährige Max Beckmann veranschlagte für seine *Gesellschaft* 4500 Mark. Käthe Kollwitz verdiente an einem guten, signierten Druck 30 Mark. Für die Veröffentlichung einer Zeichnung im *Simplicissimus* erhielt sie 100 Mark, das Doppelte, wenn das Original in der Redaktion blieb, was allerdings selten geschah.[6]

Die Kollwitz' waren keineswegs arm. Sie hatten genug Geld für Kultur, für Theater und Bücher, für gutes Essen und für Hausangestellte. Hans konnte an auswärtigen Universitäten studieren, was nicht selbstverständlich war zu ihrer Zeit. Aber die Hemdkragen wurden gewendet, und die Söhne fuhren Bahn in der 4. Klasse. Es wurde gespart und es herrschte kein Luxus. »Der einzige Grund«, schrieb Käthe, »aus dem heraus ich Geld zurücklegen möchte, ist der, dass der Vater einen Teil seiner Last abschütteln kann und in den Jahren, die kommen, mehr zu seinem Leben kommt. Zwar gewiss, *sein* Leben ist es zum Teil, so restlos sich hinzugeben. Aber doch ist etwas in ihm, was schwer leidet unter diesem Aufgesogenwerden.«[7]

Einmal erwähnte sie, sein Leben sei verpfuscht, weil er lieben und geliebt werden wollte. Aber er hatte sie gewählt, und das war sein Verhängnis. Sie war nicht einfach zu lieben. Sie wollte mehr – auch von ihm.

Sie hatten immer versucht, sich aneinander anzupassen. Die Sexualität war ein starkes Band, das sie vereinte. Und die gemeinsamen Jahre verbanden sie miteinander, sagte er, so sehr, dass sie nichts trennen könnte. Er sprach immer wieder davon, als ob er ihr Mut machen wollte. Aber am Neujahrstag 1912 hatte sie geschrieben: »das wirkliche Verwachsensein miteinander, kenn ich noch immer nicht und werde es wohl schwerlich noch kennenlernen.«

Dieses unbändige Gefühl, diese unermessliche Sehnsucht, mit dem anderen zu sein als ob es nichts anderes auf der Welt gibt, diese Augenblicke des vollkommenen Seins, die hatte sie mit Karl nie erlebt. Er war immer da und er würde immer da sein, bis zum Tod.

Vielleicht stimmte es wirklich, dass »die Seelen des Mannes und des Weibes ... mit Saugwurzeln ineinander«[8] wachsen. War es das, was Karl meinte? Es war wohl auch der Grund, warum sie sich nicht voneinander trennten. Einmal miteinander verbunden, blieben sie es, ob sie es wollten oder nicht.

Sie nahm Rücksicht auf Karl. Sie spielte das Spiel – wie sie es nannte – der Erinnerungstage an die Verlobung, die Hochzeit, den ersten Kuss mit. In Wirklichkeit aber war es ihr unsäglich peinlich. Sie spielte auch wegen der Kinder mit, damit sie nicht fühlten, dass die Eltern nur »halb« miteinander verbunden waren.

Doch seit sie sich kannten, gab es die unüberwindlichen Grenzen. Manchmal schrieb sie in ihr Tagebuch, was sie quälte, was sie belastete. Im Sommer 1912 sprachen sie und Karl über dieses »Fremdsein«, das sie beide fühlten. »Wir sprachen von Trennung. Es schien uns beiden fast geboten«,[9] vermerkte sie. Doch es änderte sich nichts.

Zuweilen konnte sie kaum mehr zusehen, es nicht mehr ertragen, wenn er so gleichmütig blieb. Der ewig Geduldige, der alles Erduldende. Wenn er immer wieder beim Essen gestört wurde, sich stören ließ, wenn der Anrufer immer ausführlicher wurde und er höflich blieb und gütig in seinen Worten, als ob er nichts anderes zu tun hätte, als zuzuhören. Und wenn er sich dann am Ende des Gesprächs gar noch bedankte, platzte sie fast.

Er sagte auch nichts, als sie ihm später einmal vorwarf, die zeitweise bei ihnen lebende Katharina Lessing zu sehr zu verwöhnen. Er wehrte sich nicht gegen die Vorwürfe. Je mehr Käthe in Rage geriet, desto gleichmütiger schien er zu werden.

Unwillkürlich drängte sich dabei der Vergleich mit ihrem Eindruck von der Heilanstalt auf, als sie ihre Cousine Else dort besuchten: »*Was* man auch tut, *was* man auch sagt, wie man auch blickt, Personen gegenüberstehen, ... die immer gleichmütig bleiben, ... Die immer *da* sind, ... mit ihrer unerträglichen Freundlichkeit für die man sie ins Gesicht schlagen möchte.«[10]

Daran und an das Verhalten ihrer Schwester Lise erinnerte Karl sie wohl in solchen Momenten, in denen sie ihn mit Absicht provozierte. Gab es für ihn auch keine Grenze?

Aug' um Aug' – das blieb ein wichtiges Motto für Käthe Kollwitz. Gleich auf gleich – das wollte sie noch immer. Eine Gegenkraft spüren, mit der sie sich messen konnte. Aber Karl verweigerte sich jeder Konfrontation. Er wartete geduldig, bis sie wieder zu ihm zurückkam.

An einem Abend im September 1910, vor genau 26 Jahren hatten sie sich verlobt, schenkte er ihr Rosen und sagte: »Ich habe es nie bedauert, mich für ein Leben mit Dir entschieden zu haben. Nur damals, in der Zeit mit Heller, da hab' ich manchmal gedacht, es wäre besser gewesen, ich hätte verzichtet.«

Vielleicht wäre sein Leben dann anders geworden. Ein Leben, in dem es keinen gab, der mehr wollte. Vielleicht hätte er dann nach der getanen Arbeit am Tisch gesessen und mit den Kindern diskutiert, wäre der Familienmittelpunkt gewesen, die Autorität. Nicht Käthe.

Es kamen viele Besucher in die Weißenburgerstraße Nr. 25. Eine Zeit lang durfte am Donnerstagabend jeder kommen. Es war der einzige Abend, an dem Karl keine Abendsprechstunde hatte. Aber die Besucher kamen zu Käthe, nicht zu Karl.

Keiner ist stark genug, immer zu lieben, heißt es, und so ist auch keiner stark genug, immer zu hassen. Die Phasen, in denen Käthe Kollwitz hasste, in denen sie gnadenlos bis an die

Grenze ging, waren kurz. Schon bald konnte sie sich nicht mehr vorstellen, ohne Karl leben zu können. Und dann war sie wieder zufrieden mit dieser »sacht und konstant brennenden Liebe« … »ohne Ekstasen, ohne Nebenlieben, auch ohne große Pausen.«[11]

Vielleicht war es besser so. Wenn sie die ersehnte »ganz dolle Liebe«, wie sie es nannte, gefunden hätte, wäre sie wohl eine große Liebende geworden in all ihrer Radikalität und Ausschließlichkeit, aber sie hätte vielleicht nicht mehr die Kraft gehabt, diese Liebe in Bilder zu fassen. Zuweilen spürte sie etwas, was dieser Vollkommenheit nahekam. Selten mit Karl, dazu war er zu wenig präsent, aber bei anderen.

Voller Euphorie schrieb sie nach dem Ball der »Sozialistischen Monatshefte«, der als Highlight für die linke und liberale Gesellschaft als Gegenstück zum offiziellen Presseball veranstaltet wurde, im März 1914: »da hab ich geküsst und bin ich geküsst (worden) und das hat mich wieder ganz umgekrempelt.« Sie war eine Frau, die begehrt wurde, und eine Frau, die selbst begehrte, das Fremde, das Unbekannte, um dann wieder zurückzukehren zu Karl und zu dem, was ihr wirklich wichtig war, ihrer Arbeit.

An Jeep schrieb sie: »Dann geize ich mit der Zeit, jeder Tag ist von Anfang bis zu Ende ein Geschenk.«[12]

Als Käthe Kollwitz 1904 nach Paris gegangen war, hatte sie das plastische Arbeiten lernen wollen. »Mit unendlicher Langsamkeit schält sich das heraus was sein soll«[13], schrieb sie über die Plastik und hätte damit auch ihr Leben beschreiben können. Alles brauchte seine Zeit bei Käthe, bis ans Licht kam, was tief in ihr schlummerte. Zudem ließ sie die begonnenen Arbeiten oft lange liegen, um sich zwischenzeitlich anderen Arbeiten zu widmen.

So entstand erst 1909 Käthes erstes Relief, das Porträt von

Julius Rupp für dessen Gedenkstein anlässlich seines 100. Geburtstages. Anschließend modellierte sie den Kopf von Hans und von Peter.

1911 mietete sie dann ein eigenes Atelier im Siegmundshof 11, einem alten Atelierhaus am Tiergarten. Wie in der Weißenburgerstraße arbeitete sie allein, und es gab auch hier viele Versuche. Manche von ihren Plänen ließ sie fallen, neue Ideen kamen hinzu. Neu war ihr Interesse an der Lithografie. Sie zeichnete mit Kohle und Kreide große, abgerundete, gestische Formen, als ob sie sich befreit hätte von der Radiernadel, die sie eingeengt und zu langsamem Arbeiten verdammt hatte. Das Spontane, das Lebendige ging dabei verloren. Nun konnte sie sich direkter und spontaner ausdrücken. Sie wollte noch weiter ausholen, tiefer gehen, hin zu einer allumfassenden Menschlichkeit.

Max Lehrs zeigte sie diese neuen Arbeiten, und er schrieb ihr: »Es ist als ob Sie einen neuen Stil gefunden hätten, neue Ausdrucksmöglichkeiten«[14]. Es war das Wachsen der Form, wie bei der Plastik das Bilden aus sich heraus, das sie zunehmend faszinierte. Man meint auf den Lithografien zu sehen, wie sie das Werkzeug absetzte, um an anderer Stelle fortzufahren, wie sie die Linien korrigierte. Die Fingerspitzen, die beim Verstreichen der Linien schmutzig wurden, oder den Gummi, den sie ab und zu benutzte, wischte sie wohl am Papierrand sauber. Das Passepartout würde die Spuren, diese lebendigen Spuren, die sie hinterließ, verdecken, dachte sie wohl.[15]

Käthe Kollwitz äußerte sich kaum über die Kunst im Allgemeinen. Aber über das Gestaltwerden ihrer Vorstellungen, davon berichtete sie. Als ob sie sich selbst beim Arbeiten beobachtet hätte.

Seit 1911 arbeitete sie an kleinen plastischen Liebesgruppen. *Der Kuss* von Rodin mag ihr vor Augen gestanden sein, die zwei Liebenden, die einander zärtlich begegnen. Käthe Kollwitz träumte noch immer davon, die Dissonanz aufzuheben, das Nebeneinander im Ineinander aufzulösen. Daher sind es nicht zwei Einzelne, die einander in ihrer Plastik begegnen. Es sind zwei in einem Block, die ineinander verschmelzen bis zur Untrennlichkeit, als ob sich mit ihren Körpern auch die Seelen für immer vereinen.

Sind es Mann und Frau? Ist es die Mutter mit ihrem toten Kind? Sind es der Tod und das Leben? Wir wissen es nicht. Vielleicht ist sie es auch, in sich selbst gespalten – *vita activa* und *vita contemplativa*, das männliche und das weibliche Prinzip?

Zeitlebens waren Käthe Kollwitz diese beiden Seiten, die sich in ihr bekämpften, bewusst. Sie bezwang sie letztendlich immer und vereinte sie zu einer Kraft. Darum verstand sie Peter, der gerade seine eigenen Gefühle und Neigungen erforschte. Er las zu jener Zeit Oscar Wilde. Die *Zuchthausballade* des englischen Dichters, der wegen »abartiger Neigungen« zwei Jahre im Zuchthaus gesessen hatte, beeindruckte ihn. Auch *Das Bildnis des Dorian Gray* mit seinem Lebensprinzip von Ästhetizismus und Sinnlichkeit faszinierte ihn.

Ihn interessierten allgemein Bücher, die sich mit Sexualität befassten. Er wollte Wedekinds *Frühlingserwachen* lesen. Sie hatte selbst das Buch zehn Jahre zuvor gelesen und damals von dieser Schülertragödie einen »niederschmetternden Eindruck« gewonnen. Sie »war ganz zerschlagen von der Tragik in Frühlingserwachen«.

Peter war jung, er las das Buch vielleicht anders. Nicht mit ihrem Wissen beladen, mit ihren Erfahrungen. Er war so alt wie der Held des Buches, ein Suchender in allem, auch zwischen den Geschlechtern. Das Landgut in Posen musste er früher als geplant verlassen, weil er sich mit einem Mädchen eingelassen hatte. Aber er interessierte sich auch für Männer.

Käthe Kollwitz war damit vertraut, auch das eigene Geschlecht attraktiv zu finden. Es gab für sie immer die Sehnsucht des Dunklen hin zum Hellen, des Schweren hin zum Leichten. Dass es in den Menschen zwei Seiten gibt, und jede nach der anderen suchte, war für sie klar. Dieser Zusammenklang war nicht immer tief, zuweilen war er nur flüchtig und kaum wahrnehmbar. Aber es gab ihn, und er gehörte zum Leben.

So beunruhigte Käthe nicht Peters Verlangen, sondern seine Flüchtigkeit und seine Unkonzentriertheit. Er wollte Künstler sein, aber es fehlte ihm der Wille, der sich über alles hinwegsetzte, der nicht fragte, der einfach handelte. Peter sagte nicht: »Ich muss Künstler werden«, wie sie es einst gesagt hatte.

Vielleicht brauchte er Zeit. Aber wächst die Überzeugung, wenn man wartet, wenn man in verschiedene Richtungen läuft?, fragte sie sich. Wenn man sich von dem trennen lässt, das man als Ziel verfolgt?

Vielleicht würde er ein begabter Lebenszuschauer werden. Einer, der das Leben genießen und Menschen für sich gewinnen konnte, aber nicht gegen den Strom schwimmen würde.

Er war durchaus talentiert, und so besuchte Peter ab Herbst 1912 die Ausbildungsklasse des Berliner Kunstgewerbemuseums, die Max Liebermann empfohlen hatte. Begeistert von Corinth, malte er zwei Akte, das Mädchen in dunklem Rot mit hellen roten Brüsten, den Mann in grün, der Hintergrund pariserblau. Seine Mutter bezeichnete dies als Formlosigkeit.

In einem Brief an ihn sprach sie aus, was sie dachte: »Aber Deine Farbe ist ein Gefühlserguss. Und Gefühlsergüsse darf man sich eigentlich erst gestatten nach angestrengter Verstandesarbeit.« Nur Dilettanten ergingen sich in Gefühlen. Sie hasste Dilettanten. Sie war streng gegen sich selbst, aber auch gegenüber anderen. Gegen Peter, gegen Hans. Und auch gegen ihre Kolleginnen.

Als sie 1912 in die engere Wahl als Vorstandsmitglied der Secession kam, äußerte sie ihre Bedenken Hans gegenüber, weil, »ich überlaufen werden würde von ausstellen-wollenden Damen, die durch mich hereinkommen wollen. Und das möcht' ich absolut nicht.«[16]

Sie kannte die Frauenkunstausstellungen und fand sie durchwegs schlecht. Nicht, weil die Künstlerinnen weniger Talent hatten als die Künstler, sondern vielmehr weil sie gezwungen waren, nach dem Besuch einer Malschule sofort auszustellen. Es gab keine Akademien für Frauen, es gab keine Förderungen. Die Kunst war immer noch eine Männerwelt.

1912 hatte sie deshalb auch mit anderen Kolleginnen den Frauenkunstverband gegründet, zu dessen Ehrenvorsitzende in Berlin sie ernannt wurde. Es war ihr ein echtes Anliegen, Frauen in den Vereinigungen und Preisrichtergremien oder bei der Aufnahme in die Akademien gleichberechtigt zu sehen. Gleichberechtigung forderte sie, dieselben Rechte, aber auch dieselben Pflichten. Man durfte nicht Frauen fördern, nur weil sie Frauen waren. Wenn eine Frau etwas wirklich wollte, erreichte sie es auch. Sie hatte es schließlich bewiesen. Oder war sie eine Ausnahme?

Man möchte es meinen, wenn man liest, was Karl Scheffler 1908 in seinem Essay *Die Frau und die Kunst* von sich gab. Er sprach von der »Verkümmerung ... des Geschlechtsgefühls, ... Perversion und Impotenz ... (Verkümmerung der Gebärorgane)«, wenn Frauen sich der Kunst verschrieben, während der Mann durch die Kunst an Kraft gewann. Die Frau würde »männisch, das heißt – sie verrenkt ihr Geschlecht«, schrieb er, »opfert ihre Harmonie und gibt damit jede Möglichkeit aus der Hand, original zu sein ...« Und sie würden »zu freudlosen, männischen, verbitterten Wesen«.[17]

Käthe Kollwitz kannte die männlichen Vorbehalte der Männer gegenüber Frauen. Aber auch jene von Frauen. In der Nationalgalerie belauschte sie einmal ein Gespräch zwischen einer kopierenden Malerin und einem Museumswärter – sie sprachen über sie. Der Mann lobte sie überschwänglich, dass sie eine begnadete Künstlerin sei. Die Malerin widersprach so lange, bis der Mann schließlich kleinlaut sagte: »Ja, natürlich, das ist auch so, die Frau gehört ins Haus.« Käthe machte sich nichts daraus: So sprach eine Malerin, die nur kopierte und nichts Eigenes schuf.

Das machten auch die männlichen Kollegen. Aber gerade

deshalb plädierte Käthe im Zuge der Gleichberechtigung »für eine scharfe Auslese bei der Aufnahme (ein), damit die breite unterdurchschnittliche Frauenkunst nicht noch mehr gefördert werde.«[18]

Einige Jahre später lehnte sie deshalb entschieden ab, den Frauenkunstverband in der Städtischen Kunstdeputation zu vertreten. Sie wollte keine Anwältin der Künstlerinnen sein. Es gab nur die Kunst. Die war nicht männlich, die war nicht weiblich. Sie war nur gut oder schlecht.

Sie kannte verschiedene Frauen, die sich künstlerisch betätigten. Ihre Schwester Lise gehörte dazu, sie hatte inzwischen das Schreiben entdeckt. Sie schrieb gut und war immer unterwegs. »Man kann es auch unruhig nennen«, schrieb Käthe Kollwitz, wie so oft kritisch und verständnisvoll zugleich, »was aber richtiger suchend und lebendig zu nennen ist.«[19] Der Vater hatte einmal gesagt: »Die Lise wird sich immer opfern.« Opfern hieß, zu geben und nichts dafür zu verlangen, nichts zu wollen. Käthe Kollwitz wollte. Und sie wollte viel. Unerbittlich hat sie Hindernisse überwunden, Vorurteile zunichte gemacht. Sie war stark, aber auch maßlos in ihrer Forderung, tiefer in etwas einzudringen, bis an die Grenze zu gehen.

Hans, der Unentschlossene, bewunderte seine Mutter dafür. Er selbst konnte sich kaum auf ein Ziel festlegen. Das quälte ihn und er litt darunter.

Käthe Kollwitz dagegen blieb eine Kämpferin. Sie schrieb ihm: »Wer ohne ernsthaften Kampf und unrettbare Seelen- oder Leibesnot das Leben wegwirft, den kann ich nicht achten. Wenn Du zu den Jungen gehört hättest, die wegen Schulbedrängnis sich töteten, so wäre der Schmerz vielleicht so groß gewesen, dass Du mein und Vaters Leben verdorben hättest, aber daneben hätte ich noch Scham gefühlt, dass ich ein so lebensunfähiges Kind erzogen hätte.«[20]

Sie nannte die Dinge immer beim Namen, auch Hans gegenüber, den sie so liebte und der ihr eigentlich so ähnlich war.

Als Oberlehrer wollte er – nun zurück in Berlin seit dem Frühjahr 1914 – an der Veränderung des Menschen mitwirken. Die Mutter beobachtete ihn skeptisch. Er interessierte sich für die Schulreform und die Jugendbewegung, wurde Vorstand der Freien Studentenschaft, und gemeinsam mit Peter und anderen Kollegen gründete er die Fichte-Gruppe – benannt nach dem Philosophen Johann Gottlieb Fichte, dessen Ideale die Freiheit waren, die Toleranz – die aber auch verknüpft waren mit Nationalismus und Militanz.

Der jüngere Bruder arbeitete damals auf dem Bau und war von dieser Tätigkeit angetan. Seit 1908 gaben er und Hans gemeinsam mit Freunden eine hektografierte und später für den Verlag *Die Aktion* gedruckte Jugendzeitschrift heraus. *Der Anfang*, so hieß sie, brachte Berichte, Gedichte, Naturbeobachtungen, Erlebnisse, Kritisches über die Schule, später Forderungen der Jugend. Die Schwestern Stern lieferten die Zeichnungen dazu, und Walter Benjamin veröffentlichte hier unter einem Pseudonym seine ersten Artikel.

Käthe Kollwitz hatte wenig Anteil an diesen Aktivitäten der Söhne. Die Philosophie, das, was sein könnte und sein sollte, blieb ihr fremd. Sie beschäftigte sich damit, was ist, und war damit erfolgreich.

1913 erschien ein erstes Werkverzeichnis ihrer Druckgrafiken. Gemeinsam mit Johannes Sievers vom Berliner Kupferstichkabinett hatte sie diese Publikation ihrer enormen Arbeit für die Dresdner Kunsthandlung Emil Richter erarbeitet. In einer Mappe verkaufte der *Kunstwart* mit einem Vorwort von Avenarius 15 Grafiken zu einem Preis von 5 Mark. Die Lithografie *Märzfriedhof* erging als Jahresgabe an die Mitglieder der »Freien Volksbühne«.

Regelmäßig beteiligte sich Käthe an den Grafik-Ausstellungen der Berliner Secession, des Deutschen Künstlerbundes, der Großen Kunstausstellung in Dresden, der Jahresausstellung in München und an vielen anderen Orten. Sie wollte präsent sein für viele, für alle, die ihr zuhören wollten, ob reich oder arm, auch wenn es ihr zuweilen schwer fiel, dem eigenen Gesetz des »sowohl als auch« zu folgen.

Max Liebermann drängte sie unaufhörlich, aus der Juryfreien auszusteigen und drohte mit dem Ausschluss aus der Secession, jener Künstlergruppe, die 1898 als Gegenpol zum seinerzeit dominierenden Kunstbetrieb gegründet worden. »Er wetterte und fluchte, ließ mich gar nicht zu Wort kommen und ergoss seinen ganzen Zorn über mich«, schrieb sie am 14. November 1911 an Hans. Sie war bei beiden Verbindungen, aber nichts hinderte sie daran, in den Vorstand der Secession und in der Folge zur zweiten Schriftführerin gewählt zu werden.[21]

Sie blieb sich treu als Kritikerin, die kein Blatt vor den Mund nahm. Mit keinem der Jurymitglieder stimmte sie im Urteil überein, und sie fand nicht heraus, nach welchen Kriterien sie urteilten. Sie warf ihnen Ungerechtigkeit, »Vetternschaft, Laune, Zufälligkeiten« vor.[22] Sie stellte sich auch gegen Ernst Cassirer als Präsidenten, weil sich die Leitung seiner Galerie mit jener der Secession ihrer Meinung nach nicht miteinander vertrug. Später war sie von ihm beeindruckt, so dass sie ihr Urteil revidierte.

Es war ein gefährliches Spiel, auf das sie sich eingelassen hatte. Im Kreis der ehrwürdigen Männer, die lieber sagten, was sein könnte oder sollte, statt gerade heraus ihre Meinung zu sagen, stand sie allein. Die anderen kannten das Spiel mit den Möglichkeiten, das Spiel vom Zurückziehen und Annähern, vom scheinbaren Verstehen und hinterlistigen Blockieren, um die eigene Fäden ziehen zu können. Käthe Kollwitz beherrschte diese Schachzüge nicht. An Hans schrieb sie: »Ich werd ja weiter zusehn. Allmählich werd ich ja wohl aufhören so dumm zu sein, dass ich alles für bare Münze nehme und mehr Kritik entwickeln. Bis jetzt bin ich immer noch die gleiche, die überall an doppelten Stellen zusagt, dann wieder zurückziehn muss unter schmählichen Bedingungen usw. Was ich hier bei der Secessionssache auf den Kopf bekommen habe, ist unbeschreiblich, außerdem bin ich an 2 Stellen in den wirtschaftlichen Bund eingetreten und musste, weil die beiden Gruppen auf Hauen und Stechen standen, aus einem wieder heraus. Es ist wirklich verdammt schwer, sich in all dem zurechtzufinden. Jetzt endlich sitz ich wieder still im Atelier und arbeit, da kann ich wenigstens keine Konfusion machen.«[23]

1911 hatte hatte sie den »Vinnen-Protest« unterstützt. Gemeinsam mit 140 deutschen Künstlern, Kunstkritikern und Museumsdirektoren, u.a. Max Klinger, Lovis Corinth und Max Slevogt, hatte sie den vom Worpsweder Maler Carl Vinnen formulierten »Protest deutscher Künstler« gegen die Überfremdung des deutschen Kunstlebens durch ausländische, besonders französische Kunst, unterschrieben. Auch das hat sie später bereut. Sie wusste sehr wohl um die Qualität dieser Kunst.

Es war immer noch das Leben, das sie antrieb, künstlerisch zu gestalten: die Liebe, die Freude, der Schmerz und die Not. Sie suchte auch weiter dort, wo Armut und Elend herrschten. So ging sie in das Frauengefängnis, an dessen Toren abschätzig »Weibergefängnis« stand, um für die Ausstellung »Die Frau in Haus und Beruf« zu zeichnen. Das Dasein der Frauen beschäftigte sie, einige hatten dort ein Kind geboren, waren voller Verzweiflung über ihr Leben und ihre Zukunft.

1913 machte Käthe Kollwitz mit einem Plakat auf die Berliner Wohnungsmisere aufmerksam: »600 000 Groß-Berliner wohnen in Wohnungen, in denen jedes Zimmer mit 5 und mehr Personen besetzt ist, Hunderttausende von Kindern sind ohne Spielplätze.«

Nicht nur die Villenvororte waren rasant gewachsen, sondern auch die trostlosen Arbeiterbezirke mit den grauen Mietskasernen, den vier- und fünfstöckigen »Schwindsuchtshöhlen«. Während im Westen und im Süden die höheren Beamten, die

Militärs, der Adel und die Wissenschaftler in 5 bis 12-Zimmer-Wohnungen mit Bad und WC residierten, sparte man in den Arbeitervierteln zuweilen selbst mit Querstraßen, die diese Schluchten durchlüftet hätten.

Aber das Plakat von Käthe Kollwitz wurde von den Litfaßsäulen entfernt. Es hieß, wegen »Aufreizung zum Klassenhass hatte es der Polizeipräsident auf eine Anzeige des Haus- und Grundbesitzervereins hin verboten.«[24] Im selben Jahr sorgten die Berliner Universitätsbehörden dafür, dass die Postkarte mit einer Arbeit von ihr vom Schwarzen Brett verschwand. Das Amt für soziale Arbeit der Freien Studentenschaft hatte die Reproduktion herausgegeben. Man durfte der Wahrheit nicht ins Gesicht sehen, denn das System der größten Gewinne für die Vermögenden musste weiter funktionieren.

Damit es reibungslos lief, musste der Staat etwas tun – Krieg war eine Möglichkeit. Man suchte und fand einen Vorwand. Obwohl Frankreich als ehemalige Kolonialmacht ihre Interessen angemeldet hatte, hatte die deutsche Schwerindustrie mit den Firmen Krupp und Mannesmann begonnen, die reichen Erzvorkommen Marokkos zu erschließen. Im Rahmen dieser zweiten Marokkokrise 1911 spitzte sich die Lage zu und man forderte vom Staat den Schutz »deutscher Interessen«.

Dr. Karl Liebknecht erhob Einspruch gegen dieses und anderes Kriegsgeschrei. Im Reichstag enthüllte er »die kriminellen Praktiken des Krupp-Konzerns, das Zusammenspiel der internationalen Rüstungskonzerne und der Militärs sowie die massiven Bestechungen, mit denen sich die »Kanonenkönige immer neue Aufträge zu verschaffen verstanden«.[25]

Gemeinsam mit ihm stellten sich die Sozialdemokraten gegen den zunehmenden Nationalismus, setzten sich ein für die Völkerverständigung, für den Frieden und das Selbstbestimmungsrecht kleiner Nationen. Im Herbst 1912 riefen sie zu einer großen Kundgebung im Treptower Park auf, »um für eine Nichteinmischung der Großmächte in den Balkankonflikt, gegen die Heraufbeschwörung eines Weltkrieges zu demonstrieren«. Über 250 000 Menschen waren gekommen, auch Käthe Kollwitz. Anschließend berichtete sie Hans: »Schon von 10 Uhr an gingen die Trupps heraus, wir bildeten für uns ein kleines Trüppchen, ein wahres Fähnlein der 7 Aufrechten: Vater, ich, Neumeister, Blumenschein, Nachmansohn, Tilla und Peter.«[26]

Das gemeinsame Ziel, den Frieden zu erhalten, riss Käthe aus der Agonie, die sie zuweilen befiel.

Der für 1913 vorausgesagte Krieg konnte noch einmal vermieden werden, aber der Weg für eine Konfrontation der Weltmächte war nun vorgezeichnet. Zahlreiche Publikationen erschienen, in denen vom Krieg als »Gesundbrunnen für Geist und Körper des deutschen Volkes« geschrieben wurde, vom »Krieg als Naturgesetz«. In Institutionen und Organisationen wurde dafür Propaganda gemacht, während die sozialen und politischen Probleme des Landes ungelöst blieben.

VII

Im Sommer 1913 schrieb Peter in sein Tagebuch: »Meine Seele schreit / nach tieferer Lust / mein Körper schreit / nach Freundesbrust / nach langer Umarmung / nach furchtsamen Beben / nach freudigem Zucken / in Tränen gegeben.«[1] Er war gerade allein in Italien, als er mit diesem Gefühl des Allein- und Verlassenseins zu kämpfen hatte, das ihn, den Fröhlichen, Liebenswürdigen, quälte.

Im Frühjahr 1914 war Käthe mit ihm und Hans in Rauchfangswerder bei Berlin gewesen, und die drei waren sich wieder sehr nahe gekommen. Aber von seiner Zerrissenheit ahnte seine Mutter nichts. Peter mochte es schon als Kind nicht, allein zu spielen, und auch seine Hinwendung zur Sozialdemokratie und der Wandervogelverbindung mag in seiner inneren Einsamkeit begründet liegen. Mit seinen Freunden Erich Krems, Hans Koch, Gottfried Laessig und Richard Noll gründete er schließlich einen Freundschafts- und Liebesbund, der ihm brachte, wonach er sich sehnte: die absolute Gemeinsamkeit.

Im Sommer 1914 fuhren sie gemeinsam nach Norwegen. Während sie Richtung Bergen unterwegs waren, hörten sie von der Ermordung des französischen Politikers und Pazifisten Jean Jaurès und dass man mobil machte. Seit Jahren war die Rede davon, nun war es soweit: es gab Krieg. Die fünf Freunde wussten, es war ihr Krieg. Für ihre Zukunft wollten sie kämpfen und dafür auch ihr Leben geben.

Umgehend machten sie sich auf den Heimweg, auch der Rat des deutschen Konsuls in Bergen, doch zu bleiben, da der Krieg sicher nicht lange dauern würde, konnte die jungen Männer nicht davon abbringen, nach Deutschland zurückzukehren.

In Berlin herrschte Jubelstimmung. Begeisterte Menschen bevölkerten die Straßen, begleitet von Musikgruppen marschierten die jungen Soldaten an ihnen vorbei. Man warf ihnen

Blumen zu. »Deutschland über alles!« und »Gott strafe England!« wurde gebrüllt, während mit Steinen die Fenster der englischen Gesandtschaft zertrümmert wurden. »Berlin war besoffen von Kriegsbegeisterung«[2], formulierte es treffend Alexander Granach.

Öffentliche Gegenstimmen gab es kaum. Die, die bereits am Deutsch-Französischen Krieg 1870/71 teilgenommen hatten, schwiegen. Andersdenkende übertönte man mit lautem Jubelgeschrei. Der österreichische Schauspieler Victor Arnold, der an Berliner Bühnen spielte, nahm sich in Dresden aus Verzweiflung über den Krieg das Leben. Aber die Mehrheit der Berliner Schriftsteller, Künstler und Wissenschaftler sprach sich für den Krieg aus.

Wenn man durch die Straßen der Reichshauptstadt ging, begegnete einem überall die gleiche Begeisterung. Auf den Theaterzetteln stand: »Die Waffen her!«, »Mein Leben dem Vaterland«, »Berlin im Felde«, »Die Barbaren«, »Durch Pulverdampf und Kugelregen«.

Käthe Kollwitz beobachte das Treiben schweigend. Und dann war ihr plötzlich, »als ob es einer sagt: die Jungen werden sterben«.[3] Es war nur ein kurzer Moment, dann vergaß sie diesen Gedanken wieder. Fast vergaß sie den Krieg, denn völlig neue Gefühle drängten sich in den Vordergrund. Sie spürte so etwas wie ein Neu-Werden in sich, als ob sie alles, was sie bisher gedacht hatte, neu überprüfen müsste. Nichts war mehr wie früher. Auch Käthe ließ sich von der allgemeinen Stimmung begeistern.

Die Zeitungen berichteten unablässig von Opfern, die gebracht werden müssten, davon, etwas herzugeben, was einem viel bedeutete, sich selbst zurückzustellen, um dem anderen, dem Höheren, dem Vaterland zu dienen. Das hieß zwangsläufig auch, das eigene Leben in Frage zu stellen, das Leben des Sohnes, des Vaters, des Bruders, des Bräutigams oder des Ehemannes. Das hieß, bis an die Grenze zu gehen. So schrieb denn auch

Käthe nach der Einberufung von Hans er gebe »seine junge unschuldige Brust«. Die Flinten, die sie als Kind für Vater und Bruder laden wollte, gab es in ihrer Vorstellungen immer noch, wie den Willen, auf die Barrikaden zu gehen.

Das war die eine Seite von Käthe Kollwitz. Die andere trauerte. Sie trauerte schon jetzt, als sie im *Tag* den Text von Gabriele Reuter las: »Sie sprach von der Wollust des Opferns – ein Ausdruck, der mich sehr traf. Wo nehmen alle die Frauen, die aufs Sorgfältigste über das Leben ihrer Lieben gewacht haben, den Heroismus her, sie vor die Kanonen zu schicken?«[4]

Als Peter zurück nach Berlin kam, wuchs dieser Zwiespalt in ihr. Jetzt war es nicht mehr allgemeines Opfern, wovon sie sprach, jetzt wollte auch Peter in den Krieg ziehen. Sie hörte ihm zu, hörte, wie er und seine Freunde ohne Zögern und Fragen das eigene Leben für eine Idee einsetzen wollten. Sie waren bereit, über die Grenze zu gehen. Käthe Kollwitz hatte Respekt vor dieser Entschlossenheit. Sie hatte Peter das Leben gegeben, nun war es seins. So umarmte sie nicht den Sohn, sondern den Menschen in ihm und sagte: »Glaube nicht, dass ich feige bin; wir sind bereit.«

Karl war es nicht. Er widersprach. Er war gegen diesen Krieg wie gegen jeden anderen auch. Es war für ihn keine Frage des Muts oder der Feigheit. Das Leben gehörte seiner Meinung nach den Lebenden, den Menschen, nicht einer vagen Idee oder dem Vaterland. Er als Vater verweigerte dem noch unmündigen Sohn die Unterschrift für die Einberufung.

So ging Peter zu seiner Mutter. Sie hatte ihn verstanden, sie war ihm immer schon nahe gewesen, näher als der Vater. Sie sah, dass er fortdrängte von ihr, dass er sich nicht von ihr halten lassen wollte. Diesmal sagte er: »Ich muss.» und nicht: »Ich will.» Käthe wusste, was es bedeutete, wenn einer sagte, er muss. Sie versprach ihm zu helfen und mit dem Vater zu sprechen.

Karl sah Käthe lange an und schwieg. Hatte er jemals eine Chance gehabt gegen sie und die Kinder? War er nicht immer ausgeschlossen gewesen von diesem Bündnis? Der Mensch war frei, das hatte er selbst gesagt. War er so frei, in den Tod zu gehen?

Karl unterschrieb ohne ein weiteres Wort.

Am nächsten Morgen wachte Käthe verzweifelt auf; das Opfer war da. In langen Gespräche versuchte sie in den kommenden Tagen und Wochen Peter zu erklären, dass man ihn brauchte, ihn und seine Ideen für ein besseres Leben. Doch er hörte nicht zu, er wollte in den Krieg.

Keiner der fünf Freunde wusste, was Krieg wirklich bedeutete, aber das mögliche Sterben zog sie magisch an. Als Käthe Kollwitz darüber sprach, was es bedeutet, in den Krieg zu gehen, sagte Peter ganz leise: »In den Tod gehen.«

Nach dem Ersten Weltkrieg schrieb der Schriftsteller und spätere NS-Kulturfunktionär Hanns Johst in *Der junge Mensch*: »Es ist eine rasende Wollust: jung sein und um die Verzückung des Todes wissen.«[5] Es war wie ein Wahn, der die jungen Menschen erfasste. Im Zimmer von Hans trafen sich Peter, Hans Koch, Erich Krems und einige andere. Sie lasen die Kriegsnovelle von Detlev von Liliencron, in der dieser zu seinem sterbenden Freund gerufen wird, diskutierten, was es heißt, so jung zu sterben, und sangen gemeinsam die Landsknecht- und Kriegslieder. Das versetzte Käthe einen Stich ins Herz, und gleichzeitig war sie hingerissen von ihrer Hingabe: »Die Jungen sind in ihrem Herzen ungeteilt. Sie geben sich mit Jauchzen.»[6]

Krems war zu diesem Zeitpunkt bereits im Krieg gewesen, sah aber wie die anderen immer noch aus wie ein Junge. Seinen Glauben an den Krieg hatte er noch nicht verloren, er wollte sich wirklich opfern und nicht wiederkehren. Käthe war fasziniert von diesem Sich-dem-anderen-geben, von diesem absoluten Sich-selbst-Aufgeben. Gab es etwas Schöneres, Größeres, Eindrucksvolleres?

Doch dann traf sie am Potsdamer Bahnhof auf verletzte Soldaten und Gefangene. Sie suchte in ihren Gesichtern nach diesem Schönen, Großen, Eindrucksvollen. Was sie fand, waren traurige Augen und erloschene Blicke. Woher nahmen sie die Kraft, ihr Leben einfach wegzugeben? Die Jahre zu verschenken, in denen man sich selbst finden konnte, in denen man lebendig war, in denen man liebte?

Sie war nun oft unterwegs, um Peter in der Kaserne von Neu-Ruppin zu besuchen und begegnete dabei vielen Soldaten. Einer erzählte ihr, wie es war, wenn die Schlacht begann. »Keiner sagt ein Wort«, sagte er, »aber wenn einer fällt, da bekommt man eine so große Wut, und man stürmt einfach nach vorne. Nur mit dem einen Gedanken: Aug' um Aug'.«

Vielleicht schaffen sie es, vielleicht kommen sie zurück, hoffte Käthe dann, in Gedanken immer bei Peter. Vielleicht dauert der Krieg nicht so lange.

Jede gewonnene Schlacht wurde gefeiert. Es gab Gerüchte darüber, dass französische Soldaten verwundeten Deutschen halfen, dass deutsche Soldaten jene Häuser markierten, in denen Frauen lebten, um sie zu schützen. Aber dann hörte man wieder, dass die Schlachten grausam waren, dass man 10 000 Russen in die maurischen Seen getrieben hatte. Es gab bereits zahlreiche Tote unter den Deutschen. Man erzählte sich, dass eine Frau alle vier Söhne verloren habe, aber niemand wagte, es ihr zu sagen. So strickte sie täglich weiter Socken, damit ihre Söhne auf den Schlachtfeldern nicht frieren müssten.

Als Peter sich am Knie verletzte, hoffte Käthe Kollwitz, er bliebe zu Hause. Karl gab immer noch nicht auf, ihn umzustimmen. Doch das war vergeblich. Als Käthe ihm den Abschiedsbrief schrieb, fühlte sie sich, als ob sie ihn wie nach der Geburt ein weiteres Mal verliere. Damals gab sie das Kind frei zum Leben, jetzt zum Tod.

Sie brachte ihm etwas Geld, begleitete ihn ein letztes Mal zur Kaserne. Er erzählte ihr, dass es die härteste Strafe sei, wenn ein Soldat nicht an die Front dürfte. Er durfte, und sie sah das Glück, das er dabei empfand. Sie kam noch einmal, um Abschied zu nehmen, bevor er an die Front geschickt wurde. Wieder und wieder kam sie, um ihn zu sehen. Sie brachte ihm den *Faust*, den 1. und 2. Teil in drei Bänden sowie ein Taschenschachspiel. Arm in Arm wanderten sie durch den dunklen Wald, sahen hinauf zu den Sternen und wie schon so oft, erklärte er ihr die Sternbilder. Das werde er wieder tun, wenn er zurückkehrte, sagte er.

Dann war er endgültig fort.

Für Käthe begann das endlose Warten. Das Selbstbildnis mit geschlossenen Augen, das in dieser Zeit entstand, nannte sie *Das Warten* und später *Das Bangen*. Die Lithografie war das Titelblatt der patriotischen Zeitschrift »Kriegszeit.Künstlerflugblätter«, das Paul Cassirer, noch ganz begeistert vom Krieg, herausgab. Die Nummer erschien am 28. 10. 1914.

Währenddessen schrieb Käthe in ihr Tagebuch:

Dienstag, 13. Oktober 1914 Schwerer Tag. Sehr schwerer Tag.

Oktober 1914 Die erste Karte vom Jungen. Aus Hannover ...

Oktober 1914 Vormittags zu zeichnen versucht ... (Karl) ... sagt nicht viel und weint nicht. Er sagt leise: unser liebes Kind.

Oktober 1914 ... In diesen Tagen zeichne ich abends den Hans.[7]

Sie wusste nicht, was da draußen auf dem Schlachtfeld passierte. Peters Nachricht, die am 24. Oktober eintraf, lautete: »... sie hören schon Kanonendonner.«[8]

Sie fragte sich, wo er war. Fror er? Hatte er Hunger? War er in Gefahr?

In der Zeitung las sie von dem erbitterten Kampf an der belgisch-französischen Grenze um Ypern, Nieuport, Dixmuiden.

Sie konnte nicht arbeiten, sie konnte nicht denken, sie war bestimmt von Angst.

Und dann ist sie da, die Nachricht: »Ihr Sohn ist gefallen.«[9]

Peter ist in der Nacht vom 22. auf 23. Oktober gestorben. Er hat im Schützengraben das Kommando des Rückzugs an die Kameraden weitergegeben, sich aufgerichtet, um über die Chaussee zu laufen, als er von einer Kugel getroffen wird und stirbt.

Käthe Kollwitz schläft in diesem Moment. Als er von den Kameraden begraben wird, und sie sein Grab mit Eichenblättern schmücken, hofft sie noch auf seine baldige Rückkehr.

Das ließ sie beinahe verzweifeln, das war für sie das Unerklärliche in all ihrem Schmerz. Wieso hatte sie nichts gespürt, als Peter starb? Wie war das möglich?

Karl und sie rückten näher zusammen. Er tröstete sie, die ihre frühere Haltung zum Krieg revidieren musste. Seine Worte gaben ihr ein wenig Trost: »Wir nehmen den Peter in die Mitte und gehn immer mit ihm zusammen vorwärts.«[10] Als er sie später aus dem Atelier abholte – was so selten geschah, weil er immer zu tun hatte – und sie sich auf dem Heimweg auf eine Bank setzten, konnte sie aussprechen, was sie ihm sonst nie gesagt hatte: »Du bist so voll Liebe, so voll Güte zu mir! Ich danke dir.«

Sie waren viel zusammen, mehr als zuvor. Sie wanderten gemeinsam, mitunter reisten sie. Sie sprachen nicht viel, aber sie waren füreinander da. Durch Peters Tod fanden sie auf neue Weise zusammen. »Ja, da sind neue Blumen gewachsen, die ohne die Tränen dieses Jahres nicht gewachsen wären«[11], notierte sie.

Ihr Schmerz aber blieb, war unfassbar groß. Peter war tot. Er war über die Grenze gegangen, und sie hatte es nicht verhindert. Sie hatte ihn losgelassen, weil sie ihn voll und ganz unterstützen wollte. Benjamin war gestorben, als sie der Venus opferte. War ihr Lieben immer ein Töten des anderen? Karl hatte einmal zu ihr gesagt, sie hätte nur Kraft für das Loslassen, nicht aber für das Halten. Musste man nicht denjenigen, den man liebte, freigeben?

Hans war noch da, aber in ihrer verzweifelten Trauer nahm

sie ihn nicht wahr. Sie verlor sich in ihrem Schmerz und als sie sich umarmten, hörte sie nicht, was er sagte. Sie sah ihn nicht an, als er sie trösten wollte, und murmelte abwesend und zugleich abweisend: »Peter wird mich trösten.« Er war verletzt und traurig, vielleicht auch wütend.

Käthe ahnte davon nichts, auch nicht, dass er Erich Krems liebte und wie schmerzhaft es für ihn gewesen war, nicht bei dem Liebesbund dabei gewesen zu sein. Sie wusste nur, dass sie ihre beiden Söhne brauchte, einen rechts und einen links. Und so verspürte sie bei jedem Besuch von Hans, wann immer er in den nächsten Jahren kam, »auch immer so heftig den Schmerz um das Nichtkommen des andern«.[12]

Nach der größten Trauer und Verzweiflung machte Käthe Kollwitz ihre Zweifel wieder mit sich selbst aus und verbarg den Schmerz in sich.

Peters Zimmer, das Eckzimmer, von dessen Balkon man die Weißenburger Straße und den Wörther Platz überblicken konnte, wurde zum Kultraum. Sie beließ alles, wie es war: den Schrank mit seiner Steinsammlung, den Schreibtisch, das Bett, das sie mit Laubkranz und Blumen schmückte. Freunde und Verwandten, die zu ihr kamen, führte sie in diesen Raum. Hier konnte sie Peter nah sein, mit ihm sprechen, als ob er noch lebte.

Sie las damals im *Cherubinischen Wandersmann* von Angelus Silesius, dem schlesischen Barockdichter und Mystiker, den Peter ihr 1913 geschenkt hatte, und zum ersten Mal in ihrem Leben in der Bibel, las bis Hiob, ein Jahr später setzte sie dort wieder ein, wo sie aufgehört hatte. Sie definierte sich nicht als religiöser Mensch, aber fühlte jetzt eine Kraft, die sie und den Kosmos vereinte. Etwas, nach dem sie sich seit Kindheitstagen gesehnt und in ihren Bildern immer wieder gezeigt hatte – das unzerstörbare Einssein mit einem anderen. Sie betete nie zu Gott, um ihn um etwas zu bitten, ließ sich aber von einer Kraft leiten, die sie zu durchströmen schien, immer wenn sie arbeitete, oder in Gedanken bei Peter war. Wie durch einen Nebel glaubte sie, ihn wahrzunehmen, ihn zu spüren. Aber das, was sie trennte, konnte sie nie durchbrechen.

So hoffte sie auf ein Wiedersehen, wenn sie tot war, und schrieb: »Ich will mit Dir zusammenfließen, wie ein Fluss in einen andern fließt und dann *zusammen* weiter, vereinigt, stärker, tiefer, strömender ... Kann das nicht sein, muss das nicht sein, dass Verwandtes aneinanderschießt? Wie sich bildende Kristalle?«[13]

Aber Käthe Kollwitz war und blieb Realistin. Sie lebte im Hier und Jetzt, und so begann sie, die Zwiesprache mit ihrem Sohn allmählich auf eine andere Ebene zu verlagern. Bereits in der Nacht vom 30. November auf den 1. Dezember 1914 hatte sie den Plan gefasst, ein Denkmal für ihn zu schaffen. So begann sie, mit der Trauer umzugehen, indem sie gestaltete.

Sie hätte ihr Leben für Peter gegeben, für die »Saatfrucht, die nicht vermahlen werden sollte«. Nun war sie der Samen und der Träger in einem. Sie musste weiterarbeiten, bis sie ihre Aufgabe erfüllt hatte, sie quälte sich, weinte, fühlte sich schwach, und beharrte gleichzeitig darauf, dass Gefühle sich mit künstlerischer Arbeit nicht vertrugen. »Zur Arbeit muss man hart sein und das, was man gelebt hat, aus sich heraussetzen«[14], schrieb sie.

Doch als Mutter konnte und wollte sie ihren Schmerz nicht loslassen, weil sie glaubte, den Sohn sonst ein zweites Mal zu verlieren.

Trotzdem zeichnete sie unaufhörlich, immer wieder die Mutter, die ihr Kind hält, die ihren toten Sohn in ihre Arme gleiten lässt. »Ich könnte 100 solche Blätter machen und doch komm ich ihm so *nicht näher.* Ich suche ihn. Als ob ich ihn in der Arbeit finden *müsste.*«[15]

Sie arbeitete an einer Figur aus Ton, einem Grabstein für Peter und für alle toten jungen Männer des Krieges. Unzählige Möglichkeiten probierte sie aus, bis daraus zwei getrennte Figuren wurden: Vater und Mutter in tiefster Trauer versunken – jeder auf seine Weise: er hoch aufgerichtet und starr, sie gebeugt und verzweifelt. Das Thema, das sie seit Jahren beschäftigte, umkreiste sie jetzt noch intensiver – die Liebe und das Lassen-Müssen, wie sie es nannte.

Mitunter unterbrach sie ihre Arbeit, um später mit neuem Mut und neuer Kraft fortzusetzen, was sie begonnen hatte. Sie wusste, dass Jahre vergehen würden, bis sie mit der Arbeit für Peter fertig sein würde. Dann allerdings würde darin alles liegen, was sie ausdrücken wollte.

Das beruhigte sie. Bis wieder die Erinnerungen an sein Lächeln und sein Singen hochkamen. Oder die Träume, die sie von ihm träumte; herzzerreißende Träume, in denen er lebte und litt oder tot war. Und immer wieder ihre Sehnsucht nach ihm, wenn sie an Orte kam, die zu ihm gehörten. Erst mit den Jahren wurde sie schwächer, so wie die Träume seltener wurden.

Nach einem friedlichen Traum über Gräbern auf einer hoch gelegenen Waldwiese spürte sie keinen Schmerz mehr. »Es ist, als ob auf einmal etwas abgeschlossen ist, als ob Monate zwischen dem jetzigen Empfinden und der schmerzhaften Sehnsucht von vor einer Woche liegen ... Es frisst nicht mehr so in mir.«[16] Kurz darauf wurde sie wieder vom Schmerz zerrissen. Dann fühlte sie sich in ihrem eigenen Körper, als sei er tot, so sehr weinte sie, so sehr fühlte sie den Verlust.

Beim letzten Fest des *Sozialistischen Monatsheftes* trug sie ein schlichtes schwarzes Kleid und sah den Tanzenden zu. Plötzlich aber stand sie auf, nahm Else Milch, die neben ihr saß, bei der Hand und sagte: »Mit dir will ich tanzen. Du bist die Einzige, die weiß, was Carneval ist.«

So fand Käthe zum Leben zurück. Sie studierte die Weltgeschichte und lernte Englisch. Sie arbeitete für den Frauendienst. Zeichnen war ihr nicht mehr genug, sie wollte dafür arbeiten, dass Frauen und Kinder keinen Hunger leiden mussten. Sie erkundigte sich bei den Familien der Frontsoldaten, was diese brauchten, und leitete die Ergebnisse an die zuständigen Stellen weiter.

Währenddessen verschlechterte sich die allgemeine Situation in Deutschland, obwohl der Krieg für manche ein großes Geschäft geworden war, für den man unaufhörlich warb. In den Schaufenstern lagen als Dekoration 42-cm-Geschosse, Modelle in Lebensgröße oder Nachbildungen aus Schokolade, Wolle, Zigarren oder Nudeln, man sah Sofakissen, die »Heil dir im Siegerkranz« spielten, wenn man sich dagegen lehnte, und man sah Postkarten mit am Strick baumelnden Franzosen, Russen oder Engländern, je nach dem, was der Käufer sich wünschte.

Die Schildermaler hatten Hochsaison, alles ausländisch Klingende musste umbenannt werden. Die Berliner Polizei schickte sogenannte »Sprach-Schutzmänner« aus, um nach »undeutschen« Ladenschildern zu fahnden. Mehr als 12 000 Berliner Finnen änderten ihren Namen. Das Café »Piccadilly« hieß nun »Vaterland, Kaffeehaus Potsdamer Platz«. Die Frauen begannen, sich wieder »einheimisch« zu kleiden.

Die Großunternehmer waren die ganz großen Gewinner. Der Staat sorgte für Absatz, bezahlte die verlangten Preise und beteiligte sich an Investitionen und Entwicklungskosten. Nur das Volk spürte nichts von diesem Reichtum und die Lebensmittel wurden knapper. Im Februar 1915 führte man in Berlin als erster deutschen Stadt die »Brotkarte« ein. Der Staat garantierte damit den Bezug einer bestimmten Menge Brot. Später führte man die Lebensmittelkarte auch für andere Produkte ein. Der Schwarzhandel blühte dennoch oder gerade deshalb noch mehr. Im noblen Westen funktionierte man Tennisplätze zu Kartoffeläckern um, aber im Osten, in dem es nur Hinterhöfe gab, war dafür kein Platz.

Inzwischen wurden Stimmen lauter, dass der Verteidigungskrieg eigentlich ein Eroberungskrieg war. Krupp-Direktor Alfred Hugenberg wollte die Ressourcen des Kaukasus für die deutsche Industrie sichern und die Ukraine zur deutschen Kornkammer machen. Im Juni 1915 unterschrieben 1347 Persönlichkeiten, darunter Industrielle, Künstler, Hochschullehrer, eine Eingabe an die Regierung. Sie forderten die Ostseeprovinzen als neues Siedlungsgebiet für Deutschland. Aber schon am 17. Januar 1914 hatte es in *Die Zukunft* geheißen: »Von Calais bis Antwerpen, Flandern, Limburg, Brabant, bis hinter die Maasfestungslinie preußisch.« Und so ging der Krieg weiter.

Auf der Straße hörte Käthe Kollwitz einen kleinen Jungen zu seiner Mutter sagen: »Solln doch nich mit die Kanonen auf Menschen schießen – wa Mutter? Soll doch nich – tuns aber doch!«[17] Das blieb vorerst ein Wunsch.

Wünsche bestimmten auch Hans' Leben. Es schien fast, als ob ihm alles, was er begehrte, aus der Hand genommen wurde, ehe er es richtig fassen konnte. Schauspieler wollte er werden, Regisseur, Lehrer, Dichter. Er wollte an die Front und wurde Sanitäter. Im Juni 1915 sprach er von einem Theologiestudium. Als er sich für das Medizinstudium entschieden hatte, tat er das für Karl. Aber wollte er wirklich Arzt sein? Oder war es nur ein Brotberuf? Wäre er glücklicher geworden als Schauspieler, als Dichter?

Peter, der fröhliche Bruder, fehlte ihm wie Käthe der Sohn. Ihr fehlte die unerschrockene Jugend, seine Visionen. So begann sie, fortzusetzen, was er nicht mehr tun konnte, die Freundschaften zu pflegen mit seinen Freunden, mit Erich Krems, Julius Hoyer, Richard Noll und Hans Koch.

Sie teilte mit ihnen die Erinnerung, sie suchte bei ihnen das Leben. Wenn die jungen Männer davon erzählten, wohin sie, die ältere, nicht mehr gelangen konnte, fühlte sie sich Peter ganz nah. Sie hörte zu und verstand sie, die an der Grenze gewesen und nun traumatisiert davon zurückgekehrt waren. Sie wollten am Leben bleiben, das war nun ihr einziger Wunsch. Sie waren noch bereit für den Krieg, aber den Tod suchten sie nicht mehr.

Oft klangen die Briefe traurig, die sie schrieben. Nichts war geblieben von den hochfliegenden Träumen der absoluten

Gemeinsamkeit, die über das Einzelschicksal gestellt worden war. In ihren Herzen herrschte Leere, und sie suchten verzweifelt nach einem Halt.

Richard Noll, Hans Koch, Julius Hoyer begannen, Käthe »Mutter« zu nennen. Sie erschrak. »Wohin habe ich mich mit Noll begeben?« fragte sich die fast Fünfzigjährige. »Wie ist es verwunderlich, dass jetzt in meinen Jahren mit alledem was hinter mir liegt, ich in Verwirrung gerate?« Weil Richard etwas in ihr auslöste, gewaltsam und stürmisch? »Ich bin keine Ernestine Castell, die leidenschaftlich geistigen Verkehr mit jungen Männern pflegte«[18], schrieb sie in ihr Tagebuch.

Mit Karl sprach sie nicht über diese Dinge, er hätte es nicht verstanden. Doch er spürte, dass mitunter wieder »etwas Kühles« zwischen ihnen war, wusste, dass sie wieder einmal mit einem starken Gefühl von ihm wegdrängte. »Ich kann da nicht mit«, sagte er.

Musste sie deshalb darauf verzichten, glücklich zu sein? Sie musste nicht, es war *ihr* Leben, beruhigte sie sich selbst. Das von Karl war ein anderes.

Zur Silberhochzeit am 14. Juni 1916 gönnten sie sich einige Tage in Rohrbronn, im Forsthaus Diana. Der Aufenthalt war zu kurz, als dass Karl, der nicht selten bis 3 Uhr früh arbeitete und unter Herzschmerzen litt, sich wirklich hätte entspannen können. Käthe schrieb in ihr Tagebuch: »Am schönsten sind früh die Gänge allein, wenn man ganz aufnahmefähig ist und man alles so eindringlich erlebt – Bäume und weite Blicke, Vögel, Rehe, Gras, Blumen und ziehende Wolken.«[19]

Sie wusste sich abzugrenzen, von allem und jedem. Mutter konnte sie schließlich auch nur ihren eigenen Kindern sein, stellte sie fest. Georg Gretor hatte bei ihnen eine Heimat gefunden, Hanna Stern lebte eine Zeitlang bei ihnen, Helga und Heinz Bonus, die Kinder ihrer Freundin Jeep und andere. Aber sie verweigerte sich, wenn die Menschen mehr wollten, als sie geben wollte.

Wie Katharina Laessig oder auch das kleine Mädchen, das ihr Karl brachte. Weil es vielleicht etwas hätte fordern können. Karl fand sie und ihren jüngeren Bruder in erbärmlicher Hilflosigkeit am Bett ihrer toten Mutter sitzen. Der Vater war im Krieg. Sonst gab es niemanden mehr für die Kinder.

Käthe Kollwitz träumte in dieser Zeit oft davon, wieder ein Kind zu haben, für das sie sorgen könnte. Aber als sie die kleine Trude Prengel sah – blond und blass, mit einer spitzen, vorstehenden Nase, einem Mäuschenmund, traurigen, sorgenvollen Augen und all dem, »was die kleinen Mädchen so charakteristisch an sich haben und was mir immer ziemlich fern gelegen hat«, da fragte sie sich, ob es für das Mädchen gut sei, bei ihr zu sein. Und es fiel ihr statt einer Antwort Frau Kautsky ein, die immer sagte: »lieber noch 3 Jungen als einem Mädchen die Zöpfe flechten!«[20]

Die kleine Trude kam nur für eine kurze Zeit an den Wochenenden. Käthe betrachtete sie und hörte ihr zu, mehr aber konnte sie ihr nicht geben. Manchmal, da glich sie wohl jener Frau in einem ihrer Bilder, die sie selbst beschrieben hat: » ... sie rührt kein Glied, *aber sie weiß um das Leid der Welt.*«[21]

VIII

An Pfingsten 1915 schrieb Käthe Kollwitz in ihr Tagebuch: »Was ist das bloß für eine Zeit? Himmlischer Frühling – alles Getier – alle Pflanzen voll Liebe und Seligkeit – und dies Gemetzel auf Erden. Und ohne Ende.«[1]

1916 zählte man fünf Millionen Tote. Konnte es dafür eine Rechtfertigung geben? Aus allen Ländern waren die jungen Männer in den Krieg gezogen, um ihren Idealen zum Sieg zu verhelfen – wie Peter und seine Freunde auch die Engländer, die Russen, die Franzosen, all die Unbekannten, gegen die man kämpfte, die man tötete, verwundete, gefangennahm. Käthe begann sich zu fragen: Gab es jemanden, der die Gläubigkeit der Jugend für seine Zwecke benutzte? Waren sie alle nur unwissende Handlanger gewesen? Wo waren die Schuldigen? War der Krieg eine Massenhysterie?

Käthe wollte kein Menschenleben mehr opfern. Aber als Lise ihr mitteilte, dass nun auch Heinz Heck, der Mann der Nichte Rele, in den Krieg ging, da hatte sie wieder dieses merkwürdige Gefühl des Ausgeschlossenseins. Peter war tot, Hans bei den Sanitätern. Sie fragte sich: »Wie kommt bloß dies eigentümliche Gefühl – Neidgefühl? ... Oder gar ist es ein Nicht-Gönnen-Wollen, dass auch Sterns jetzt ganz drinstehen im Kriege? Dass ich das als einen Vorrang nahm, den wir gegen sie hatten?«[2]

Sie wusste, was es heißt, wenn Familienmitglieder in den Krieg gehen, sah es auch in ihrem Umfeld. Der Sohn der Familie Neumann, die im selben Haus wohnte, war ebenfalls gefallen. Wenn ihr Geschäft geschlossen war, gingen sie, der Vater, die Mutter und die Schwester, stumm vor dem Haus auf und ab, bis es dunkel wurde und sich ihr Schmerz mit der Nacht verband. Käthe sah diesen erbitterten, in sich verschlossenen Schmerz, sie kannte ihn, und dann sagte sie voll Wut wieder: »Ich denke, es müssen noch viel mehr sein.«

Im Februar 1917 kündigte man den rücksichtslosen U-Boot-Krieg an. Die bittere Kälte in ganz Europa und die fehlenden Kohlen verschärften die Situation zu Hause. Langsam wuchs in allen beteiligten Ländern der Wunsch nach Frieden. Sie schrieb Hans voller Zuversicht: »... ganz dunkel und undurchdringlich ist die Zukunft – beklommen steht man da und lebt seinen kleinen Tag durch – immer das Gesicht nach vorwärts, ob nicht wo ein Licht anfängt zu scheinen?«[3]

Längst dachte sie, dass der Krieg »Schlechtestes und Bestes in den Menschen förderte«. Aber das Schlechte trat nun stärker hervor. Karl verstand ihre wechselnden Gefühle nicht. Er war immer gegen den Krieg gewesen und war es noch. Er betrauerte alle Toten gleichermaßen, während für Käthe Kollwitz das Sterben im Angesicht des nahenden Friedens doppelt schwer wog. Einer nach dem anderen von seinen Freunden folgten Peter in den Tod. Im März 1916 fiel Erich Krems, dann Richard Noll und Walter Meier, im November 1918 Julius Hoyer und Gottfried Laessig. Hans Koch überlebte den Krieg als einziger der Freunde.

Es war quälend, diese jungen Menschen sterben zu sehen. Aber Käthe hatte die Kunst und damit einen Auftrag zu erfüllen, daran hielt sie sich fest. Sie durfte sich dem Schmerz nicht hingeben und arbeitete wie immer allein in ihrem Atelier im Siegmundshof, bis sie sich mit ihren Arbeiten an die Öffentlichkeit wagte. Die Menschen blieben skeptisch. Man sagte, dass ihre Plastik mit dem Titel *Kleine Liebesgruppe*, die sie in der Secession zeigte, nicht an die Grafiken heranreichte. Die Liebe war eine wichtige Seite ihres Lebens und ihrer Kunst.

Käthe Kollwitz tröstete sich, denn im kommenden Jahr, zu ihrem fünfzigsten Geburtstag, war eine große Ausstellung geplant. »... da werden die Leute schon sehn, was mit mir los ist«, schrieb sie Hans. »Sehr kränken würd es mich, erkennte ich meine Arbeit als schlecht, aber das ist sie nicht.«[4]

Sie sollte Recht behalten. Ihr Geburtstag wurde zu einem »Feier-Tag«, zu einem wahren Jubelfest, und sie war dankbar dafür. Es hätte auch anders sein können, sagte sie sich. Zahlreiche Glückwünsche trafen bei ihr ein, Briefe und Telegramme.

Früh hatte sie mit den Vorarbeiten zur Jubiläumsausstellung in der Galerie Paul Cassirer in der Victoriastraße 35 begonnen, und begeistert schrieb sie lange vor der Eröffnung an Hans: »Du musst die Ausstellung sehn.«[5]

Zehn Minuten bevor die Journalisten zur Vorbesichtigung kamen, klebte sie noch eilig die Beschriftungen an die rund 150 Bilder. Dann verließ sie die Galerie. Ihre Arbeit war getan, jetzt mussten die Bilder für sich sprechen.

Ihr Wunsch, dass ihre Arbeiten wirken mochten, war enorm: »Die Ausstellung muss etwas bedeuten, denn alle diese Blätter sind Extrakt meines Lebens. Nie hab ich eine Arbeit kalt gemacht ... sondern immer gewissermaßen mit meinem Blut. Das müssen die, die sie sehn, spüren.«[6]

Man spürte es, man sah es. Die Ausstellungsbesucher standen bei Cassirer Schlange, das hatte es seit Langem nicht mehr gegeben. Fast alles wurde verkauft, was Käthe heimlich bedauerte, denn gerade die Zeichnungen waren Zeugnis ihres »persönlichsten Lebens«. Mit jedem Bild ging ein Stück von ihr selbst mit.

Doch sie gesteht sich auch die Freude über das Angenommenwerden zu, wenn sie schreibt: »Ich habe ein dankbares Empfinden, dass meine Arbeit nachhallt bei den Menschen. Das ist schon ein Glück, glaub mir! Jetzt wünsche ich nur sehr, ich würde noch Zeit d. h. Gesundheit genug behalten, noch alles das zu sagen, was ich gern noch sagen möchte. Das ergäbe freilich wohl ein Alter wie Methusalem. Denn wann ist man fertig?«[7]

Die Kritiken waren euphorisch. Der Kunstkritiker Fritz Stahl schrieb im *Berliner Tageblatt* am 19. April 1917: »Das muss wohl ein jeder fühlen, dass die Kunst der Käthe Kollwitz das Erlebnis einer Menschlichkeit ist, nicht nur einer Sinnlichkeit ... Ein neues künstlerisches Ziel scheint entstanden zu sein, nachdem das grafische Werk abgeschlossen vorliegt.«

In den *Sozialistischen Monatsheften* 1917 hieß es: »denn hier ist das Leben selbst in seiner ganzen erdrückenden Wucht Leid geworden und spricht seine Sprache für uns, für uns alle.«

Nur Willy Pastor verstand sie nicht. Als er durch die Ausstellungsräume wanderte und die Bilder sah, schrie er immer wieder erregt: »Das ist nicht deutsche Kunst! deutsche Kunst ist Durchhalten!«

Die *Abendausgabe der Königsberger Hartungschen Zeitung* schrieb am 9. Juli 1917: »Ihre Kunst ist ernst, schwer, trübstimmig, voll Herzeleid, sie ist voller Müdigkeit, Trostlosigkeit und Stumpfsinn. Die Züge der Menschen sind hart, eckig, abgezehrt; die Formen abgemagert, unschön ... Das Unschöne und Hässliche ist vorherrschend; das Zarte, Weiche und Milde fehlt.«

Hier in ihrer Heimatstadt war sie genauso erfolgreich wie zuvor in der Berliner Secession und in der Kunsthalle Bremen.

Der Erfolg machte Käthe Kollwitz glücklich, vor allem das Angenommen-Werden und das Gehört-Werden waren ihr wichtig. Sie war eine gefeierte Künstlerin, aber gleichzeitig auch jemand geworden, den man in die Ferne rückte, von dem man Abstand hielt. So mischte sich in ihr neu erwachtes Lebensgefühl manchmal wieder eine leise Ahnung des Vergänglichen. Eines Nachts träumte sie, sie sei verlobt, und der Verlobte sähe ihre welkende Haut am Hals. Er sah sie überrascht an, als ob er betrogen worden wäre. Sie wollte ihm sagen, dass ihr Körper noch schön sei und sich nur am Hals Spuren des beginnenden Alters zeigten. Aber noch ehe sie den Mund öffnete, verstummte sie wieder. Sie war doch wirklich schon alt.

Später traf sie sich mit ihren früheren Studienkollegin Rosa Plehn und deren Schwester Maria sowie anderen zum Essen. Sie kam in das Gasthaus, wo alle bereits saßen. Mit einem Mal wurde Käthe bewusst, »dass das alles alte Frauen geworden sind. Wir alle miteinander.«[8]

Manchmal betrachtete sie ihr Gesicht ganz genau, die Hände, den Körper, die nun deutlich die Spuren des Alterns verrieten. Das machte sie mutlos, sie fühlte sich älter und in kurzer Zeit schwächer geworden. Wenn sie ihre alte Mutter sah, dachte sie: »Wie wenn auch mich das Leben nur noch zum Zuschauen anginge.«[9]

Der Schmerz und die Sehnsucht nach Peters Tod hatten ihr viel Kraft geraubt. »Von da an datiert für mich das Altsein«[10], stellte sie fest.

Hin und wieder sitzt Käthe im Zimmer von Peter. Es ist eine Art Rückzugsort für sie geworden, um ihren oftmals schweren Gedanken nach zu hängen.

Im März ist Julie gestorben. Ein Jahr zuvor hat sie sie nach langer Zeit wieder besucht. Sie lebte in schwierigen finanziellen Verhältnissen, und war krank. Einige Monate später war sie tot. Es war merkwürdig für Käthe, dieses Abschiednehmen von einem Körper, von einer Hülle. Peter war einfach gegangen.

Sie und Julie waren sich schon als Kinder fremd gewesen, und das hatte sich in all den Jahren nichts geändert. Ihre Trauer galt eher einer Toten, als ihrer Schwester. Auch die anderen Geschwister waren nicht wirklich betroffen. Die Mutter bekam nasse Augen, wenn sie von den zwei verlorenen Kindern sprach, aber Julies Tod berührte sie nicht.

Der geistige Zustand ihrer Mutter nahm stetig ab, sie wusste kaum, dass Julie ihre Tochter war, wie sie auch Käthe, Konrad und Lise meist für ihre Geschwister hielt. Sie lebte halb im Traum, halb im Wachen. Das, was weit zurücklag, war gegenwärtig für sie. Was gerade geschah, löste sich auf wie Rauch. »Das wirkliche Leben spült nur noch ganz leise in kleinen Wellen bis vor ihre Füße«[11], schrieb Käthe Kollwitz.

Die Mutter, so klein und zart, gebeugt, mit dem Stock in der Hand, war alt an Jahren. Konrad aber, der früher angehimmelte Bruder, war vor seiner Zeit alt geworden. Einmal kam er zu den Sterns, unbeholfen wie immer, mit zahnlosem Mund. Käthe war dabei, und sie schämte sich für ihn, dem man die Trostlosigkeit des Lebens ansah, weil er immer alles hinnahm. Was war aus dem Jungen geworden, der aufbrach, um nach Amerika zu gehen? Man hielt ihn damals auf, aber er hat auch später nie mehr um etwas gekämpft. Das hielt sie ihm vor. Nichts war übrig geblieben von all den Hoffnungen, nur ein unansehnlicher Mann.

Es war Karl, der auf ihn zuging. Karl machte keine Unterschiede zwischen den Menschen.

Trotz des Krieges ging das Leben in Berlin weiter. Die Dagebliebenen lebten weiter, liebten sich und bekamen Kinder. Sie waren glücklich trotz aller Widrigkeiten. Auch Käthe und Karl Kollwitz versuchten, ein normales Leben zu führen. Sie besuchten wie früher das Theater, Konzerte. Sie fuhren hin und wieder aufs Land zum Wandern. Aus Mecklenburg schrieb sie einmal begeistert an Hans: »Hans, es ist hier so wunderschön. So erquickend frisch die Wälder. Und hat man genug von Wäldern, dann kommen die weiten Felder ran mit dem schön stehenden Getreide. Gleich hinter dem Ort beginnen die Felder mit den lockenden kleinen Wegen zwischendurch – am Horizont blaue Wälder. Da gehen wir meist abends wenn der Himmel *ein* Leuchten ist und die Sonne langsam glühend hinter leis wogendem Getreide versinkt. Wie schön, wie schön ist das alles. Wie ausruhend – wohltuend – Friede gebend.«[12]

Aber all das waren nur Brücken, die halfen, von einer Not zur anderen zu balancieren. Die Nahrungsmittel waren knapp. »Die geringe Brotration ist durchgeführt«, teilte Käthe ihrem Hans mit. »Dafür gibt es mehr Fleisch und Kartoffeln. Wer kann, backt sich selbstständig Essbares, z.B. hörte ich, dass die Arbeiter in der A.E.G. sich ein Gebäck von geriebenem Fleisch und Kartoffeln zur Arbeit mitnehmen. Lina will versuchen Maismehlbrot zu backen. Denn mehr Kaubares muss man haben.«[13]

Der Sohn war inzwischen in Rumänien stationiert, und von dort aus schickte er Kisten mit Mehl, Eiern, Kaffee, Zucker und Bohnen. Käthe Kollwitz bat um mehr, um Zitronen und weißes und schwarzes Nähgarn und um eine Mehlsendung an Konrad und Anna Schmidt. Der Bruder musste mit seiner Frau ausschließlich von den Rationierungen leben.

Seit dem »Kohlrübenwinter« mit mehr als 20 Grad minus hungerte man in Deutschland. Die Kaufhäuser boten Hemden und Anzüge aus Papier an, und Ersatzmittel hatten »Hochsaison«. Brotteig wurde mit Kohlrüben versetzt. Man machte daraus Marmelade, verwendete sie getrocknet als Ersatz für Kaffee oder Bier. Aus Obstkernen gewann man Speiseöl. Wahrscheinlich waren manche dieser Ersatzmittel gesundheitsgefährdend.

Käthe Kollwitz hatte ein schlechtes Gewissen gegenüber den anderen, wenn von Hans die Pakete eintrafen. Aber sie tröstete sich: »Wenn ich mir aber wieder sage, dass Vater die Arbeit gar nicht schaffen könnte mit wenig Essen, dass dieses eigentlich das mindeste ist, um ihn in der Arbeitskraft zu erhalten, dann stelle ich die Vorwürfe eben wieder ab.«[14]

Die vergangenen Jahre waren traurig und hart gewesen, aber dennoch lebte in Käthe Kollwitz noch immer etwas von dem revolutionären Geist ihrer frühen Zeit. Ganz und gar begeistert, ja mitgerissen war sie von der Aufbruchsstimmung, die allmählich wieder an Boden gewann und den Weg zum Frieden bereitete.

Mit Interesse verfolgte sie den Prozess des österreichischen Sozialisten Friedrich Adler, der 1916 den österreichischen Ministerpräsidenten Graf Stürgkh ermordet hatte. Er war zum Tode verurteilt, begnadigt und dann amnestiert worden. »Das hat mich sehr interessiert – mehr – es hat mich ergriffen. Ein Fanatiker – ja! Aber ein Sieger!«[15] Er hatte nicht aufgegeben. Und sie wollte es auch nicht. Lange beschäftigte sie sich mit den Schlagwörtern »Internationale« und »Nationalismus«, bis sie zu dem Ergebnis kam: »Die nationale Entwicklung *wie sie jetzt* ist führt in Sackgassen. Es muss ein Zustand gefunden werden, der das völkische Leben erhält, der aber das verhängnisvolle nationale Wettrennen unmöglich macht.«[16]

Sie besuchte mit Karl einen Vortragsabend zum Thema »Frieden« bei Ernst Cassirer und eine Lesung von Carl Hauptmanns *Krieg. Ein Tedeum.* Als es 1914 erschien, wollte es kaum einer hören. Damals war Opfern angesagt, jetzt sprach man vom Frieden.

Hans Koch, der einzige, der von Peters Freunden am Leben geblieben war, begann für den Frieden zu arbeiten. »Kein Abwarten mehr, sondern tun, agitieren. Ganz aufgeregt hat mich alles was er sagte. Ich denke an die Toten. O lieber Gott, war der Weg nötig?«[17]

War es notwendig gewesen, dass Peter starb? Immer öfter beschäftigte sie diese Frage. Karl sagte, was er zuvor gesagt hatte: »Ein Menschenleben darf nicht verkürzt werden um einer Ideologie wegen. Wenn einer sterben will, so hat er das Recht, sich zu opfern. Aber der Staat darf es nicht fordern.«

Sie nahmen an Demonstrationen teil – gegen den Krieg, für den Frieden. Manchmal begleiteten sie Lise und Max Wertheimer. Die Zukunft lag zwar dunkel vor ihnen, aber dennoch gab es wieder Hoffnung. Die Menschen streikten aufs Neue – in Deutschland, in London, in Paris und in Rom. Kritische Stimmen erhoben sich allerorten gegen den Krieg.

Henri Barbusse ließ in seinem Buch einen Soldaten sagen: »Wenn wir dies, was wir durchmachen, nicht vergessen würden, gäb es keinen Krieg mehr.« Alle, so sagte sich Käthe Kollwitz, sollten dieses Buch lesen. Und wusste doch gleichzeitig, was sich wohl nicht verhindern ließ: »Ach, es wird dann andere Ideologien geben, die den Menschen wieder einleuchten und man wird vergessen *wollen* und vielleicht noch einmal hineingeraten.«[18]

Immer stärker wurde ihr Drang, sich mitzuteilen, und sie schrieb einen Beitrag über den Widerstand bis zum Letzten. Man verweigerte ihr die Veröffentlichung ohne Gegenbemerkung im »Vorwärts« wie man zuvor einer Friedensorganisation den Vertrieb ihrer Lithografie *Die Mütter 1914 – 1916*, die eine trauernde Frau zeigt, verboten hatte.

Da erschien im *Vorwärts* ein Aufsatz von Richard Dehmel. Im Oktober war bereits die österreichisch-ungarische Monarchie zusammengebrochen, der Verbündete Bulgarien ausgeschieden. Die Engländer zwangen deutsche Truppen zur Räumung Palästinas, Arabiens, Syriens und Mesopotamiens. Aber die Alldeutschen trommelten immer noch für ein »Letztes Aufgebot«, ein »Volksaufgebot« aus den allerletzten Reserven. Sie wollten Kinder und Greise in den Krieg schicken, und Richard Dehmel schloss sich diesem Wahnwitz in seinem Appell an.

Nun konnte Käthe Kollwitz nicht mehr schweigen, konnte nicht mehr stillhalten und abwarten. 1914 war der damals jüngste Soldat gefallen, ein vierzehnjähriges Kind. Ihr eigener Sohn war tot, erschossen im Krieg. Nun sollten noch mehr dieser Kinder in den Tod geschickt werden. Es war Mord an dem einzelnen und Selbstmord für das Reich.

Sie zog ihren Beitrag zurück und schrieb eine Entgegnung. »Weiß Gott, *wie sehr* ich an Peter und Dich und den Herbst 1914 gedacht habe, als ich das schrieb«, ließ sie Hans wissen. »Aber nie kommt eine Zeit zurück. Was damals sein muss, muss jetzt nicht sein.«[19]

Käthe Kollwitz antwortete Richard Dehmel: »Einem Aufruf der obersten Verteidigungsinstanz, meint er, würde nach Ausscheidung der »Memmen« eine kleine, desto auserwähltere Schar todbereiter Männer sich stellen, und Deutschlands Ehre würde durch diese gerettet werden.«

Aber was blieb, wenn die Besten von Deutschland geopfert würden? Russland galt nicht als ehrlos, als es in den Frieden von Brest einwilligte. Deutschland solle dem Beispiel folgen und aus den Niederlagen innere Kraft ziehen, um sich der künftigen Arbeit zuwenden zu können. Sie schloss mit den Worten: »Es ist genug gestorben! Keiner darf mehr fallen! Ich berufe mich gegen Richard Dehmel auf einen Größeren, welcher sagte: ›Saatfrüchte sollen nicht vermahlen werden!‹[20]

Die Zeitung *Vorwärts* und die *Welt am Montag* lehnten ab. Es herrschte Zensur. Aber die Redakteure vom *Vorwärts* zeigten dann doch Mut und veröffentlichten ihren Beitrag. Die *Voßsche Zeitung* druckte ihn nach. Käthe Kollwitz war zufrieden. Sie hatte gesagt, was sie quälte. Sie hatte gesagt, was ist.

Viele Menschen lasen ihre Worte und hörten ihre Botschaft. Nicht wenige antworteten ihr. Sie hatten erkannt, was ihr Anliegen war: Menschlichkeit. Es war kein Patriotismus, keine falsche Vaterlandstreue, kein falsch verstandenes Ideal.

Im Oktober 1918 musste Karl Kollwitz bis zu 150 Kranke an einem Tag versorgen. Eine heftige Grippeepidemie wütete in ganz Europa, und über 20 Millionen Menschen starben, als ob der Krieg noch nicht genug Opfer gefordert hätte.

Dennoch nahm er mit Käthe unermüdlich an den Demonstrationen teil, an Versammlungen, die oftmals enttäuschten.

An einem trüben Novembertag trat schließlich ein, was unzählige Menschen seit Langem erhofften.

Flugblätter, die verteilt wurden, verkündeten: Kaiser Wilhelm II., der in all den schwierigen Kriegstagen auf Reisen war, musste abdanken. Karl freute sich ungemein. Er wirbelte Käthe in die Luft, schwenkte sie herum und war ganz außer sich. Einen Tag später, am 10. November, hörte man Karl Liebknecht vom Schlossfenster sprechen, dort, wo sonst immer der Kaiser stand. Nun musste Karl, wenn er die Kranken besuchte, nicht mehr im Zimmer das Bild von Wilhelm II. umdrehen, bevor er mit der Behandlung begann.

Käthe Kollwitz forderte man auf, an einer Versammlung mit anderen Berühmtheiten wie Walther Rathenau, Gerhart Hauptmann, Albert Einstein teilzunehmen. Sie ging nicht hin, sie zweifelte an ihrer politischen Kompetenz.

Aber sie griff noch einmal zur Feder und schrieb einen Aufruf an die Berliner, der im *Vorwärts* veröffentlicht wurde.

Im herrschenden Chaos, als Nord- und Süddeutschland auseinanderfielen, kamen sie immer noch aus dem Krieg – die Verwundeten und die Geschlagenen. Sie mengten sich unter die Verzweifelten, die bereits die Straßen Berlins bevölkerten, die Kriegskrüppel, die in einer gewaltigen zornigen Demonstration auf sich aufmerksam machten. So viel Jubel hatte sie in den Krieg begleitet. Nun ließ man sie allein in ihrer Not und niemand beachtete sie. Nur Käthe Kollwitz, die in dem Aufruf schrieb: »Man gebe der Bevölkerung bekannt, wann die Züge eintreffen, damit die endlich Heimkehrenden, lang Ersehnten empfangen werden, wie sie es verdienen. Und wir wollen die Bahnhöfe mit roten Fahnen und Girlanden schmücken!

Im Namen und im Auftrag vieler
Käthe Kollwitz.«[21]

Viele folgten ihrem Aufruf. Hans hatte sie voller Zuversicht geschrieben: »Wir werden durch diese Zeit durchgehn. Ich *hoffe,* dass sie ins Licht führt.«[22]

IX

Am 9. November 1918 schrien alle: »Hoch! Sie rieben sich die Augen, und um es wahrzuhaben, riefen sie noch einmal ›Hoch‹ und hielten noch eine Rede. Denn, wahrhaftig, es war ein Wunder. Und jetzt?«[1] Das fragten sich damals viele Menschen in Deutschland, nicht nur René Schickele. Wie ging es weiter?

Als Käthe Anfang Januar 1919 von ihrem Atelier nach Hause ging, sah sie die Ratlosen auf der Straße, deren Verunsicherung und Unzufriedenheit sich nun in Protest und Gewalt entlud. Am Alexanderplatz hatte sich ein Zug von fast hundert bewaffneten Arbeitern formiert, darunter auch Soldaten, elende Gestalten, mager, düster, entschlossen. Sie hatten etwas von den Webern, von den Bauern, die sie vor Jahren in ihren Radierungen und Zeichnungen festgehalten hatte.

Schüsse fielen, Menschen wurden ermordet. Am 15. Januar wurden Rosa Luxemburg und Karl Liebknecht getötet, und in München, wo der »Weiße Terror« herrschte, wurde Kurt Eisner ermordet. Allein im März starben bei den Unruhen 800 Menschen.

Am 28. Juni besiegelte man zwar den internationalen Friedensvertrag in Versailles, aber innerhalb der eigenen Grenzen ging der Krieg weiter. Zunächst streikten die Eisenbahner, andere Berufsgruppen folgten. Plünderungen waren an der Tagesordnung, und die Polizei war nicht in der Lage, den Menschen Schutz zu bieten vor den organisierten Banden, die sich mitunter aus bis zu hundert hoffnungslosen Menschen zusammensetzten.

Die verheerenden Zustände waren unübersehbar. Beim Anblick eines ärmlichen einarmigen Leierkastenspielers wurde Käthe einmal mehr bewusst, »wie elend und traurig es mit Deutschland steht.«[2] Einst war der Mann vermutlich ein hoffnungsfroher Student gewesen und zu Kriegsbeginn ein siegesbewusster Soldat. Nun war er nichts mehr als ein Mahnmal auf der Straße, an dem die meisten Menschen achtlos vorübergingen.

Die wirtschaftliche Situation war katastrophal. Frauen gingen aufs Land, um ein paar Kartoffeln bei der Ernte zu ergattern. Sie suchten neben den Bahngleisen nach Kohlen. Schlangen von Menschen standen vor den Geschäften. Manche versuchten auf der Straße zu verkaufen, was sie aus besseren Zeiten hatten herüberretten können. Viele konnten die Miete nicht mehr bezahlen, und Geschäfte mussten schließen. In den Arbeitergegenden gab es kein Licht, kein Wasser, keine Kohlen, kein Gemüse, keine Fahrmöglichkeiten.

Im März 1920 kam es zur nationalistischen Gegenrevolution, das Regierungsviertel wurde besetzt, der Kampf ging weiter. Flugblätter wurden verteilt, Plakate aufgehangen, die alle möglichen Parolen verbreiteten, und auch die Streiks hielten an. Ende März war die Kapp-Lüttwitz-Regierung am Ende. Das Land und Berlin begannen sich wieder zu ordnen.

Im April wurden einzelne Gemeinden in den Verband der Stadt aufgenommen, und es entstand Groß-Berlin.

Hans Kollwitz beendete im selben Jahr sein Medizinstudium und heiratete die Kunstgewerblerin Ottilie Ehlers. Er, der Unschlüssige, hatte sich auch diesmal seine Entscheidung von anderen diktieren lassen. Otty entschied zu heiraten und als sie schwanger war, war es seine Mutter, die ihn mit ihrem festen Glauben an das Leben überredete, zu dem Kind zu stehen.

Vorerst wohnte das Paar bei ihnen, dann zogen die beiden für einige Monate nach Fangschleuse und von dort in ein eigenes Häuschen in Lichtenrade, einem ländlichen und abgelegenen Vorort im Süden von Berlin. Mit Ottys Geld kauften sie eines der Siedlungshäuser, die 1921 für Kriegsteilnehmer und deren Familien errichtet wurden.

Als Arzt arbeitete Hans vorerst in der Landesirrenanstalt Dalldorf und im Fürsorgeheim Rixdorf. Er lebte mit seiner Frau, aber diese musste ihn mit seiner Mutter teilen. Mit ihr beriet er über den Namen des zu erwartenden Kindes. Käthe schlug Peter vor und Peter hieß dann auch das Kind.

Es war das erste Kind der Familie, das »heilige«, wie Käthe es nannte. Sie beobachtete den neugeborenen Peter, wie sie ihre Kinder beobachtet hatte, freute sich, wenn er neben ihr lag, wenn die kleinen warmen Füßchen nach ihr stießen und er quietschende Laute von sich gab. Sie hörte aber auch, dass er nicht richtig schrie, sondern immer nur quäkte. Er wird ein zaghafter Mensch sein, grübelte sie, ohne Widerstand gegenüber anderen, zu ernst, zu gut für die Welt.

Käthe hatte die Gabe, die Menschen, auch die, die ihr am nächsten standen, immer direkt anzusehen, in sie zu sehen. Als ob sie denen, die sie liebte, besonders nahe kommen wollte. Ähnlich den Motiven, die sie unablässig variierte, um immer näher an sie heranzukommen, bis an den Kern, wo es dann nichts mehr Trennendes zwischen ihr und dem Werk gab, umkreiste sie in ihren Gedanken ihre Liebsten.

Peter, der verstorbene Sohn, rückte weiter in die Ferne. Sie träumte immer wieder von ihm, aber in diese Träume mischten sich oftmals andere Gesichter. Von Stan oder Lisbeth Kollwitz. Mitunter fühlte es sich an, als sei Peter gar nicht tot, sondern nur krank. Sie bebte inzwischen nicht mehr, wenn sie von ihm erzählte. Sie lebte gerne. Vor allem dann, wenn sie gut arbeitete.

Hans hingegen blieb unzufrieden. Immer noch jagte er einer Vorstellung nach, die er nicht wirklich benennen konnte.

Er half seinem Vater in der Praxis, tat, was er tun musste, aber nicht mehr. Wie seine Kameraden, illusionslos geworden nach diesem entsetzlichen Krieg, wollte er nichts anderes, als leben. Der Vater verstand nicht, was in ihm vorging, und auch seine Probleme mit Ottilie nicht.

Immer war sie in Angst, wieder schwanger zu sein, und war am Boden zerstört, als sie es wirklich wurde. Hans stand ratlos daneben. Einmal bat er die Mutter, seine Frau zu besuchen, mit ihr zu reden. Käthe lehnte kategorisch ab: »Jeder muss allein hindurch durch das Dunkel«. Hans hatte diese Antwort erwartet. Er wusste, dass sie erbarmungslos sein konnte, wenn es um Persönliches, um sehr private Dinge ging. Keiner kann dem anderen wirklich dabei helfen, hörte er von ihr immer wieder, obwohl sie doch seit jeher versucht hatte, ihm eine Stütze zu sein.

Konrad hatte Käthe bereits im Mai 1911 freudestrahlend erzählt, dass der berühmte Soziologe und Volkswirt Werner Sombart ihn aufgeforderte hätte, seine Arbeit in Vorträgen bei einem soziologischen Kongress im Herbst vorzustellen. An Hans schrieb sie damals: »Er selbst freut sich sehr darauf und wir wären ja so froh, wenn endlich einmal seine Zeit käme.«[3]

Nun schien sie gekommen. Im November 1919 erhielt Konrad, der Nationalökonom, eine Honorarprofessur für Geschichte und Theorie des Sozialismus an der Technischen Hochschule in Berlin-Charlottenburg. Endlich würden auch seine finanziellen Probleme behoben sein.

Aber es änderte sich nicht viel in seinem Lebensgefühl. Der Zeitgeist bedrückte Konrad. Das Chaos, die verschiedenen politischen Strömungen, das Elend, der neue Aufschwung, der nur denen zugutekam, die skrupellos über die anderen hinweggingen. Da gab es keinen Platz für jemanden wie ihn, der langsam seine Theorien ausarbeitete, der Gut und Schlecht abwägte, dem die soziale Sache am Herzen lag und nicht der Verdienst oder der Ruhm.

Um wenigstens ein wenig beizutragen, brachten ihm Karl und Käthe 2000 Mark. Er nahm das Geld dankbar an. Nicht für sich selbst, sondern für seine Frau Anna, die genauso viel haderte. Sie konnte nicht mehr mit ansehen, wie Konrad seit nunmehr dreißig Jahren an seiner Arbeit saß. Wie er ihr immer wieder versicherte, dass es nun bald geschafft sein würde. Nur das Ende kam nie.

Karl Kollwitz war inzwischen Stadtverordneter geworden. Er gehörte dem Jugendfürsorgeausschuss der Stadt Berlin für den Bezirk Prenzlauer Berg an. Mit einigen Kollegen hatte er bereits 1913 den Sozialdemokratischen Ärztebund gegründet, um sozial- und arbeitshygienische Forschungsergebnisse in die Praxis umzusetzen. Seine Untersuchungen und Ideen veröffentlichte er regelmäßig in den *Sozialistischen Monatsheften* und in der *Deutschen Medizinischen Wochenschrift*. Er konnte, wie Käthe einmal bemerkte, bis ins »Ungemessene« arbeiten, und er arbeitete immer auch hart an sich selbst. Mit »unglaublicher Energie« überwand er seine »Unsicherheit und Nervosität« den neuen Aufgaben gegenüber. Bald schon konnte er bei politischen Debatten frei sprechen.[4]

Aber berühmt war und blieb Käthe.

Unterstützt vom neu gegründeten Arbeitsrat für Kunst nahm man sie mit Ernst Barlach, Lovis Corinth, Wilhelm Lehmbruch und zwölf anderen, zum Teil bislang umstrittenen Künstlern in die heiligen Reihen der Preußischen Akademie der Künste auf. Als erste Frau in einer bislang ausschließlich von Männern dominierten Institution sollte sie Professorin werden. Insgeheim hatte sie ihre Skrupel: »Große Ehre, aber ein bisschen peinlich für mich. Die Akademie gehört doch zu den etwas verzopften Instituten, die beiseite gebracht werden sollten.«[5]

Sie lehnte den Professorentitel ab, weil sie 1918 die Abschaffung aller Titel begrüßt und dann deren Beibehaltung bedauert hatte. Aber ihr Einwand kam zu spät, die Formalia waren schon abgewickelt, und so verbat sie sich lediglich die Anrede »Professor«.

Gerne in Anspruch nahm sie hingegen das Atelier, ihr bisheriges in der Weißenburgerstraße konnte sie Karl für seine medizinischen Geräte und etwaigen Übernachtungsgästen überlassen.

Aus der ehemaligen »Rinnsteinkünstlerin« war eine »Staatskünstlerin« geworden. Käthe Kollwitz aber wollte Dissidentin bleiben, gerade jetzt, da ihre Stimme noch mehr Gewicht hatte.

Mit anderen namhaften Gelehrten, mit Künstlern und Politikern, die der KPD nahestanden, unterschrieb sie eine »Erklärung in Sachen Liebknecht-Luxemburg«, die gegen die SPD den schweren Vorwurf der Mitschuld, mindestens durch stillschweigende Duldung, und damit der Untergrabung jeden sozialen Zusammenlebens erhob.[6]

Man lud sie ins Komitee der neu gegründeten Clarte-Gruppe, einer intellektuellen Vereinigung gegen den Krieg und die Durchsetzung sozialer Veränderungen. Gemeinsam mit Max Liebermann und Hans Baluschek berief man sie 1922 in die Städtische Kunstdeputation für den Ankauf von Kunstwerken. Interessiert verfolgte sie die Jurytage und verstand dadurch das Zustandekommen der Entscheidungen ein wenig besser. Aber fremd blieben ihr nach wie vor die kleinlichen Urteile, deren Grundlage immer das eigene Werk der beurteilenden Künstler war. Sie gehörte keiner Künstlergruppe an, und wollte nicht mitmachen bei dem »Wettlaufen um Sensationen«, bei denen Ausstellungen zu »Kunstbörsen« verkamen.[7]

Sie war aus eigener Kraft eine Autorität geworden, und ihr Nimbus wuchs mit den Jahren. Alle wussten, dass sie auf der Seite der Entrechteten stand, der von der Gesellschaft Abgehängten. Und das sollte so bleiben.

Dabei blieb sie frei im Denken, stets bereit, ihren eigenen Standpunkte kritisch zu hinterfragen. Mit Hans besuchte sie verschiedene Veranstaltungen von Parteien aus dem rechtskonservativen Lager wie die Deutsch-Nationalen, und mit Karl ging sie zu Demonstrationen und Zusammenkünften, die zum linken Flügel der Parteienlandschaft sowie den Unabhängigen gehörten.

In jungen Jahren wäre sie wohl Kommunistin geworden, sagte sie sich. Als sie am Palmsonntag des Jahres 1920 am Fenster stand, da war sie dieser vergangenen Zeit plötzlich wieder ganz nah: »Unten tiefe Dunkelheit – über den Häusern funkelnder Sternenhimmel und die weiße schräge Mondsichel. Unten im Dunkel hörte man Schritte schallen von vielen Menschen. Junge Stimmen sangen siegreich: ›Das sind die Arbeitsmänner – das Proletariat!‹ – Das war schön.«

Die Kommunisten schienen ihr lebendiger, aktiver als die Sozialdemokraten, denen Karl sich verbunden fühlte. Dort war mehr Leben und der Wille, die Hindernisse zu überwinden, schneller ans Ziel zu kommen, wenn notwendig gewaltsam und mit allen Mitteln. Sie widersprach nicht, wenn man sie »als Künstlerin des Proletariats und der Revolution«[8] pries.

Aber als sie am 7. Januar 1919 das erste Mal in ihrem Leben mit 52 Jahren hatte wählen dürfen – ein großer Schritt für die Gleichberechtigung in Deutschland –, hatte sie sich für das Prinzip des Mehrheitssozialismus entschieden und damit für eine langsame, schrittweise Wandlung der Verhältnisse. Sie setzte sich nicht nur zusammen mit Karl für die Begründung einer Liga für Menschenrechte ein, sondern nahm auch teil an der Gründung einer »neuen parteilosen Partei ..., welche Menschen ins Parlament wählt, die als Charaktere wirken, losgelöst von Parteizugehörigkeit.«[9] Was für sie zählte, war Menschlichkeit.

Mitunter warf sie sich selbst vor, feige zu sein, weil sie sich keiner Partei wirklich zugehörig fühlte. Aber sie hatte den Hass erlebt, den Hass zwischen Menschen, die ihre Ideen über das Menschsein gestellt hatten und dafür gestorben waren.

Käthe Kollwitz träumte nun nicht mehr von Barrikaden. Sie sehnte sich nach einem Sozialismus, der die Menschen einte und sie leben ließ. Dafür wollte sie arbeiten, dafür schuf sie nun ihre Bilder, die mehr waren als selbstreflexive Kunst: »Aber Kunst doch. Jeder arbeitet wie er kann. Ich bin einverstanden damit, dass meine Kunst *Zwecke hat. Ich will wirken* in dieser Zeit, in der die Menschen so ratlos und hilfsbedürftig sind.«[10]

Es gab keine Zweifel für sie. Sie ging mit Klarheit und Vehemenz vor, sodass jeder einzelne Auftrag zum Aufruf wurde. Viele Jahre später wird sie an Reinhard Schmidhagen schreiben: »worauf es ankommt, ist, dass man seine Fahne hochhält und seinen Kampf führt. Denn ohne Kampf ist kein Leben.«[11]

Auch sich selbst muss man immer aufs Neue erobern. Denn »Das Wozu? Diese schreckliche Frage ... Dieses Seine-Arbeit-nicht-mehr-für-notwendig-erachten«[12] quälte sie seit Peters Tod immer öfter. Es gab Tage, Wochen, wo sie ihrer Arbeit gegenüber Ekel empfand – dann wenn sie eine Sache nicht mehr zu Ende denken, ein Gefühl nicht mehr zu Ende fühlen konnte. Es gab nichts mehr, das sie antrieb, das sie aufforderte weiterzugehen und andere aufzurütteln.

Sie wurde sich dann selbst fremd, und auch die anderen erschienen ihr fern und gleichgültig. Karl, die Mutter, die Kinder. Sie fühlte sich wie gelähmt, nichts konnte sie herausreißen aus dieser Lethargie. Auch nicht der starke Kaffee, den sie trank, bevor sie mit der Arbeit im Atelier begann.

Mochten die äußeren Umstände vielleicht früher anregend gewirkt haben, in dieser Verfassung hatten sie keinen Einfluss mehr auf sie. Und sie wünschte sich doch nichts sehnlicher, als noch einmal »ausgespült werden bis in die letzten Kerben«.[13]

Aber immer wieder kämpfte sie sich durch diese depressiven Phasen, durch alle Betrübnis, durch allen Schmerz, über alle Barrieren hinweg, die ein Weiterkommen versperrten. Dann fühlte sie sich wieder lebendig, glücklich, und alles fiel ihr leicht.

Wanderungen halfen dabei. Sie nahm dann das wogende Getreide, die Wiesen, die Farben tief in sich auf. Wie im Sommer 1921, als sie nach Gronau fuhren und sie wieder fühlen konnte, wenn ein Mensch sich ihr gegenüber öffnete, »so wahrhaftig und restlos sein Herz auftut und einen hineinschauen läßt in das pulsende, liebende, bewegte Herz.«[14] Sie dachte mit

Dankbarkeit an die Vergangenheit, an Florenz, an das Franziskanerkloster mit den alten Fresken, die Landschaft, die milde, wohltätige Luft. Und an Peter, der mit dabei war.

Über Jahre hinweg zeichnete sie ihre Lebenskurven auf und hoffte, dem unvermeidlichen Niedergang damit auf die Spur zu kommen. Es gelang ihr nicht. Doch erkannte sie, dass es nach dem Abstieg immer wieder bergauf ging und dass das Tief notwendig war. Nicht zuletzt deshalb, weil die düsteren Zeiten für Käthe Kollwitz immer auch Zeiten waren, in denen sie nach einem neuen künstlerischen Ausdruck suchte.

Das Leben war es, das sich immer wieder zwischen sie und die Arbeit schob. Um wirklich gut zu sein, das hatte sie früher ja auch Peter geschrieben, musste sie sich von den Gefühlen distanzieren, sie bezwingen.

Diesmal hatte sie ihre Abrechnung mit dem Krieg in ihren Blättern zum Krieg begonnen. Wie oft sie mit Tränen in den Augen in ihrem Atelier stand, können wir uns nur vorstellen. Wie viel Liebe, wie viel Schmerz sie bei der Arbeit empfunden hat.

1917 und 1919 hatte sie Holzschnitte von Ernst Barlach gesehen, die sie sehr berührten: »Da sah ich etwas, was mich ganz umschmiss«, vermerkte sie 1920 in ihrem Tagebuch, »das waren Barlachsche Holzschnitte ... Barlach hat seinen Weg gefunden und ich hab ihn noch nicht gefunden. Radieren kann ich nicht mehr, damit ist es ein für allemal fertig.«[15]

Fast auf den Tag genau einen Monat später schrieb sie zufrieden: »Mein erster Holzschnitt ist einigermaßen geglückt.«[16] Sie hatte eine neue Form des Ausdrucks gefunden.

Schwarz und Weiß stießen im Holzschnitt hart aufeinander, wie zwei Kräfte, die einander bekämpfen – nicht unähnlich den Gefühlen, die sich in Käthe Kollwitz regten, als sie die Blätter des »Krieges« anfertigte. Sie war hin- und hergerissen zwischen dem Ideal von Peter und ihrer Erfahrung mit diesem Krieg.

Und deswegen zeigte sie beides: das freimütige Opfern, die enthusiastische Verbrüderung auf der einen Seite und auf der anderen Seite das unermessliche Leid, das getretene Volk, Vater und Mutter, die im Schmerz ineinanderstürzen, die Witwe, die am Boden ausgestreckt, den Kopf nach unten gebogen liegt und über die Louise Diel schrieb: »Um sich mit diesem Blatt abzufinden, braucht es starke Nerven.«[17] Und es stimmt, wer genau hinsieht, erfährt mehr von der großen Unmenschlichkeit ihrer Zeit. Und auch von den Fragen, die Käthe damals bewegten, der Schuld und der Mitschuld, des Lebens und des Leben-Lassens.

Von jeher war das Leben für Käthe Kollwitz Antrieb zur Kunst und es war das Leben, das sie brauchte, wenn sie aus dem Atelier kam. Früher waren es Hans und Peter, die ungeduldig auf sie gewartet hatten. Jetzt waren es Hans und seine Familie in Lichtenrade. Sie besuchte sie regelmäßig und war zufrieden, wenn Hans aus dem Matthäus-Evangelium vorlas, während Ottilie nähte und der kleine Peter im Kinderstühlchen saß und spielte.

Sie freute sich auch über das Zusammensein in Hiddensee 1922, vor allem mit Otty, die sie noch viel zu wenig kannte. Zurzeit arbeitete die gelernte Kunstgewerblerin an handkolorierten Holzstichen, für das *Buch vom kleinen Peter*, das 1923 mit ihren eigenen Versen im Berliner Euphorion-Verlag erscheinen sollte. Käthe betrachtete ihre Arbeit wohlwollend, aber die Schwiegertochter war für sie nicht mehr als die Mutter ihres Enkelsohnes und die Gefährtin ihres Sohnes – eine Künstlerin sah sie nicht in ihr.

Manchmal nahm Käthe Kollwitz an den Zusammenkünften im benachbarten Haus von Heinrich Goesch in Lichtenrade teil. Sie saß dann in einer dämmrigen Ecke, fiel nicht auf unter den vielen Menschen. Aber dann und wann meldete sie sich zu

Wort, mit gedämpfter, etwas schleppender Stimme, fast tief, aber raumgreifend und in gleichmäßigem Ton, nur zuweilen von einem kleinen Lispeln unterbrochen. »Ja, Heinrich«, sagte sie, »möglich, dass es so ist; aber ...« So brachte sie Einwände ein, setzte die Unterhaltung in Gang, gab dem Gespräch eine andere Richtung, berichtete der Schriftsteller Paul Fechter.

Wenn sie zu einer Versammlung kam, zu einem Vortrag, war sie wie »ein Felsenhaupt inmitten flüchtiger, schillernder, plaudernder Wellen: so bedingungslos wahrhaftig, so unerschütterlich in sich selbst ruhend, so echt und so stark, so ganz gelassene Kraft!«[18]

Sie kam in den Saal, setzte sich ruhig auf ihren Platz. Und war im Nu umringt von Menschen. Sie sagte wenig, lächelte kaum, war nur präsent. Selbst der Vortragende war davon gefangen. Gebannt von ihren Augen, die sie, während er sprach, ruhig auf ihn geheftet hatte. Und ihm war, als ob er allein zu ihr sprechen würde. Zum Gewissen der Menschheit.

X

Die politische und wirtschaftliche Situation hatte sich nur kurzfristig ein wenig beruhigt. Schon 1923 kam es erneut zu Unruhen mit Plünderungen und Pogromen. Bayern und Norddeutschland befanden sich im Kriegszustand. Die Rheinische Republik wurde ausgerufen. Für einen Dollar musste man 40 Milliarden Mark bezahlen, ein Brot kostete bis zu 140 Milliarden Mark.

Die Arbeitslosenzahlen waren gestiegen, und auch im Freundeskreis von Käthe Kollwitz gab es Arbeitslose, denen es am Nötigsten mangelte. In unermesslicher Arroganz hatte einmal ein Abgeordneter im Kaiserreich gesagt, keiner sei arm genug, um nicht im Kämmerlein Gott um seinen Erhalt zu bitten. Es hatte sich nicht wirklich viel geändert, trotz der Bemühungen vieler linker Institutionen.

Käthe Kollwitz beobachtete die gesellschaftliche Entwicklung mit großer Besorgnis.

Wie in früheren Jahren in Paris und in Königsberg besuchte sie nun wieder öfters Kneipen und Lokale in sozialschwachen, ärmlichen Vierteln. Manchmal begleitete sie ihre Kollegin Milly Steger zu einem Wirt, dessen gelähmte Tochter bei Karl Patientin war. Das spärlich beleuchtete Lokal war verraucht, und der Geruch war unsäglich – von Schweiß, nassen Stiefeln und Mänteln, die am eisernen Ofen in der Ecke zum Trocknen aufgehängt wurden.

Hier saßen Frauen und Mädchen aus der Provinz, blass und mit dunklen Schatten unter den Augen, mager, trost- und hoffnungslos. Die Männer kamen vorbei, musterten sie mit lüsternen Blicken, bevor sie sie zum Tanz aufforderten. Zuweilen berührte einer mit seinen schweren, schwieligen Händen zärtlich die neben ihm sitzende Frau. Manch einer von diesen Männern wäre vielleicht ein Dichter, ein Denker geworden. Doch das Schicksal wollte es anders, für die Menschen hier galten andere Gesetze, sie lebten, um zu arbeiten, und arbeiteten, um leben zu können. Es war immer das gleiche Lied. Freude war nur ein kurzer Rausch, und jedes Mal kam anschließend das böse Erwachen.

Käthe Kollwitz zeichnete, während sie den Menschen zuschaute; sie blickte kaum aufs Papier. Sie wollte nicht nur Konturen erfassen, sondern das elementare Menschsein.

Viele Geburten zwangen die Armen irgendwann zur Abtreibung, die immer noch unter Strafe stand. Sie riskierten dabei ihr Leben, das aber ebenso auf dem Spiel stand, wenn sie den Eingriff nicht vornehmen ließen. In Berliner Krankenhäusern starben allein zwischen 1907 und 1912 mindestens 1000 bis 2000 Frauen an den Folgen dieser Schwangerschaftsabbrüche. Die Dame von Stand ging hingegen ins Privatsanatorium und verringerte schon dadurch dieses Risiko.

Der Prenzlauer Berg gehörte wie der Wedding und Friedrichshain zu dem am dichtesten besiedelten Stadtgebieten. 42 Prozent der Wohnungen hatten nur ein Zimmer und eine Küche, manchmal wurde ein einziger Raum von einer mehrköpfigen Familie bewohnt. Nicht selten vermieteten diese Familien noch an Schlafgänger, die stundenweise ein Bett mieteten.

Käthe engagierte sich auf ihre Weise gegen den Wucher, gegen die Wohnungsnot, gegen den Alkohol, gegen den Hunger, gegen den Krieg – für die Verbrüderung der Menschen, für bessere Arbeitsbedingungen, für die Befreiung der Kriegsgefangenen, für die Reform des Abtreibungsparagrafen, für gesunde Kinder, für die Menschen in Deutschland, in Wien und in Russland.

Sie skizzierte im Leichenschauhaus – die Erschossenen, die Ertrunkenen – wie sie auch Karl Liebknecht im Tode zeichnerisch festgehalten hatte. Holzschnitte und Lithografien entstanden. Sie wurden in Massenreproduktionen zum Verkauf angeboten, als Flugblätter auf der Straße verteilt, an Litfaßsäulen geklebt – damit sie, was sie zu sagen hatte, so viele Menschen erreichte wie möglich. Sie illustrierte Bücher über Frauenfragen, den proletarischen Kindergarten, den § 218 zum Schwangerschaftsabbruch, aber auch Romane von Heinrich Mann und Jack London. Sie veröffentlichte Arbeiten in neu gegründeten Zeitungen, in der *A. I. Z.* (Arbeiter Illustrierten Zeitung), dem *Eulenspiegel* und anderen.

Ihre Arbeiten zeigte sie in Ausstellungen wie in der Arbeiterausstellung in der Petersburger Straße und beteiligte sich mit ihrem Blatt *Brot* an einer Aktion der IAH (Internationale Arbeiterhilfe), an der auch andere Künstler wie Otto Dix, George Grosz und Heinrich Zille teilnahmen und verkaufte einige ihrer Arbeiten im Kaufhaus Wertheim zugunsten einer Volksspeisung, die im Rahmen eben dieser Aktion organisiert wurde.

Im Auftrag des Internationalen Gewerkschaftsbundes Amsterdam fertigte Käthe für den Antikriegstag im September 1924 ein Plakat an. *Die Überlebenden. Krieg dem Kriege* erschien in mehreren Sprachen, und eines ihrer berühmtesten Plakate – *Nie wieder Krieg* – schuf sie im selben Jahr für den Mitteldeutschen Jugendtag in Leipzig.

Käthe Kollwitz arbeitete unermüdlich. Und doch stellte sie sich immer wieder die gleiche Frage: »Ist es genug?«

Als sie das Plakat für die große Hilfsaktion der Hungernden in Wien zeichnete, war sie bedrückt. Sie hatte den Tod dargestellt, wie er die Hungerpeitsche schwingt und unter ihm die Männer, Frauen und Kinder schreien und stöhnen. Gerne, sagte sie, hätte sie geglaubt, was andere meinten: dass man sich durch die Arbeit die Last von der Seele nimmt. »Aber ist das eine Erleichterung, wenn trotz meines Plakates täglich Menschen in Wien Hungers sterben? Wenn ich das weiß?«[1]

Zumindest wurde sie gehört, war sie erfolgreich mit ihrer Kunst. Ihre Arbeiten zeigte man 1922 in der New Yorker Galerie

St. Etienne. Es erschienen mehrere illustrierte Bücher über sie, zahlreiche Zeitungsartikel und 1923 eine erste größere Monografie vom Kunsthistoriker Ludwig Kaemmerer mit dem Untertitel: Griffelkunst und Weltanschauung. Ein kunstgeschichtlicher Beitrag zur Seelen- und Gesellschaftskunde«. Es war das Gefühl, das ihn in ihren Arbeiten ansprach, das Mitleid, das sich steigert: »Tränenbäche, die zu Blutströmen anschwellen«[2], schrieb er. Arthur Bonus, der Mann der Freundin Beate Jeep, sah in ihren Bildern sogar etwas Religiöses.

Manchmal gab es kritische Stimmen gegen die Sentimentalität in diesen Berichten. Karl Scheffler fragte: »Wann endlich wird diese Künstlerin nur sachlich künstlerisch gewürdigt werden?«[3]

Der Mensch und die Künstlerin aber waren bei Käthe Kollwitz nun einmal untrennbar. Vielleicht bedauerte die linkssozialistische *Rote Fahne* aus diesem Grund das Fehlen von Trost- und Hoffnungslosigkeit in ihrem Werk und fragte, wo »die frühere hassende und kämpfende Käthe Kollwitz«[4] geblieben sei. Wo war die Konfrontation zweier Konterparts, das »Aug' um Aug'«, die aufgestaute Wut, der Aufruf zum Aufbruch?

Diese Aufgabe hatten in der Weimarer Republik andere übernommen. Die rebellische Jugend, die durch den Krieg gegangen war, Max Beckmann, George Grosz und Otto Dix zum Beispiel, zeigten ungeniert das vergnügungssüchtige Großstadtleben, die Kriegskrüppel, mitunter auch die grenzenlose Einsamkeit des einzelnen in der Gesellschaft, die geschlagenen und entwurzelten Menschen, übersteigert gezeichnet bis zu grausamen Fratzen.

Aber die Not stand nicht im Rampenlicht. Die wirkliche Not, der Schmerz, waren leise und auf den ersten Blick nicht mehr sichtbar. Langsam gelangte sie »immer mehr von der Vielheit auf die ganz einfachen menschlichen Triebe zurück, auf das Urmenschlichste.«[5] Wohl deshalb blieb sie von George Grosz unverstanden, der selbst schlaglichtartig die Misere aufdeckte und der sie als »milde gute Frau« und »säuerliche Käthe« mit ihrem »erfundenen Armeleute-Edelballett« bezeichnete.[6]

Zahlreiche Agitatoren versuchten, die Menschen in ihrer Orientierungslosigkeit für sich zu gewinnen. Andere wiederum schienen genug von dieser Wirklichkeit zu haben. Lena Maass sagte über Käthe, sie »habe den Boden bereitet mit Anklage und Zorn und Leiden. Nun aber kommt eine Generation nach, die weder anklagt, noch empört ist, noch leidet. Sie will das Seiende geben in Ruhe.«[7]

Käthe aber lebte in Berlin, am Prenzlauer Berg. Sie wusste, dass man den Menschen dort nicht half, indem man ihnen eine bessere Zukunft versprach oder ihr Leiden in Bilder kolportierte.

Sie hatte immer Respekt vor den Ärmsten gehabt. Und doch war auch sie eine Künstlerin, die das Leid selbst nicht trug. Ihre Nichte Paula sprach es aus: »Ach, furchtbar ist es zu denken, Ihr habt es gewollt, Du hast es in all Deinen Werken gepredigt, hast sie aufgehetzt, hast mit Schuld ... Sei froh in den nächsten Wochen, dass Du keine kleinen Kinder um Dich hast, die ›Hunger, Hunger‹ brüllen ... ich liebe Dich, heute wie früher! aber ich verachte, ich hasse Eure Überzeugung und die Motive Deiner Kunstwerke, wodurch Du Anteil nimmst an unserem Elend.«[8]

Im Tagebuch vermerkte Käthe den Eingang dieses Briefes, kommentierte ihn aber nicht. Sie bezog weiter Stellung zur wirtschaftlichen und politischen Lage, zeigte in ihren Bildern die notleidenden Menschen. Sie rüttelte auf, führte den Kampf gegen die Teilnahmslosigkeit der privilegierten Klassen. Das war ihr Beitrag.

Ihre eigene finanzielle Lage war mittlerweile angespannt. Die unkontrollierbar gewordene Teuerung machte wie vielen anderen auch den Kollwitz' zu schaffen. Mitte September 1922 schreibt Käthe: »Georg Stern steigt mit seinem Gehalt entsprechend der Geldentwertung, aber Konrad und Anna verarmen. Viele verarmen.«

Karl verdiente 1922 etwa 300 000 Mark, das war die Hälfte

dessen, was sie zum Leben brauchten. Den Rest finanzierte sie durch ihre Arbeit. Bei einer Auktion verkaufte man ihre Radierung *Carmagnole* für 90 000 Mark. Sie erhielt davon jedoch nichts mehr.[9]

Wichtiger als Geld war ihr seit jeher die Anerkennung gewesen. Ungeduldig wartete sie jedes Mal auf die erlösenden Worte: »Wenn ich nur *ein* anerkennendes Wort von Liebermann oder einem andern hörte. Ich selbst weiß, dass sie nicht ganz gut sind. Sie sind teils gut. Dies Schweigen ist scheußlich. Die Arbeiten würden nicht besser dadurch, dass Liebermann sagte sie seien gut, aber ich bin so empfindlich, so nervös, dass es mich peinigt.«[10]

Immer wieder vermerkte sie im Tagebuch die Freude, das Glück, den Dank, den sie empfand, wenn es einen Nachhall gab, eine Antwort, ein Zeichen, dass sie nicht umsonst gearbeitet hatte. Sie spürte deutlich, wie sehr sie diese Reaktionen brauchte. Das Stöhnen über die Lasten ihrer Berühmtheit, das wusste sie, war nur Gerede.

Darum schwieg sie wohl auch, wenn man versuchte, sie einzuordnen: »Preist man mich bei Gelegenheit der Ausstellung in der Petersburgerstraße als revolutionär, dann bin ich mucksstill. Auch meine Ablehnung des Zusammenseins mit den jungen Arbeitern hat wenigstens zum Teil als Grund die Befürchtung, in meiner Unentschiedenheit erkannt zu werden und fallen gelassen zu werden.«[11]

Aber es gab Grenzen für sie. Beim Aufräumen ihres Ateliers, in das für dreieinhalb Jahre Heinz Bonus, Jeeps Sohn, einziehen sollte, stieß sie im Zeichnungsschrank auf alte Zeitungen, darunter lagen die *Secreta*. Einen Teil der Zeichnungen legte sie für Hans beiseite, der sie nach ihrem Tod bekommen sollte, einen anderen Teil nahm sie ins Atelier Siegmundshof mit, um sie zu verkaufen. Die *Secreta* aber waren unverkäuflich.

Und so schreibt man noch 1997 über die erotische Kunst von Künstlerinnen: »Der Mann taucht in den erotischen Fantasien der Frau nicht auf! ... Unvorstellbar war für eine Künstlerin die Darstellung eines Liebesaktes, wie sie Lovis Corinth, Egon Schiele u. a. verwirklicht haben. Eine Künstlerin hätte um 1915 nicht zum Pinsel gegriffen, um eine Umarmung wie die von Egon Schiele, oder Küsse, wie die von Edvard Munch, zu malen ... Wurde nicht die Frau Jahrhunderte lang behütet und abgeschirmt von jeder Realität?«[12]

Käthe gehörte aber auch nicht zu diesen behüteten Frauen. Manche Frauen waren immer schon frei. Die einen, weil sie zu arm waren, um Konventionen zu kennen, die anderen, weil sie sich darüber hinwegsetzten wie sie oder die Töchter von Georg und Lise Stern.

Berlin hatte sich in den Zwanzigerjahren zu einer schillernden und beliebten Kulturstadt entwickelt. Die 180 000 Besucher aus aller Welt, die jeden Monat kamen, kamen nicht nur wegen der eleganten Geschäfte, Cafés, Bars am Ku'damm, sondern auch wegen der unzähligen Kleinkunstbühnen und Kabaretts, der teuren Nachtlokale, die sich gegenseitig an frivolen Attraktionen zu überbieten suchten, der zahlreichen Theateraufführungen, Operetten, Revuen und Filme.

Zahlreiche Wissenschaftler und Kulturschaffende siedelten sich in der deutschen Metropole an, Boris Pasternak, Manès Sperber aus Wien, der Mathematiker John von Neumann aus Ungarn, Albert Einstein, die Schauspielerin Therese Giehse, der Musiker Arnold Schönberg, der Schriftsteller Kurt Tucholsky und unzählige andere.

Es war wohl die lebendigste und anziehendste europäische Stadt in diesen Jahren, in der die Stern-Töchter Fuß fassen wollten, in der sie sich ausleben konnten – im Beruf und im Leben. Rele unterbrach kurzfristig ihr Medizinstudium für ein Theaterengagement, Hanna wurde schon mit siebzehn Jahren Schauspielerin, Katta und Maria wurden Tänzerinnen. Liebesgeschichten prägten ihr Leben und belasteten manchmal nicht nur die vier jungen Frauen, sondern auch ihre Mutter Lise Stern.

Sie lernte viel von ihren Töchtern, schrieb angeregt von ihnen über die Tänzerinnen Mary Wigman, Josephine Baker oder über Rudolf von Laban. Und sie litt mit ihnen, wenn die eine Liebeskummer hatte oder die andere ein Kind nicht zur Welt bringen wollte.

Ihre eigene Zeit der Liebesabenteuer war vorbei. Max Wertheimer, der nun Privatdozent und Professor in Berlin und Frankfurt am Main war, hatte sich von ihr gelöst und heiratete Anfang Juli 1923 Anni Karow.

Lise sprach nicht darüber. Ob sie darunter litt, lässt sich nur vermuten.

Sterns zogen in diesen Jahren noch einmal um. Die Mutter, seit dem Tod des Vaters 1898 in Berlin, hatte in der vergangenen Zeit bei ihnen gelebt. Nun zog sie zu Konrad und Anna Schmidt. Eigentlich wollte sie zu Käthe, bei der sie, wenn Lise und Georg verreisten, zu Gast war. Es war gut, dass sie hier war, sagte Käthe sich nach diesen Besuchen. Wenn sie sie am Fenster stehen sehen hatte, wie damals, als man Benjamin fortbrachte. Sie hatte sich immer gewünscht, ihr wieder einmal ganz nah zu sein. Es konnte nicht mehr lange dauern, und sie würde tot sein.

Aber als die alte Mutter für immer einziehen wollte, sagte sie Nein. Etwas in ihr wehrte sich dagegen. Die Angst, dass man ihr etwas nehmen könnte, etwas von ihrer Zeit, ihrem Selbst, beherrschte sie noch immer.

Beruhigt schrieb sie in ihr Tagebuch am 29. April 1919: »Anna wird viel und schwere Arbeit mit ihr haben, aber sie tut es gern. Es ist gut von ihr, wir sind ihr dankbar.«

Und wenig später am 6. Juli: »Sie hat es sicher sehr gut dort.«

Das Zusammenleben der Mutter mit ihrem Sohn und ihrer Schwägerin klappte jedoch nicht wie erhofft und sie kam letztendlich doch zu Käthe und zog in das Zimmer, das Peter bewohnt hatte.

Sie hatten es unverändert gelassen. Da lagen noch immer seine Malutensilien, die Skizzenbücher, sein angefangenes Tagebuch. »Heilig« war Käthe das Zimmer gewesen, »heilig« die Dinge, die aus seiner Gegenwart geblieben waren.

Nun lebte hier ihre Mutter. Peter war jung gewesen, voller Neugierde auf das Leben. Die Mutter war alt, senil, am Ende des Lebens. Manchmal glaubte Käthe, in ihrem Gesicht den Spiegel ihrer eigenen Zukunft zu sehen. Es waren vielleicht weniger die Konturen, die sie beunruhigten, es war vielmehr das Leben, das darin verborgen lag und langsam entschwand.

Meistens war die Mutter fröhlich in ihrer Verwirrung. Karl nahm es gelassen, er nahm sie am Arm und lachte mit ihr. Käthe beobachtete sie hingegen nur mit ihren großen Augen. Einmal vermerkte sie in ihr Tagebuch: »Warum werd ich bloß so früh alt?«[13]

Einen kurzen Moment lang konnte sie sich an nichts erinnern. Konnte es sein, fragte sie sich, dass die Krankheit der Mutter bei ihr früher einsetzte? Bahnte sich bereits der Rückzug in die eigene Welt an, die kaum mehr etwas zu tun hatte mit der, die sie tatsächlich umgab? In der man im Gestern lebte und für das Heute kaum Raum war?

Karl sagte: »Wenn ich im Alter mit Messerputzen noch jemanden dienen kann, so bin ich zufrieden.« Er verlangte nichts vom Leben, Käthe genügte das nicht. Sie wollte ein glückliches Alter, ein Alter wie Goethe, der sich noch einmal – alle Kraft aufbringend – auf seine Arbeit konzentrierte und Meisterwerke schuf.

Aber mit der Mutter vor Augen begann in ihr etwas zu arbeiten, das sie nie mehr loslassen sollte. Es fraß sich tief in sie hinein. Die Gedanken lähmten sie, und sie glaubte, immer mehr nach innen zu schrumpfen. Sie las die Geschichte eines sehr alten Malers, der nicht mehr malte, sondern sich nur noch der Erinnerung hingab. Was war noch in ihm von dieser vergangenen Zeit? Nichts als eine beinahe verhungerte Katze, die er rettete, ein kurzes Liebeserlebnis, eine missglückte Studie, die einzige seines gesamten Lebenswerks. »All das Gewordene, zu seiner Reife Kommende und dann wieder Verschrumpfende, wie seine Ehe, wie sein Sohn, wie sein Talent, hinterlassen keinen tiefen Einschnitt. Nur die abgebrochenen Sachen, die Anfänge. Das interessierte mich«[14], schrieb sie darüber.

Die Mutter sprach ständig von ihren toten Kindern. Sie schlief viel, aber sobald sie aufwachte, begann sie, die früher so schweigsam gewesen war, zu reden. Zwischendurch sang sie, meistens Studentenlieder.

Es deprimierte sie, und Käthe reagierte gereizt, nicht so sehr gegen die Mutter als vielmehr gegen das deprimierende Gefühl, das ihr Verhalten bei ihr auslöste und gegen das sie sich wehrte. So wollte sie nie werden, so durfte sie nie werden, schwor sie sich. Eher würde sie selber Schluss machen mit dem Leben.

Kam dann Frau Sonnewald, die Betreuerin, oder Hans oder Karl, atmete sie auf, schien gelöster. Manchmal allerdings kam es ihr vor, als ob die Mutter wüsste, wie es um sie stand und was Käthe fühlte. Einmal, als sie Besuch erwarteten, wünschte Käthe sich, die Mutter würde nicht mit ihnen essen, weil sie das Gespräch stören, in ihr eigenes Leben eingreifen könnte. Da sagte die alte Frau unvermutet: »Es ist mir so komisch im Kopf. Ich möchte gerne in meiner Stube essen.«

Käthe tat es leid, wenn sie ungeduldig war und sich ihr gegenüber kalt, ja geradezu feindselig verhielt. Aber sie brauchte das Leben, das Lebendige. Früher erwartete sie Kinderlachen, wenn sie vom Atelier kam. Nun glaubte sie manchmal, in eine Gruft zurückzukehren, in der die Mutter und deren Betreuerin wie Mumien ihr Dasein fristeten.

Besonders deutlich fühlte sie den Unterschied, wenn sie von

Lichtenrade zurückkam, von Hans, Ottilie und den Kindern. Seit dem 29. Mai 1923 gab es hier zwei Mädchen, Jördis und Jutta. Ihre »anspruchslosen Freudenausbrüche«[15] fand sie köstlich, aber ihr Liebling blieb Peter, der so zärtlich sein konnte, aber auch sehr kritisch und willensstark. Als Ottilie ihm einmal klarmachte, er solle jetzt essen, sagte er ganz ruhig: »Sprich nicht so deutlich!« Und als er in ihrem Kleid ein Loch sah, rügte er sie: »Du hast ein Loch, Mutter – das sollte doch nicht sein – Ottilie!«[16] Er beobachtete viel und sah genau hin, wie seine Großmutter. Er teilte mit ihr sogar die Wutanfälle, die sie als Kind gehabt hatte. Das beunruhigte sie.

Die Ausflüge nach Lichtenrade unternahmen Karl und Käthe Kollwitz regelmäßig, der Kontakt zur Familie blieb eng. Das war nun Hans' Leben: die Familie und sein Beruf als Schwangerschafts- und Eheberater, als Schularzt in den Bezirken Berlin-Mitte und Berlin-Neukölln.

Käthe aber kehrte nach den familiären Zusammenkünften wieder in ihr Atelier zurück, in ein anderes Leben, in ihr Leben, wenn sie auch einen Teil des anderen mitnahm.

Schon vor Peters Tod hatte sie davon geträumt, wieder ein Kind zu haben. Nachdem der Albtraum eingetroffen war, ihr Sohn tot, häuften sich diese Träume, und wenn ihre Nichte Paula mit ihrem kleinen Sohn Rolf zu Besuch kam, wuchs ihre Sehnsucht nach den beiden eigenen Kindern – nach Hans und Peter, einer rechts und einer links. Sie sah sie dann immer als kleine Jungen vor sich, wie in der Zeichnung, in der sie sie mit ihren Armen umschließt.

Nun wuchsen die Kinder von Hans heran. Immer mehr Bilder entstanden, in denen die Lebensfreude spürbar ist, und sich eine Frau mit zärtlicher Geste dem lachenden Kind in ihren Armen zuwendet.

Aber die Freude ist und bleibt nur eine Seite ihres Lebens, die andere war die Trauer. 1922/23 arbeitete sie auch an dem Zyklus *Tod und Abschied*, bestehend aus acht Zeichnungen, die in einer Mappe mit einem Vorwort von Carl Hauptmann erschienen.

»Trennung, Tod sind Begleiterscheinungen jeden Lebens«, sagte sie gegen Ende ihres eigenen Lebens.« Goethe spricht vom ›Erzklang des Lebens‹. Darin sind eingeschlossen die Grundgefühle eines vollen Lebens, ohne die es überhaupt kein Leben gibt.«[17]

Manchmal brauchte es einen Anstoß, damit Käthe diesen Erzklang des Lebens wieder hören konnte.

1920 hatten sich Anny Löwenstein und die Cousine Else Rautenberg das Leben genommen, am 29. November 1923 starb in Wien nach langer Krankheit Hugo Heller. Lise erwähnte es kurz in einem Gespräch. Käthe schrieb nichts darüber, ob sie davon getroffen war, aber sie spielte in dieser Zeit alle Variationen zum Tod durch, einem mächtigen Orkan gleich, damit keiner und nichts sich zwischen sie und die Kunst stellen konnte – kein Schmerz, keine Wehmut und vor allem keine Sentimentalitäten.

Das Leben und der Tod, die Jugend und das Alter, das Weibliche und das Männliche – wer immer es ist, den sie darstellte, es sind immer zwei, die wie ein Liebespaar miteinander verschmelzen, getragen von einer unbändigen Sehnsucht nach dem jeweils anderen, nach dieser sanften Zärtlichkeit, die einen umgibt, wenn man sich selbst so nah kommt wie im Tod und in der Liebe, in einem grenzenlosen Ur-Vertrauen dem anderen gegenüber. In einer Bildvision von 1917 mit der im Wasser treibenden Mutter und ihrem Kind sprach Käthe davon: »Nur Töne. Dunkel ziehendes Wasser ... Vertrauen. Bei ihr sein ... Wie eine Insel schwimmen sie im Wasser. Ganz abgetrennt von den Lebenden.«[18] Das waren ihre eigenen Träume.

In diesen Jahren kränkelte Käthe sehr viel, bis sie schließlich ernstlich erkrankte. Körperliches Unbehagen, Müdigkeit, Apathie dem Leben, der Arbeit, den Menschen gegenüber, das kannte sie immer schon, dieses innerliche Auf und Ab. Nun aber war sie häufig erkältet, es quälte sie ein hartnäckiges Ekzem. Karl stellte zudem fest, dass ihr Herz stark vergrößert war, und sie litt an Leber- und Gallenschmerzen.

Im Februar 1923 wurde sie operiert. Käthe glaubte, bald sterben zu müssen, sie sprach und schrieb oft über den Tod. Bereits 1914 hatte sie notiert: »Doch rückt wohl die Zeit immer näher, wo es wirklich nicht mehr so schade ist, wenn man stirbt. Wie das Blatt im Herbst sich ganz sacht löst und vom Stengel abgestoßen wird, weil es eben nicht mehr gebraucht wird.«[19]

Jetzt, wo ihre Gesundheit tatsächlich auf dem Spiel stand, spürte sie plötzlich unendliche Angst vor dem, über das sie zuvor so vernünftig gesprochen hatte. Karl, Hans und Lise standen ihr in der Zeit der OP bei, und langsam kam sie wieder zu Kräften und fand ins Leben zurück.

Hatten sie nicht schon als Kind Gallenschmerzen gequält, wenn sie sich ausgeschlossen fühlte?

Seit 1921 beschäftigte Karl die Sprechstundenhilfe Else, die mitunter auch im Haushalt mithalf. Das junge Mädchen war aufgeweckt und charmant, sie plauderte und sang, was ihr gerade in den Sinn kam.

Die Angespanntheit in Karls Leben ließ gerade ein wenig nach, auch das Gefühl, den Anforderungen nicht zu genügen. Das Leben war überschaubarer für ihn geworden. Die Heiterkeit, die ungezwungene Fröhlichkeit bahnte sich einen Weg durch die belastenden Sorgen und das permanente Verantwortungsgefühl, das er allem und jedem gegenüber empfand. Er war immer schon liebenswürdig und gütig gewesen und strahlte durch seine »Befreiung« nun eine Freude aus, die ansteckend wirkte. Er hatte etwas von einem »unschuldigen« Menschen, sagte einmal jemand zu Käthe. Gerade so, als ob ihm das Schlechte zeitlebens fremd geblieben wäre.

Was immer es war, das ihn vor dem Bösen der Welt bewahrte, es war Elses Unbeschwertheit, die etwas in ihm entzündete. Karl war verliebt.

Das traf Käthe Kollwitz wie ein Blitz, unerwartet und mit ganzer Wucht.

Karl hatte immer eine klare Einstellung zur Ehe gehabt. Sie nicht. Sie sagte: »Ich band mich nur von einem Grade ab, bis zu demselben hielt ich mich frei. War doch furchtbar viel verliebt.«[20] Man konnte jemanden sehr gern haben, mit ihm verheiratet sein, und trotzdem einem anderen tief – womöglich zu tief – in die Augen schauen.

Er war wohl auch eifersüchtig und traurig gewesen, besonders in der Zeit mit Hugo Heller, als er spürte, dass er diesem Mann nichts entgegensetzen konnte als die Beharrlichkeit und Treue seiner Liebe zu ihr. Sie war geblieben. Da war mehr gewesen, was sie mit Karl verband. Nicht nur die körperliche Liebe, ihr gegenseitiges Begehren. »Wie wir uns gesättigt haben, einer den andern«[21], das vergaß Käthe nicht.

Was sie jedoch darüber hinaus mit Karl verband, dafür hatte sie keinen Namen. Von Anfang an hatte er bedingungslos zu ihr gestanden. Als sie bei Max Klingers Begräbnis im Juli 1920 die Trauerrede sprach, sagte er hinterher ganz leise zu ihr: »Du bist ein ganzer Kerl.« Darin lag so viel Zuneigung, so viel Anerkennung und so viel Verständnis für sie als Mensch.

Für sie war vieles ernst und tief. Es gab kein Wort, das sie unnütz oder falsch verwendete, keinen Strich in der Zeichnung, der überflüssig war. Unvorstellbar waren für sie der Humor, die fröhliche Ungeniertheit und die Berliner Schnoddrigkeit eines Heinrich Zille mit seinem *Milljöh*. So schrieb Adolf Behne später über sie: »Keine Anekdote läuft von ihr, keine Geschichte, kein Witz, keine Legende.«[22]

Käthe Kollwitz lachte, sie sang, sie tanzte gerne, aber alles hatte seine bestimmte Zeit. Das Lachen und das Weinen, die Arbeit und das Ausruhen. Und sie forderte viel vom Leben und ihren Mitmenschen. Gleichzeitig steckte sie ihre Grenzen klar ab. Else hingegen gab, was sie zu geben hatte und fragte nicht nach dem Warum und Woher, nach dem Wozu und dem Wohin. Käthe wusste, dass sie ihrem Mann diese vorbehaltlose, unbekümmerte Zuneigung nie würde geben können. Das Leben hatte ihm überraschend etwas geschenkt, worum er nicht gebeten hatte.

»Nein«, sagte sie sich, »er darf es sich entschieden nicht versagen.«

Sie sprachen oft miteinander, besprachen, was ihr so schwer fiel, nämlich ihn gehen zu sehen. Er sagte ihr: »Sei doch froh darüber. Dieses gesteigerte erotische Gefühl kommt doch auch Dir zugute.« Es »vertreibt das banale Gewohnheitsgefühl«, wie Käthe es formulierte.[23] Er bemühte sich wie früher, sie zum Lachen zu bringen. An ihrem 56. Geburtstag im Juli 1923 nahm er sie bei der Hand, setzte sich einen Zylinder auf und tanzte mit ihr.

Aber dann kam es wieder, dieses Gefühl, das sie aus der Kindheit kannte, wenn Lise mit den Nachbarskindern spielte. Sie ging wie in einem ihrer Träume durch bekannte Straßen, die sie nicht wiedererkannte, weil alles von dem einen Gedanken beherrscht war: Karl und Else, ohne Käthe.

Sie hatte sich immer für neue Lebensformen interessiert. Aufmerksam hörte sie zu, wenn Heinrich Goesch mit seiner »Erotischen Bewegung« gegen das bürgerliche Sexualverhalten und das bürgerlich-patriarchalische Familienideal argumentierte. Er plädierte für einen hetero- und homosexuellen Umgang mit ständig wechselnden Partnern. Alexander und Thildi Rüstow hatten versucht, mit Anna Bresser in einer Dreierbeziehung zu leben. Hans Koch suchte nach neuen Formen der Liebesbeziehung, und Katharina Laessig ging eine Beziehung mit einem fremden Mann ein, um den, den sie liebte, vergessen zu können. Aber eigentlich war keiner und keine wirklich glücklich geworden.

Käthe Kollwitz notierte sorgsam, was sie hörte und wie sie es einschätzte. Zu Thildi Rüstow, die unbeschreiblich litt, schrieb sie: »Alexander wird nicht so bald von etwas, das ihn ergriffen hat, losgelassen. Er geht bis zum Ende. Besessen und eigensinnig.«[24]

Eigensinnig und besessen schien auch Käthe ihren Gefühlen nachzuhängen. Tag und Nacht dachte sie an Karl und Else. Kleine, zumeist unbedeutende Hinweise bauschte sie auf, ließ sie zu Monstern heranwachsen, die sie dann unter sich zu erdrücken drohten wie in der Kindheit, wenn sich in den Phasen zwischen Wachen und Träumen die Dinge um sie herum ins Unheimliche vergrößerten.

Karl spürte wohl, was in ihr vorging, aber Else ahnte in ihrer Unbekümmertheit nichts davon.

Käthe las im »Ludwigschen Goethe«. Als er Marianne liebte, war er 66 Jahre alt, einige Jahre älter als Karl jetzt. Sie verstand sehr wohl, was beide Männer zu jungen Frauen hinzog. Darum hoffte sie, dass ihre Qual ihr zumindest dabei half, sich in ihrem Denken zu weiten und ihre Zuneigung anderen Menschen gegenüber zu vergrößern.

Aber immer wieder drängten sich diese verhassten, kleinlichen Gefühle der Eifersucht dazwischen, auch wenn die Phasen dazwischen länger wurden. Ins Tagebuch schrieb sie im Juli 1923: »Jetzt ist aus dieser Sache die, wenn ich sie frei und groß nähme, mich doch nicht so berühren dürfte, ein chronisch quälendes Empfinden geworden, sehr zum Schaden meiner selbst und auch Karls, dem das nicht verborgen bleibt.«

Im Herbst 1923, nachdem sie sich von ihrer Gallenoperation etwas erholt hatte, verbrachten sie einen gemeinsamen Urlaub in Lobenstein. Da genoss sie »verjüngt das Zusammenleben mit Karl«. Wenigstens hin und wieder war sie frei, aber, und das bedauerte sie, »ohne mein Zutun, aus Gnade gewissermaßen«.[25]

In diesen schrecklichen Tagen, in denen sie die Eifersucht so sehr quälte, dass sie sogar Peters Geburtstag vergaß, zeichnete sie den *Aufschwebenden Tod mit Jüngling*, *Tod und Frau aufschwebend* und ähnliche Bilder. Die Menschen in diesen Bildern zieht es nach oben, in jenen Bereich, wo nichts mehr den einen von dem anderen trennte. Das war ihre lebenslange Sehnsucht.

Die Sommerferien 1924 verbrachten Käthe und Karl in der Villa Seeblick am Grundlsee im Salzkammergut, im Zentrum der österreichischen Schulreformatorin Eugenie Schwarzwald. Käthe kannte sie aus Berlin, wo sie mit der »Österreichischen Freundeshilfe in Berlin« wie in Wien Gemeinschaftsküchen für Schriftsteller, Schulkinder und Studenten installiert hatte.

Mehr als hundert Kulturschaffende aus ganz Europa kamen zeitweise hierher ins Salzkammergut. Grete Wiesenthal gehörte zu den Gästen, Thomas Mann, Egon Frieden, Carl Zuckmayer und viele andere mehr. Um zu wandern, sich zu erholen und sich untereinander auszutauschen und gemeinsam die Abende zu genießen. Es muss auch für Käthe Kollwitz erholsam gewesen sein, die Landschaft, die die Augen ausruhen ließ, die Menschen, mit denen sie kulturelle Interessen verband.

Aber Karl und Else gab es immer noch und die Ehe war auch auf Reisen nicht unbelastet davon. Wenn sie wanderten, gingen sie getrennt.

Erst allmählich lösten sich die inneren Schranken auf, die sie gegeneinander errichtet hatten, und Käthe fühlte sich freier, immer mehr sie selbst, während sie das fließende Wasser der Donau auf der Dampferfahrt durch die Wachau beobachtete, und sie sich Wien, der Stadt Hugo Hellers näherten.

Der Freund war tot, aber inzwischen war Albert Sallak in Käthes Leben getreten. Über ihn schrieb sie ins Tagebuch: »Aber Sallak tat mir so gut, weil er mich liebt – nicht nur, weil ich das und das gearbeitet habe, sondern weil er mich als Menschen liebt und ich noch *einmal* einen Nachklang davon verspüre, wie es ist, als Frau geliebt zu werden. In Karls Liebe sah ich die Anpassung und Unentbehrlichwerdung durch die langen Jahre, hier aber finde ich einen Mann, dem ich anziehender bin als viele junge Frauen. Das macht mich jung und liebenswürdig und verschönt mich.«[26]

Sie war in der Tat schön. Ihre verzweifelten inneren Kämpfe waren ihr nicht anzusehen. Ihr weißes dünnes Haar war nach hinten gekämmt und gab das Gesicht frei: der breite, trotz aller Weichheit energische Mund, die breiten Backenknochen, die schweren Lider unter ihren großen, unendlich tiefen Augen, die den anderen unentwegt ansahen. »Die Welt ging ein in sie durch ihre Augen«, sagte einmal ihre Schwester. Wenn sie lächelte, lächelte sie herzlich. Aber sie tat es selten, und das Gesicht blieb dabei ernst wie die Augen. Sprach sie von ihrer Arbeit, war es, als ob das Gesicht zum Leben erweckt würde. Es begann etwas zu strahlen in ihr, das auf die anderen eine geradezu magische Wirkung ausübte.

Ihre Person und ihr Tun stimmten absolut überein, zwischen dem »Schein und dem Sein« gab es keinen Unterschied, wie es Albert Sallak, der Wiener Gymnasiallehrer, auf den Punkt brachte.

Er schrieb über Kunsterziehung, über Bildung und Persönlichkeit. Er stellte sich gegen die Scheinkultur, gegen den Historismus und forderte den Sturz des Wortes, der geschriebenen Wahrheiten. »Schauen und erleben«, das genüge im Leben, sagte er. Das eigentliche Leben hatte nichts mit einem »Buchstabengehorsam« zu tun.

Käthe Kollwitz stand dem Kulturbetrieb seit ihrer Jugend skeptisch gegenüber. Sie konnte nicht formulieren, was ihr widersprach, Albert Sallak redete ihr nun aus dem Herzen. Wie sie träumte er von einer wahren, weil lebendigen Kunst, einer Kunst, die aus dem Leben kam, um in das Leben einzugreifen, und nicht von Theoretikern für Museen gemacht wurde. Dann konnte auch der Betrachter seine eigene Erfahrung einbinden und so das Kunstwerk vollenden. Jeder Mensch ist ein Künstler, sagte Albert Sallak, ungefähr zehn Jahre bevor Joseph Beuys geboren wurde.

Käthes Kunst entstammt dem Leben. Sie sah die müden Körper, die abgearbeiteten Hände, die kummervollen Gesichter, die gekrümmten Rücken der Menschen. Sie hörte ihnen zu, lauschte ihren Erzählungen über Liebe und Kummer, über Glück und Unglück und aus ihrem Alltag. Zuweilen antwortete sie, aber sie sprach selten; und nie über sich selbst.

Ihre Sprache war die Zeichnung.

Sie zeichnete sehr konzentriert, bald an einer Stelle, bald an einer anderen. Sie schien das Bild bereits im Kopf zu haben und so saß der Strich immer. Er drückte genau das aus, was sie gesehen hatte und wie sie es weitergeben wollte. Zwischen den Strichen machte sie eine Pause, um zu überprüfen, wie weit das Gesehene oder ihre Vision dem Abgebildeten entsprach. »Wunderbar war es, sie zeichnen zu sehen! Den Atem hielt man an, wenn sie mit der Kraft und Ausdrucksfähigkeit ihres Striches etwas erklärte oder berichtigte.«[27], erinnerte sich Gertrude Sandmann. Sie duldete keine halbfertigen Dinge, nicht bei sich und nicht bei anderen. Als sich die Schülerin Sandmann einmal mit Zeichnungen für Zeitschriften Geld verdiente, sagte sie: »Das sieht man. Ihr Strich ist ganz verändert ... Sie müssen sich entscheiden. Entweder Sie hören wieder damit auf oder Sie verderben sich für immer.«[28]

Sie selbst hatte sich entschieden und setzte Prioritäten. Der Umgang mit Freunden, mit der Familie hatte nach wie vor seine Grenzen. Aber die Feste wurden noch immer mit Sterns gefeiert. Man tanzte, spielte, las vor und sang ihr Lieblingslied: »Lebe, liebe, trink und schwärme / und bekränze Dich mit mir, / härme Dich, wenn ich mich härme, / und sei wieder froh mit mir.«[29]

Ohne dieses Lied gab es kein Fest für Käthe Kollwitz.

XI

Silvester 1925.

Käthe Kollwitz sitzt im Wohnzimmer und blättert in ihrem Tagebuch. Nach wie vor ist dieser Raum Mittelpunkt der Wohnung, mit dem grünen Sofa hinter dem ovalen Tisch, dem breiten, dunklen Bücherregal, dem bis zur Decke reichenden Kachelofen, der Reproduktion des Mädchens von Vermeer an der Wand. Hier treffen sie sich noch immer für die gemeinsamen Mahlzeiten, und hier hört Käthe anderen Menschen zu.

Etwas beklommen liest sie ihre eigenen Worte, weil sie fast nur geschrieben hat, »wenn Hemmungen und Stauungen im Lebenslauf da waren. Selten wenn alles glatt und eben war ... wenn Karl und ich uns zusammengehörig fühlten und beglückten. Aber lange Seiten, wenn wir nicht zusammenstimmten.«[1]

Sie hatte ein freies Leben gewollt. Karl hatte sie dazu gebracht, sich auf sich selbst zu beschränken, ihre Kräfte zielbewusst einzusetzen und sich nicht in der Vielfalt zu verlieren. Zuweilen hatte sie rebellisch darauf reagiert. Dann wieder nahm sie seine zärtliche, nie nachlassende Zuneigung dankbar an. Trotz aller Spannungen, aller Fremdheit, die manchmal zwischen ihnen stand, begann Käthe langsam zu begreifen, was es bedeutet, einen Lebensbegleiter wie ihn zu haben. »Alles Beglückende und alles Gute hast Du mir gebracht«, hatte er ihr geschrieben.[2] War das genug Glück für ein ganzes Leben?

Wäre sie mit einem anderen Mann eine andere Frau geworden? Wäre sie, ohne die Hilfe, die sie im Haushalt und bei den Kindern hatte, genauso erfolgreich gewesen? Die jungen Frauen, wie Ottilie, ihre Schwiegertochter, klagten heute darüber, dass sie durch die Geldnot nicht arbeiten konnten, weder künstlerisch noch wissenschaftlich.

Wäre sie ein anderer Mensch geworden ohne all das, was in ihrem Leben so wichtig war – die Kinder, die Arbeit und Karl, den treuen Freund und Begleiter? Wäre ihr Leben dann ohne bleibende Zeichen verlaufen, wie das ihrer Mutter? Manchmal stellte sich Käthe diese Fragen.

Seltsamerweise konnte die Diskrepanz zwischen Realität und Wahrnehmung bei Käthes Mutter ihrem Wesen nichts anhaben. Die innere Haltung und ihre Gefasstheit blieben erhalten. Einmal sprach Käthe mit Karl hierüber. Wenig später sah die Mutter sie liebevoll an und drückte ihr die Hand. Sie sagte zärtlich: »Meine gute Tochter.«

Da lebte augenscheinlich etwas über alle äußeren Umstände hinweg weiter. Manchmal las ihr die Mutter aus Fichtes Leben vor. Sie verstand wohl kaum etwas davon, aber sie las so einfühlsam, als ob sie es verstehen würde.

Sie konnte nicht mehr zwischen einer Katze und einem Kind unterscheiden, aber sie erkannte beider Hilfsbedürftigkeit. Verwundert nahm Käthe Kollwitz diese Entwicklung wahr: »Gerade *weil* die Mutter nicht mehr denkt, ist diese Einheitlichkeit in dem Ganzen. Ein uralter Mensch, der in innerlichem dumpfen Schauen lebt ... er lebt in einem innerlichen Schauen, das rein und zusammenklingend ist. Wie Mutters Wesen immer war.«[3]

Dennoch verfiel der Körper der alten Frau zusehends. Am 12. Februar 1925 brach sie am Tisch zusammen und als Käthe in diesen Februartagen nach Hause kam, sah sie das erste Mal seit langer Zeit nicht ihren Kopf am Fenster. Wenige Tage danach starb sie – den Kopf in den Händen ihrer Tochter Käthe.

Lise wachte die ganze Nacht bei der verstorbenen Mutter, und Karl, der eine innige Beziehung zu ihr hatte, hielt wie bei allen Festen und Beerdigungen eine Rede. Käthe hatte die Mutter in diesen letzten Jahren begleitet. Sie, die bereits vor mehr als sieben Jahren geglaubt und vielleicht insgeheim gewünscht hatte, dass sie nur noch kurz bei ihnen sein würde, war trotz innerer Widerstände diesen schwierigen gemeinsamen Weg gegangen. Am Grab sprach auch sie einige Worte: »Wenn ein Leben so ganz zu Ende gelebt wurde wie Deines, ja Mutter, dann ist es genug.«[4]

Traurig, ängstlich und neugierig zugleich hatte sie in diesen Jahren ihre eigenen Defizite vergleichend danebengestellt. Ganz besonders, wenn sie selbst unfähig war zu arbeiten, wenn sie sich müde fühlte oder ohne Antrieb war. Oft dauerten derartige Verstimmungen mehrere Wochen, dann hieß es im Tagebuch: »Kleine Grippe. Handverstauchen, Augenkatarrh, blödsinniges Kopfgefühl jetzt schon einen Monat. Unfähig zur Arbeit.«[5]

Sie stellte immer wieder dieselben Fragen. Waren das Zeichen des beginnenden Alterns? Merkte man überhaupt, wenn das Altern einsetzte? Als sie Ende April 1926 bei einer Ausstellung die Werke alter und junger Akademie-Künstler nebeneinander hängen sah, empfand sie das als peinlich für die ältere Generation. Sie fragte sich: »Merkt man es nicht, wenn man künstlerisch senil wird, ebenso wie man physisch nur schleichend merkt, dass man Adernverkalkung kriegt?«[6]

Reisen, neue Eindrücke, die andere Blickwinkel und abwechslungsreiches Schauen verlangten, unterbrachen ihre bedrückenden Gedanken. Sie zeichnete und malte nie in solchen Tagen und Wochen fern von Berlin. Nicht die Wälder, die weiten Felder, die Bäume und Sträucher mit den unzähligen Knospen. Auch nicht den Meteor, der den Himmel in grün-weißes Licht hüllte. Nicht den weiten Himmel mit den treibenden Wolken, wenn sie wanderten.

Im April 1925 unternahmen Karl und sie – trotz langen Zögerns aus finanziellen Gründen – mit anderen Mitgliedern der Akademie der Künste eine Seereise bis nach Madeira. Sie lernten viele Städte kennen, kleine Fischerorte, sahen traumhafte Landschaften, üppig und farbenfroh und malerisch, so dass sie das Elend daneben kaum wahrnahm und wenn, dann erschreckte es sie.

Schwermütig erscheint ihr die Landschaft rund um Mariakerke an der belgischen Küste, wo »der Himmel wirklich rabenschwarz über der See lag, sie aber aus einem Wolkenloch Sonne bekam und smaragdgrün leuchtete«.[7] Malcesine am Gardasee begeistert sie: »Also ich mach die Tür auf, dann ist das ganze Fenster mit Bläue ausgefüllt. Blau, blau, blau. Oder es zieht eine der großen Barken vorüber und entfaltet ihre ockergelben Segel, dann ist das ganze Zimmerchen in gelbes Licht getaucht.«[8] Begeistert wie selten schrieb sie über die Farben. Erinnerte sie sich vielleicht an ihre glücklichsten Jahre Anfang des Jahrhunderts?

Im Jahr darauf fuhren sie nach Ascona und besuchten die Familie Goesch, die oberhalb der Stadt in Ronco in einem kleinen Weinbauernhaus mit einem herrlichen Blick auf den Lago Maggiore lebte. In der Nähe wohnte auch Dr. Raphael Silberstein, bei dem Hans eine Zeit lang als Assistent im Fürsorgeheim gearbeitet hatte. Er war Sozialdemokrat und Anarchist und hatte sich hierher zurückgezogen, wie viele andere am Monte Verità – Alltagsflüchtlinge, Träumende, vom Leben Enttäuschte, Visionäre. Einige davon lernten Karl und Käthe Kollwitz kennen, wie die russische Malerin Marianne von Werefkin, von der Käthe fasziniert war. Es war eine eigenwillige Welt, die sich unter der strahlenden Sonne, die die Berge und den See noch klarer hervortreten ließ, ausbreitete – und so unendlich weit entfernt vom düster wirkenden Berlin.

Heinrich und Gertrud Goesch lebten wahrlich in einem Paradies. Aber als Paar scheiterten sie dennoch. »Das Verhältnis von Heinrich und Gertrud ist so traurig, dass man fast froh ist, wieder fortzukommen«, schrieb sie. »Helfen kann man nichts.«[9]

Auch ihrem Sohn Hans konnte sie nicht helfen. Gemeinsam mit ihm und seiner Familie verbrachten sie im August die Ferien in Hiddensee. Käthe und Karl Kollwitz genossen das Zusammensein mit Ottilie, dem sechsjährigen Peter und den vierjährigen Zwillingen Jördis und Jutta. Auf einem Urlaubsfoto sieht man sie alle lächeln, nur Hans steht wie ein Fremder daneben.

Als sie mit ihm allein waren, öffnete er sich seinen Eltern. Käthe schrieb dazu im August 1927 in ihr Tagebuch: »Der Junge ist nicht glücklich in seiner Arbeit. Immer und immer noch die alten Minderwertigkeitsgefühle, das Unausgefülltsein, die Sehnsucht nach etwas anderem, das hypochondrische Gefühl seinem Körper gegenüber. Nicht glücklich.«

Karl redete viel mit ihm, aber das fade Gefühl blieb. Maßstab für sein eigenes Leben blieb, wenn auch uneingestanden, das Leben der Mutter. Der Kontakt zu ihr war immer noch sehr eng. Hans und Käthe besuchten einander häufig und telefonierten täglich. Wenn es ein Problem gab, egal welcher Art, kam Hans immer noch zu seinen Eltern, vor allem aber zu seiner Mutter.

Alle Feste wurden gemeinsam gefeiert. Hans und Ottilie übernahmen bestimmte Rituale, die Hans von zu Hause kannte: Sie spielten an den November-Trauertagen das Brahms'sche *Deutsche Requiem*, zu Ostern gab es die Osternacht und den Osterspaziergang aus dem *Faust*, am Sonntagnachmittag lasen sie, als die Kinder größer waren, gemeinsam die deutschen Klassiker.

Hans schien ein Gefangener seiner Wünsche und Vorstellungen geworden zu sein, denn sie waren in Wirklichkeit die seiner Mutter.

Käthe Kollwitz war eine berühmte Frau geworden.

Zu ihrem 60. Geburtstag am 8. Juli 1927 erhielt sie an die 500 Briefe. Zahlreiche Gratulanten besuchten sie. Max Liebermann überbrachte am Vormittag persönlich die Glückwünsche der Akademie der Künste, das Deman-Quartett spielte das Es-moll-Quartett von Beethoven. Reichsinnenminister von Keudell, der preußische Kultusminister Dr. Becker, Oberbürgermeister Böß, Staatssekretär Schulz, Reichskunstwart Dr. Redslob, der Intendant des Staatstheaters Leopold Jeßner und viele mehr hatten Glückwunschschreiben gesandt. Auch die Kunstakademien verschiedener anderer Städte, der Wirtschaftliche Verband bildender Künstler, der Frauenverband bildender Künstler und die Berliner Nationalgalerie gratulierten ihr, und besonders erfreulich war, »dass sie an diesem Tage aus den Kreisen der arbeitenden Jugend viele Briefe empfing, die sich spontan zu ihrem Werk bekannten.«[10]

Man ehrte und verehrte sie, würdigte sie in Vorträgen und Artikeln, in Ausstellungen in der Akademie der Künste und im Kupferstichkabinett in Berlin sowie in Karlsruhe. In den Ausstellungen *Die Frau in der Bildenden Kunst*, *Kollwitz-Zille* und *Die Kunst Ostpreußens* zeigte man Arbeiten von ihr. Die Berliner Journalistin und Kollwitz-Sammlerin Louise Diel hatte schon 1925 eine Wanderausstellung ihrer Werke zusammengestellt. Nach Stationen in New York und in der Schweiz zeigte man sie nun gleich in mehreren Städten Deutschlands.

Das beste Geschenk aber war für sie die Einladung nach Russland, die ihr der sowjetische Botschafter in Deutschland, Nikolai N. Krestinski und drei Vertreter der Künstlervereinigung Assoziation der Künstler des revolutionären Russlands überbrachten.

Zum 10. Jahrestag der Oktoberrevolution in Moskau fand vom 9. bis 12. November 1927 ein Weltkongress der Freunde der Sowjetunion statt. Hier war eine neue Welt entstanden, die Käthe Hoffnung gab. An Hans hatte sie geschrieben: »Mir kommt ungeheuer bedeutungsvoll vor, was jetzt in Russland passiert, ich bin voll frohester Erwartung und sehe wirklich etwas wie Morgenröte nach dieser Finsternis.«[11]

Die Idee, dorthin zu reisen, hatte sie schon länger. Schon mit der russischen Sozialrevolutionärin Alexandra Michailowna Kalmykowa, die sie vor Jahren in Paris kennengelernt hatte,

hatte sie Pläne geschmiedet. Doch der erste Versuch 1913 scheiterte. Silvester 1924 schrieb sie an Otto Nagel, der in Moskau, Leningrad und Saratow die *Erste Allgemeine Deutsche Kunstausstellung* mit über 500 Werken von mehr als 130 Künstlern organisiert hatte: »Ich möchte doch sehr gern einmal nach Russland gehen. Genau wie Vogeler sprechen Sie von der Natürlichkeit und dem Frohsinn der Menschen dort. Wie schön muss das sein.«[12]

Das, was sie in den Kellerlokalen, in den Markthallen und Hafenkneipen einst gesucht hatte, das glaubte sie nun dort zu finden. Das freie Proletariat. Sie liebte die Dichter dieses Landes, Tolstoi, Dostojewski, Gorki, weil auch sie in Käthes Augen etwas von der Ursprünglichkeit dieser Menschen ahnen ließen. Sie las viel und sprach gerne mit Leuten, die aus Russland kamen. Ab und zu wohnte einer der russischen Emigranten bei ihnen. Und als die Kommunistische Jugend Deutschlands als Teil der Kommunistischen Jugendinternationale für ihren Gründungskongress 1919 einen Raum suchte, weil sie sich als verbotene Partei tagtäglich an einem anderen Ort treffen mussten, stellte ihnen Käthe ihr Atelier zur Verfügung.

Das Interesse an der Sowjetunion war in Deutschland nach der Revolution enorm gestiegen. Die einen verbündeten sich mit den Revolutionären, die anderen mit den Konter-Revolutionären. In den Zwanzigerjahren lebten in Berlin zeitweise annähernd eine halbe Million Menschen aus diesen Gebieten – vor der Roten Armee geflüchtete Aristokraten, Offiziere der geschlagenen Weißen Armee, baltische Barone, ukrainische Politiker, die mit den Deutschen kollaboriert hatten, Kaufleute aus verschiedenen Regionen. Trotzdem war das Interesse an der Avantgarde, an den Künstlern des jungen Sowjetreiches gering. Erstmals präsentierte man sie bei der *1. Russischen Kunstausstellung* von Oktober bis Dezember 1922: Wassily Kandinsky, El Lissitzky, Kasimir Malewitsch, Wladimir Tatlin, Alexander Rodchenko. Die Ausstellung wurde immer wieder verlängert – nicht etwa, weil so viele Besucher kamen, sondern weil so wenig verkauft wurde und man das Geld brauchte.

Auch Käthe Kollwitz schenkte diesen Künstlern wenig Aufmerksamkeit, sie interessierte sich mehr für den Staat. Etwas beklommen schrieb sie kurz vor ihrer Abreise: »Mitte November sind wir wohl wieder zurück, aber alles dort ist mir noch so geheimnisvoll, dass auch die Rückkehr noch dunkel ist.«[13]

Sie und Karl gehörten wie Robert René Kuczynski und Johannes R. Becher der deutschen Delegation an, die mit 173 Teilnehmern die größte unter den insgesamt 947 Delegierten war. Mit dabei waren Abgesandte linker Organisationen, der Liga gegen den Imperialismus, der Internationalen Roten Hilfe und der Gesellschaft der Freunde des neuen Russlands.

Trotz einer gewissen Skepsis waren alle im Nu gefangen von diesem Land, von der Aufbruchsstimmung, die hier herrschte. Davon spürte sie bereits etwas, als sie die Grenze überschritten hatte. Käthe Kollwitz schrieb wenig über diese Reise, aber dass es das Interessanteste sei, was sie jemals gesehen habe, nämlich das Neue, wofür die Jungen im Weltkrieg gekämpft hätten. Tief beeindruckt schrieb sie am 6. November 1927 aus Moskau an Hans: »Es ist auch nicht so sehr *Russland* mit *seinen Typen u. s. w.* was mich hier so in Atem hält, sondern das *ganz Neue* der politischen und sozialen Gestaltung, eben die Sowjetrepublik.«

Man empfing sie an der Grenze am geschmückten Bahnhof. Als sie später an einer langen Tafel speisten, sprachen die Delegierten, redeten die Russen. Es gab unzählige »Hochs und Hurras«. In Minsk erlebten sie dasselbe und in Moskau ebenso. Nur dass die Speisen opulenter wurden, die Reden länger und die »Hochs und Hurras« feuriger.

Käthe Kollwitz war hingerissen. Sie schrieb: »... es ist *Neuland* hier. Und das liest man nicht in Büchern und wird einem nicht gesagt, wie es mir 100mal schon in Deutschland gesagt wurde, sondern man sieht es, man hört es, man fühlt es. Und das ist das ungeheuer Aufregende. Selbstverständlich ist das, was einem gesagt wird, gewissermaßen Parade, Ermanski sagt, das wirkliche Russland ist doch ganz anders, als wir aus unserm kleinen Guckloch es sehn. Aber auch er sagt, man ist hier in einem Lebensstrom, der in einem ganz andern Tempo dahinfließt wie in andern Ländern.«[14]

Das Programm war eng getaktet, zum Nachdenken kamen sie kaum. Karl berichtete: »Gestern abend, bald nach der Ankunft, Theater. Heute Besichtigung einer Schokoladenfabrik, dann Vortrag von Paderewski über russisches Schulwesen (2 Stunden). Heute abend in das Haus der Arbeit ... Wir sind sehr gut aufgehoben und erleben täglich so viel Neues und Großes, dass wir wie verzaubert sind.«[15]

Am meisten aber freute Käthe Kollwitz, dass selbst Karl, der überzeugte Sozialdemokrat, »nicht ganz fest blieb«. »Es war zu viel dort unter den neuen Einrichtungen, was ihm ausgezeichnet vorkam.« Etwa die kommunistischen Samstage, an denen in den Fabriken zur Steigerung der Produktivität Musik gespielt wurde, die Tischlerwerkstätten, in denen man verwahrloste Kinder beschäftigte – dass diese es vorzogen, auf die Straße zurückzukehren, verschwieg man den Gästen, es passte nicht hinein in das Ideal der neuen Welt.

Organisatorischer Höhepunkt der Reise war die Parade am dritten Großen Feiertag der Revolution. Am Roten Platz, wo das Grabmausoleum von Lenin stand, stellte sich die Sowjetregierung auf einem Podium auf. Um 9 Uhr begann das Spektakel und es dauerte, so schrieb Käthe Kollwitz, den »ganzen Tag, bis 1/2 8 ... die Demonstration russischer Macht«. Schier endlose Militärzüge und bewaffnete Arbeiterbataillone marschierten an ihnen vorbei. Trotzkis Traum von einer heerlosen Zeit war längst ausgeträumt.

Käthe nahm eine herausragende Stellung innerhalb der Gäste ein. Das dokumentiert auch ein Foto von ihr inmitten russischer Künstler und Schauspieler: Sie steht im Zentrum, war offensichtlich nicht nur in Deutschland besonders geschätzt.

Ihr zu Ehren fand eine sorgfältig vorbereitete Ausstellung statt, und die *Moskauer Abendzeitung* vom 11. November druckte ihre Stellungnahme, die vorher in der *Berliner AIZ* erschienen war. Sie sprach dort von dem ungeheuren Eindruck, den die Neugestaltung des Landes auf sie machte. Anatoli Lunatscharski, der bedeutende Kulturpolitiker, schrieb 1926 in der Tageszeitung *Prawda* über Käthe: »Sie ist ein großer Agitator.«[16]

Und in der Tat setzte sie sich für russische Interessen ein. Sie kämpfte bereits 1921 mit ihrem Plakat mit dem Mann, dem sich helfende Hände entgegenstrecken, gegen den Hunger in Russland. Sie unterstützte den Matrosen Plivier mit einer Zeichnung, mit der er Deutschland durchreiste, um Spenden zu sammeln. 1923 sollte ein anderes Plakat der »Internationalen Arbeiterhilfe« auf die Dürrekatastrophe im Wolgagebiet aufmerksam machen.

Wie Albert Einstein und Heinrich Vogeler folgte sie dem Aufruf von Willi Münzberg, der die Koordination der Hilfsaktionen der internationalen Arbeiterbewegung und sozialistischen und kommunistischen Partei in der Welt übernommen hatte. Sie unterstützte Hilfsaktionen mit ihrer Unterschrift, wenn es galt, Menschen zu retten, wie etwa die russische Sozialrevolutionärin Maria Alexandrowna Spiridonowa, der, schwer tuberkulosekrank, die Verhaftung drohte.

Das Ehepaar Kollwitz war begeistert von diesem neuen Land und von den Menschen, die es kennenlernte. Karl sprach wie andere Delegierte über seine Reiseeindrücke in der Liga für Menschenrechte, und Käthe engagierte sich weiterhin, manchmal für die neue Sowjetunion, manchmal aber auch dagegen. Sie sagte »nein«, als man 1930 Spiridonowa noch einmal verbannen wollte, unterzeichnete mit 83 anderen Persönlichkeiten aus

Kunst und Wissenschaft einen Protestaufruf, als Wissenschaftler verfolgt und 48 Personen erschossen wurden, saß im Vorstand des neu gegründeten Deutschen Hilfsfond für die politischen Gefangenen und Verbannten Russlands.

Was zählte, war nicht die Partei, sondern die Menschlichkeit. Arthur Bonus schrieb über Käthe: »Der Quellraum ihrer Kunst liegt in einer sehr tiefen, mehr gefühlten als bewussten Empfindung von der Unzulänglichkeit alles menschlichen Seins überhaupt.«[17] Offensichtlich besteht eine Wesensverwandtschaft zwischen Tolstois Schilderung des russischen Menschen und ihr. Sie kannte das Leid und die Freude aus Erfahrung, die aufgestaute Wut. Nicht viele erkannten das, nur wenige sahen diese tieferliegenden Schichten ihrer Kunst. Lise gehörte dazu. »Sie sagt das, was so viele gar nicht sehn, wenn sie behaupten, ich wäre ein Elendsschilderer«, schrieb Käthe Hans. »Die Traurigkeit geht doch über soziale Nöte heraus. Das *Leben* ist es, was alles in sich birgt und mit dem ich mich auseinandersetze – *durch* die Arbeit.«[18]

Aus Moskau zurückgekehrt, ging sie voller Elan wieder an diese Arbeit. Ihre Freundin Jeep wollte sie besuchen, aber sie lehnte ab, da sie den ganzen Tag über im Atelier blieb. Sie aß in der Kantine und ruhte sich im Atelier aus, um ja keine Zeit zu verlieren.

Ein Jahr zuvor hatte sie die Holzschnittfolge *Das Proletariat* angefertigt – *Erwerbslos*, *Hunger*, *Kindersterben* hießen die drei Blätter. Die Arbeitslosenzahlen hatten rasant zugenommen, 1927 waren es 284 000, 1929 dann im Januar 300 000 und im Februar 450 000.

So blieb ihr Anliegen das gleiche. Auch oder gerade weil es immer noch Menschen gab, die das Elend nicht sehen wollten; das Bild des jungen Mannes, der sich ans Bett der Halbwüchsigen schleicht und dessen Geschlecht man sehen kann, hängten sie bei einer Ausstellung für Jugendliche nicht auf. Nur den »besoffenen Vater«.

Doch Käthe kämpfte weiter. Im selben Jahr unterzeichnete sie ein öffentliches Protestschreiben von bildenden Künstlern, Schriftstellern und Wissenschaftlern gegen die geplante Zerstörung der Fresken von Heinrich Vogeler im Barkenhof in Worpswede-Ostendorf. Die Szenen des revolutionären Kampfes und Entwürfe für ein neues Leben fanden nicht die Zustimmung des Landrates Osterholz. Er forderte die Entfernung. Man verhängte schließlich die Fresken im Haus, das bis 1932 als Kinderheim der »Roten Hilfe« diente. 1939 wurden sie endgültig zerstört.

Die Zeichnung *Selbstmörderin* stellte sie für den Aufruf gegen den Bau von Panzerkreuzern zur Verfügung. Er erschien in einer Sondernummer des kommunistischen *Eulenspiegels* und war unterzeichnet von »Deutschen Künstlern und Geistesarbeitern«. Ernst Barlach, Martin Gropius, Bruno Taut, Heinrich Mann, Heinrich Zille, Franz Werfel, Arnold Zweig und andere haben wie sie unterschrieben. Es war ein Aufruf »Für Fortschritt und Kultur! Für Beseitigung sozialer Not und Ungerechtigkeit! Gegen Panzerkreuzer!« Und weiter hieß es: »Wir Künstler und Geistesarbeiter fühlen uns als Kämpfer für die Freiheit der Kultur und des Geistes gezwungen, gegen den Bau von Panzerschiffen, gegen diesen imperialistischen Größenwahnsinn zu protestieren, gegen das sinnlose Hinauswerfen von achtzig und noch vielen weiteren Hunderten Millionen Mark mit denen unendliches Leid getilgt werden könnte.«[19]

Käthe Kollwitz wusste – wie die anderen –, dass jedem Krieg lange Vorbereitungen vorausgingen. Die Produktion, der Kauf von Waffen waren die ersten Schritte. Von der Bevölkerung unbemerkt hatte das Reich bereits während des Ersten Weltkrieges im März 1915 einen sogenannten »Milliardenvertrag« abgeschlossen, um angeblich die Weiterbeschäftigung der Arbeiter zu sichern: »Er bestellte 1,2 Milliarden S-Geschosse und 1,8 Milliarden S-Patronenhülsen, mit deren Lieferung am Tag der allgemeinen Demobilmachung begonnen werden sollte«, heißt es in der

Schrift *50 Jahre Deutsche Waffen- und Munitionsfabriken.* Der erste Tag des Friedens war gleichzeitig zum ersten Tag eines neuen Krieges erklärt worden. Kaltschnäuzig entschieden die Männer am Schreibtisch über die Menschen kommender Generationen.

Im Jahr 1926 hatte Käthe einmal geträumt, es wäre wieder Krieg. »Und im Traum bildete ich mir ein«, schrieb sie Hans, »wenn ich nur meine andere Arbeit ganz ließe und nur mit andern zusammen alle Kraft aufs Reden dagegen legte, könnten wir es hindern.«[20] Sie war immer davon überzeugt gewesen, dass man erreichen konnte, was man wirklich wollte.

Sie hat sich in diesem Fall geirrt, der Aufruf verhallte. 1930 begann der SPD-Reichskanzler Hermann Müller mit dem Bau des Panzerkreuzers A.

Ende September 1925 starb überraschend die Schwägerin Anna, gewiss ein schwerer Einschnitt im Leben für Konrad. Käthe und Karl – und diesmal gab es kein Zögern – nahmen ihn auf. Schmerzlich nahm Käthe seine Ermattung wahr, die sie so sehr an die der Mutter erinnerte: »Ich habe früher nicht so gemerkt, wie alt der Konrad ist. Manchmal hinfällig wie ein Greis. Es macht traurig. Traurig ist, was mir der Karl über ihn sagte. Traurig traurig.«[21]

Er sprach immer noch gerne von der Zeit, als Friedrich Engels – wie auch die Familie – so viel von ihm erwarteten. Anna hatte Käthe einmal erzählt, dass er beim Durchlesen seines Manuskriptes für die *Sozialistischen Monatshefte* immer wieder begeistert von dem, was er geschrieben hatte, »Famos!« ausgerufen hätte. Er war gut – aber er hatte keine Kraft, sich im Leben wirklich durchzusetzen.

Seine Schwester hatte diese Kraft. Am 1. April 1928 übertrug man Käthe bis 1932 die Leitung eines Meisterateliers für Grafik an der Preußischen Akademie der Künste und nahm sie zugleich in den Senat auf. Sie bekam ein neues, größeres Atelier im Gebäude der Kunsthochschule am Steinplatz. Die erste Arbeit, die sie sich hier vornahm, war das *Revolutionsblatt für die Leip-*

ziger Sozialdemokratie, für eine Postkarte *1918 + 9. November + 1928* zum 10. Jahrestag der Novemberrevolution. Es sollte ein Aufruf sein, den sie für sich persönlich verstand: Ein Neubeginn nach einer Phase der »Gleichgültigkeit«, wie sie es nannte, die wohl nichts anderes gewesen war als eine Atempause in ihrem Schaffen.

Ihr Einkommen war zufriedenstellend, mit allen Zulagen kam sie, nun auch als Vorsteher eines Malerateliers, auf rund 810 Mark im Monat.[22] Wieder einmal hoffte sie, dass Karl, der sich über ihren Erfolg so herzlich mitfreute, nun endlich kürzer treten konnte, doch auch diesmal klappte es nicht. Ihre Mitarbeit beim Heinrich-Zille-Gedenkfilm versprach einige Tausend Mark einzubringen, die sie für eine Reise mit Karl nach Indien verwenden wollte. Auch daraus wurde nichts, da sie das Geld zur Altersabsicherung einsetzen mussten. Hans, der verbeamtete Arzt, hatte gerade genug Geld für sich und seine Familie.

Käthes Verdienst stand immer noch in keinem Verhältnis zu ihrer Berühmtheit.

Adolf Heilborn, ein Arzt und Schriftsteller, veröffentlichte 1929 in der Reihe *Zeichner des Volkes* eine Monografie über sie. Im selben Jahr wurde ihr der Orden »Pour le Mérite« der Friedensklasse für Wissenschaften und Künste verliehen. Professoren aus dem In- und Ausland suchten sie in ihrem neuen Atelier auf. In Basel fand eine große Kunstausstellung mit ihren Arbeiten statt. Käthe Kollwitz war weit über die Grenzen Deutschlands hinaus bekannt geworden, und die unzähligen Verehrerbriefe beantwortete nun eine Sekretärin.

1929 fuhren Käthe und Karl gemeinsam zur Kur nach Bad Elster, dann nach Glion oberhalb von Montreux und kurz noch an den Rhein. Wieder einmal spürte sie das Kühle, Distanzierte zwischen ihnen. Sie glaubte, weniger Liebe von ihm zu spüren, weniger Wärme und Zuneigung. Karl schien mit sich selbst uneins zu sein und hatte mit kleineren körperlichen Leiden zu kämpfen wie auch sie.

Erste Anzeichen einer beginnenden Hornhauterkrankung machten sich bei ihr bemerkbar. Eine schwere Grippe, einhergehend mit totaler Erschöpfung, einer Kreislaufschwäche und Herzbeschwerden plagte sie 1928, und 1931 lag sie wochenlang krank im Bett und war fast ein halbes Jahr unfähig zur Arbeit. Die Kuren in Bad Elster, in Kloster auf Hiddensee und in Bayern halfen immer nur kurzfristig.

1932 ließ sie sich, nachdem sie es schon einmal 1927 mit einem Pendeldoktor in Bischofstein versucht hatte, aus der Hand lesen. Die Linien, so konstatierte auch die Psychoanalytikerin Toni Sußmann, deuteten aber nicht auf die Krankheit der Mutter hin. Ein Schüler Carl Gustav Jungs aus Zürich sagte ihr sogar, dass die Entwicklungslinie noch nicht abgeschlossen sei, worüber sie sich sehr freute. Auch wenn er es nur so gesagt hatte, gab es ihr dennoch Hoffnung. Sie wusste, dass die Kraft, sich zu entwickeln und weiterzumachen in ihr lag.

So ging es immer auch wieder aufwärts. Zu Ostern 1932 schrieb sie dann: »Für kurze Zeit kommt das starke Glücksgefühl wieder, das Glücksgefühl, das sich mit keinem andern vergleichen lässt, der *Arbeit, der man gewachsen ist.* Was hat man gehabt in seinen besten Zeiten und wie kurz waren die doch. Wie lang das mühsame Hin- und Herlavieren, das Gehemmtwerden, das immer von neuem Zurückgeworfenwerden. Aber all das wurde aufgehoben durch die Zeiten des Könnens und Gelingens.«

Käthe gab nicht auf, darin unterschied sie sich von ihrem Bruder Konrad. Sie zeichnete ihn einmal, wie er dasaß als alter, gebrechlicher Mann, dessen Äußeres widerspiegelte, was sein Inneres ausmachte. Er war am Leben zerbrochen und wartete nurmehr, bis es zum letzten Schlag ausholte.

Er war immer allem gegenüber hilflos gewesen. Wenige Menschen interessierten sich für seine Studien und seine Vorlesungen an der Universität hatte er längst aufgeben müssen, obwohl er nach wie vor als Professor geführt wurde.

Er hatte Lähmungserscheinungen in beiden Beinen, die immer stärker wurden, und im Januar 1929 fiel er und brach sich den Oberarm. »Nicht mehr abzuleugnen, dass es mit Konrad geistig bergab geht. Erschreckend in letzter Zeit. Noch vor Wochen merkte ich nichts. Er ist still wie immer – freundlich. Nicht zu wissen, ob er es merkt. *Wenn* er es merkt, was fühlt er?«, vermerkte sie zwei Jahre später im Tagebuch, im Februar 1931.

Leise schwingt hier die Sorge mit, die sie bereits bei der Mutter und auch bei ihren Kollegen in der Secession empfunden hatte: Merkte man es nicht, wenn man alt wurde, wenn man sich veränderte, aus dem Leben glitt und für die anderen nicht mehr richtig da war?

Als sich Konrad wieder einmal besser fühlte, sitzen sie alle gemeinsam am Tisch. Ihr Bruder wirkt schutzlos und so bemüht, niemandem zur Last zu fallen, sich nicht in das Leben der anderen hineinzudrängen, ganz und gar dem Schicksal ergeben. Da kommt Käthe plötzlich Hölderlin in den Sinn. Gedankenlos, sagt sie später, rezitiert sie die Verse von der genossenen, vergangenen Freude, in denen es u.a. heißt: »Ich bin nichts mehr, ich lebe nicht mehr gerne.«[23]

Eine merkwürdige, angespannte Stille herrscht im Raum. Sie sehen einander regungslos an, bis Konrad herzzerbrechend zu weinen beginnt.

Da erst realisiert Käthe, dass sie wieder einmal bis an die Grenze gegangen ist, sie in diesem Moment wohl überschritten hat. Sie konnte unerbittlich sein in ihrem Drang, den anderen ins Gesicht zu sehen und sie zu zwingen, zu sich selbst zu stehen.

Ich bin nichts mehr ...«, das ist wie eine Prüfung. Konrad,

der sonst so sehr in sich zurückgezogen ist, reagiert. Diesmal steht er zu seiner Hilf- und Kraftlosigkeit.

An die 17 Jahre hatte Käthe Kollwitz in fast vollständiger Abgeschiedenheit an ihrem Denkmal für Peter gearbeitet. Selbst Karl und Hans waren davon ausgeschlossen gewesen.

Wie ein Leuchtturm stand ihr das Ziel vor Augen und ließ sie alle Schwierigkeiten meistern. Zu ihrem 60. Geburtstag erhielt sie zu ihrer großen Freude das notwendige Geld vom Reich und von Preußen, um die Plastiken ausführen zu lassen.

Nun, 1932, wurden *Vater und Mutter, die trauernden Eltern* in der Vorhalle der Nationalgalerie aufgestellt, um sie dem Berliner Publikum vorzustellen.

Wie immer gab es viele Variationen und Ausfertigungen des Werks. Käthe versuchte es mit einer Zeichnung, einem Holzschnitt, einer Figur in Gips. Die Figuren wurden in Stein gehauen und dann in Bronze gegossen. Wie immer versuchte sie, weiter zu gehen, immer tiefer bis zum Kern vorzudringen, bis an die Grenze zu gelangen. Einmal saßen die Eltern getrennt, rückten dann näher aneinander, bis sie zusammen verschmolzen und schließlich doch wieder jeder für sich waren, ganz und gar in sich abgeschlossen.

Aufmerksam beobachtete sie nun die Reaktionen der Besucher. Die Figuren hinterließen einen starken Eindruck, das merkte man. Ein Junge rief, als er einen Blick auf die Mutter warf: »Das ist ein chinesischer Pfaff«. Das amüsierte sie, aber dass die kommunistischen Blätter schwiegen, kränkte sie. Lediglich in der *Roten Fahne* las sie in einer Notiz über die ausgestellten Figuren, dass man dabei die »Anti-Kriegs-Geste« vermisse. »Es ist *dumm* – es ist hanebüchen *dumm* – aber den Schaden habe ich doch«, vermerkte sie am 15. Juni 1932 ins Tagebuch, »denn die breiten Arbeitermassen kommen nun nicht hin.«

Reichte es nicht, das Zurückgeworfen-Sein auf sich selbst auf eine derart schmerzliche, offene Weise zu zeigen, um zu verhindern, dass das Opfern der Jungen noch einmal geschah?

Zufrieden mit der Besucheranzahl und den Reaktionen notierte sie aber dann doch am 19. Juni: »Sie wirken.«

Am 30. Juli 1932 kamen *Vater und Mutter* am Ort ihrer Bestimmung in Roggevelde an. Bereits 1917 hatte man die Leichen der Soldaten hierhin umgebettet. Die Information darüber kam damals zusammen mit Peters wenigen Hinterlassenschaften zu den Eltern: das Soldbuch, der Kompass und ein wenig Geld. Zehn Pfennige fehlten, hieß es im beigelegten Brief. Zehn Pfennige, die irgendwo verloren gegangen waren wie das Leben der zahlreichen jungen Soldaten im Dschungel der Ideale.

1926 waren Karl und Käthe Kollwitz bereits hier gewesen, um das Grab zu besuchen. An die 2000 Soldaten lagen in Roggevelde begraben. Die unzähligen Kreuze, zuweilen namenlos, waren in langen Reihen angelegt und nummeriert. Peters Grab trug die Nummer 52.

An manchen Gräbern waren Blumen gepflanzt, die bis an die Nachbarsgräber weiterwucherten. Aber eigentlich, so sah es Käthe, passten Blumen nicht zur Ernsthaftigkeit des Todes.

Unzählige Granatlöcher und Friedhöfe auf dem Gelände erinnerten an das große Morden, deutsche, französische, englische und belgische Männer lagen hier begraben. Insgesamt allein an die 200 000 Deutsche starben auf diesem Stückchen Erde. Unvorstellbar nach all den Jahren. Welche Absurdität, sich gegenseitig das Leben zu nehmen!

Wenn Käthe die Zeichnungen durchschaute, die sie nach dem Tod von Peter angefertigt hatte, kam zuweilen noch einmal diese unsägliche Traurigkeit zurück, dieser Schmerz um etwas endgültig Verlorenes. »Jene Zeit, in der ich ganz im Peter *lebte*. Vom Morgen bis zum Abend. Wo er mich umgab, mir ganz nah und gegenwärtig war, wo Schmerz, Liebe, strömende Liebe und Sehnsucht mein Mantel war, der mich ganz umhüllte. Wo ich *weinte.* Das alles war mit einmal da beim Aufmachen der Mappe, schmiss mich hin und riss mein Herz noch einmal auf.«[24]

Bevor sie und Karl Roggevelde endgültig verlassen, kehren sie noch einmal zurück zu *Vater und Mutter*, die nun am Eingang des Friedhofes die Toten bewachen und den Lebenden für alle Zeiten ein Mahnmal sein sollen.

Käthe steht vor der Mutter, die die Züge ihres eigenen Gesichtes tragen. Nach langen Mühen, nach langem inneren Ringen, hat sie sich eingestanden, dass es ihr eigener Schmerz ist, ihre eigene Einsamkeit, die sie in den Figuren sichtbar gemacht hat. Erst 1928 gibt sie dieser Figur ihren Namen.

»Ich stand vor der Frau«, schreibt sie später, »sah ihr – mein eigenes – Gesicht, weinte und streichelte ihr die Backen.«[25]

Karl ist unbemerkt ganz dicht hinter sie getreten. Leise hört sie ihn sagen: »Ja, ja.« Sie dreht sich nicht um und berührt ihn auch nicht. Aber so nah wie in diesem Augenblick ist sie ihm im Laufe ihres gemeinsamen Lebens nur in ganz seltenen Momenten.

Zurück in Berlin erwartete sie beide der Alltag. Hans kam immer noch regelmäßig zu ihnen, aß mit ihnen und besprach die Dinge, die es zu besprechen galt.

Als Ottilie 1930 drei Jahre nach einer Fehlgeburt wieder schwanger wurde, sprach Käthe von ihrer Schwiegertochter als der »lieben Ottilie«, schlug aber zugleich – unüberlegt vorpreschend – auch einen Namen für das Kind vor. Man einigte sich schlussendlich auf Arne-Andreas. Es war ein Kompromiss, sie hat den Namen Andreas mit durchgesetzt.

Hans hatte eine kurze Phase hinter sich, in der er mehr als zuvor im Leben zu stehen schien. Nach einer Analyse bei Frau Sußmann begann er wieder zu dichten, und er ging einen ganzen Winter lang tanzen. Einige seiner Gedichte gab er Käthe zum Lesen. Sie konnte ihnen eine gewisse Stärke nicht absprechen, doch es blieb nichts Beeindruckendes hängen.

Mit der eigenen Arbeit etwas zu bewirken, das war ihr Anliegen. Die Wirkung war für sie ein Teil ihres Werks. Zufrieden registrierte sie darum jedes Echo auf ihr Schaffen. An einem einzigen Tag kamen 1932 in Wedding zu einer ihrer Ausstellungen 8000 Besucher. In zahlreichen Zeitungen und Zeitschriften wurden Arbeiten von ihr reproduziert. Louise Diehl schrieb zwei Einführungen zu ihrem Werk. Bei der Internationalen Ausstellung des Deutschen Werkbundes »Film und Foto« in Stuttgart war Käthe mit dabei in einem Porträtfoto von Hugo Erfurth von 1925. Keiner konnte sich diesem Blick entziehen, wenn sie, die Hand an die Stirn gelegt, ihre großen, ernsten Augen auf das Gegenüber gerichtet hatte.

Auch die kleinen Töchter von Hans erkannten schon bald, dass ihre Großmutter keine gewöhnliche Großmutter war. Allzu gerne hätten sie sie zu jener Zeit gegen eine andere eingetauscht, eine, die strickte und Märchen erzählte. Allein schon die Treppe, die sie zu ihrer Wohnung hochstiegen, schüchterte die Mädchen ein. Dann der etwas muffige Geruch, das Türschild im 3. Stock und Fräulein Lina, die Haushälterin, die ihnen in ihrer weißen Schürze die Tür öffnete.

Käthe stand meistens in der Mitte der Wohnstube und streckte ihnen beide Arme entgegen. Aber immer blieb eine gewisse Scheu ihr gegenüber. Käthe hörte den Mädchen zu, wie sie allen zuhörte, aufmerksam und respektvoll. Manchmal überkam sie eine merkwürdige melancholische Stimmung, und Jutta und Jördis sahen die Tränen, die die Großmutter nicht zurückhalten konnte. Vor allem dann, wenn sie ihren Lieblingsvers aufsagten, Conrad Ferdinand Meyers *Friede, Friede auf der Erde*.

Als sie etwa vier Jahre alt war, hatte Jutta sie einmal lange angeschaut und dann gesagt: »Du bist aber gar nicht schön.«[26] Käthe fühlte selbst, dass sie älter wurde. Das langsame Verstummen und das Eingestehen des eigenen Scheiterns hatte sie durch Konrad stets vor Augen und das erschütterte sie zutiefst. Was musste das für ein Gefühl sein, keine Möglichkeiten mehr zu haben? Das hatte nichts mit ihrer Vorstellung von einem glücklichen, produktiven Alter zu tun. Der Anblick von Konrad quälte sie, »zu sehen und zu wissen, es kann nicht mehr gut werden. Und zu sehen, wie er an seiner Arbeit saß und wie er wortlos resignierte.«[27]

1927 war Hermann Birkenholz gestorben, der Mann, der Jahrzehntelang ihre Lithografien gedruckt hatte. 1932 folgten ihm Max Slevogt und Emil Orlik.

Wenn Käthe kam, um Konrad beim Ausziehen behilflich zu sein, war er meist schon damit fertig, weil er ihr keine Mühe machen wollte. Oft saß er bei ihnen am Tisch und wollte sich dann rasch zurückziehen, weil er fürchtete, er vermiese die Stimmung. Karl las aus dem Liederbuch, dem Kommersbuch vor, um ihn fröhlicher zu stimmen. So auch an einem Freitag im Oktober 1932.

Doch Konrads endgültiger Abschied war besiegelt. Am darauffolgenden Freitag starb er – Konrad, den Käthe als Kind so sehr bewundert hatte, der ihr in Notsituationen scheu, aber verständnisvoll zur Seite gestanden war, und der Jugendfreund von Karl, der ihn bei den Schmidts und der Freien Gemeinde eingeführt und ihm damit seine Lebenspartnerin geschenkt hatte.

Das langsame Absterben und dann doch der schnelle Tod berührte Käthe. Einfühlsam zeichnete sie den Bruder in seiner Hinfälligkeit und auch nach dem Tod. Seine nie verloren gegangene Fröhlichkeit und Bescheidenheit hatte sie immer bewundert. Mit großer Genugtuung nahm sie dann zur Kenntnis, dass man bei seiner Verabschiedung sich vor allem an jenen Mann erinnerte, von dem man Großes erwartet hatte. Sogar eine Broschüre mit den zahlreichen Trauerreden erschien.

In diesen Jahren schrieb Käthe wenig über »Deutschlands

grausige Lage«.[28] Aber zu Ostern 1932 hatte sie vermerkt: »Dann die unsagbar schwere allgemeine Lage. Die Not. Das Heruntersinken der Menschen in dunkle Not. Die politische widerwärtige Vernetzung.«

Ende 1930 hatte man bereits den Remarque-Film *Im Westen nichts Neues* verboten. Als 1932 erwogen wurde, die Figuren von *Vater und Mutter* in der Ehrenhalle aufzustellen, befürchtete Käthe eine Beschlagnahmung durch rechtspolitische Kräfte, während draußen im Freien Beschädigungen und Beschmierungen mit Hakenkreuzen drohten.

Schießereien zwischen Nationalsozialisten und republikanischen bzw. kommunistischen Kampfverbänden gehörten bereits zum Alltag. Freilich nicht im feinen Westen der Stadt, sehr wohl aber in den Arbeitervierteln wie am Prenzlauer Berg.

Käthes Engagement für die Kommunisten war in den letzten Jahren weiterhin eindeutig gewesen. Zum 1. Mai 1931 wurde ihre Lithografie *Demonstration* in der *AIZ* mit der Beischrift »Wir haben eine Welt zu gewinnen! Karl Marx« veröffentlicht. 1932 widmete Käthe der Sowjetunion zum 15-jährigen Bestehen die Lithografie *Solidarität* mit dem Titel »Wir schützen die Sowjetunion«, dem Refrain des sogenannten Propellerliedes, das die sowjetischen Flieger sangen. Es fanden Ausstellung ihrer Werke in Moskau und Leningrad statt.

Doch es blieb dabei, sie legte sich parteipolitisch nicht eindeutig fest, sondern hatte ein Ideal vor Augen: Menschlichkeit. An Hans hatte sie einmal geschrieben: »Alles Werben für die andern Ideen hat doch nur Hand und Fuß, wenn es verbunden ist mit energievollem im Auge behalten seiner eigenen Pläne und Absichten.«[29]

In diesem Sinne unterzeichnete sie mit Karl und anderen wie Arnold Zweig und Albert Einstein 1932 einen Aufruf zur Bildung eines Einheitsblockes von KPD und SPD durch eine gemeinsame Kandidatenliste bei den bevorstehenden Wahlen. Sie wollten gemeinsam ein nationalsozialistisches Übergewicht verhindern, Anfang der Zwanzigerjahre hatten sich die Sozialdemokraten, die Unabhängigen und die Kommunisten am 1. Mai auch gemeinsam zur Wahl aufstellen lassen.

Trotzdem fühlte Käthe Kollwitz, dass eine dunkle Zeit kommen würde. Ende Dezember 1930 hatte sie notiert: »Es wird eine schlimme Zeit kommen, oder es ist eine schlimme Zeit. Arbeitslosigkeit in allen Erdteilen.« Und dann im Herbst 1931: »Gewaltige Umwälzungen. Internationale Erschütterungen des Kapitalismus. Wirklich Weltwende.«[30]

XII

»1933 Das Dritte Reich bricht an.

(Juli 1933) Am 30. Januar 1933 wird Hitler Reichskanzler.

Dann alles Schlag auf Schlag ...

Vollkommenste Diktatur.

1. April Juden-Boykott ...

10. Mai werden Bücher verbrannt ...

Am Sonnabend 1. Juli werden sämtlichen Ärzten, die dem Sozialdemokratischen Ärzteverein angehört haben, die Kassen weggenommen. Karl auch.

Jetzt im Juli ... In ganz Deutschland existiert nur noch die NSDAP.

Es gibt keine Zeitung, die eine andere Meinung vertritt.

Gleichschaltung.

Unterdes lebt man und arbeitet.«[1]

Nichts weiter als diese harten Fakten schreibt Käthe in ihr Tagebuch. Wie sie den Menschen immer schon unbeirrt ins Gesicht sah, so tritt sie jetzt auch der neuen Zeit gegenüber, dem »Tausendjährigen Reich«.

Am 5. März fanden die Reichstagswahlen statt. Ab dem 14. Februar hing für drei Tage ein »Dringender Appell« vom Internationalen Sozialistischen Kampfbund an den Litfaßsäulen. In einer letzten Anknüpfung an die Traditionen der Weimarer Republik wurde zur Schaffung einer einheitlichen Arbeiterfront aufgerufen und für ein Zusammengehen von SPD und KPD plädiert. Unterzeichnet war der Aufruf von jenen, die bereits 1932 versucht hatten, den Nationalsozialismus zu verhindern: Heinrich Mann, Albert Einstein, Erich Kästner, Arnold Zweig und unter anderen Karl und Käthe Kollwitz.

Da stand geschrieben: »Die Vernichtung aller persönlichen und politischen Freiheit in Deutschland steht unmittelbar bevor, wenn es nicht in letzter Minute gelingt, unbeschadet von

Prinzipiengegensätzen alle Kräfte zusammenzufassen, die in der Ablehnung des Faschismus einig sind ... Sorgen wir dafür, dass nicht Trägheit der Natur und Feigheit des Herzens uns in die Barbarei versinken lassen!« Der Appell schloss mit der eindeutigen Aufforderung: »Setzt die Verantwortlichen unter Druck!«[2]

Die »größte deutsche Grafikerin, deren Werk Weltruf genießt ...«, wie die *Welt am Abend* am 20. Februar 1933 schrieb, hörte nicht auf, zu sagen, wie sie die Dinge sah.

»Jeder Tag bringt was Neues, und alles ist brutal und verlogen. Widerwärtig«[3], berichtete Käthe ihrer Freundin Jeep.

Die politische Machtergreifung der Nationalsozialisten hatte auch für Käthe Kollwitz direkte Folgen. Nachdem der kommissarische Kultusministers Dr. Rust gedroht hatte, die Akademie der Künste aufzulösen, wurde sie nach 14 Jahren Mitgliedschaft ebenso wie Heinrich Mann gebeten, oder vielmehr gezwungen, sie zu verlassen. Als einzelne Person konnte man sie rechtlich gesehen nicht ausschließen, doch willigten beide ihrer Kollegen wegen ein. Aus Solidarität ging ebenfalls – begrüßt von der Presse – der sozialdemokratische Stadtbaurat und Architekt Martin Wagner.

Nur in Bezug auf Käthe Kollwitz konnte man ein leises Bedauern lesen, das jedoch direkt politisch eingenordet wurde. In der *Berliner Börsenzeitung* stand am 16. Februar 1933: »Käthe Kollwitz ist zwar Kommunistin, aber sie ist eine volkhafte deutsche Künstlerin. Wir bedauern es sehr, dass sie sich so leidenschaftlich für den Kommunismus einsetzt. Die deutsche Künstlerin aber möchten wir trotz diesem ihrem Irrtum, wenn auch nicht mit allen ihren Werken, für das ganze deutsche Volk erhalten wissen.« Und im *Reichsboten* las man am Tag darauf: »Ohne Zweifel ist sie eine große Künstlerin ... Man wird auch in Zukunft ihre große Begabung von ihrem merkwürdigen politischen Verhalten unterscheiden müssen. Unsere Achtung wird der großen Künstlerin Käthe Kollwitz stets entgegengebracht werden.« In der *Frankfurter Zeitung* hieß es über die 66-Jährige, die schon in der Zeit des Kaisers als unbequem galt: »Jetzt muss sie die Preußische Akademie verlassen, weil sie geglaubt hat, sie dürfe sich nicht von ihren Freunden in der organisierten deutschen Arbeiterschaft trennen.«[4]

Man beließ Käthe schließlich bis zum 1. Oktober in ihrem Amt, sie bekam zunächst weiterhin ihr Gehalt und durfte die Räumlichkeiten benutzen. Darüber war sie froh, denn sie hätte nicht gewusst, wohin mit ihren Skulpturen.

Nach dem Reichstagsbrand am 27. Februar wurde jedoch die KPD, zu der man sie zählte, verboten und nahezu 4000 Kommunisten wegen Tatverdachts verhaftet. Hitlers Schergen wüteten. Schneller denn je knüpfte sich ein bedrohliches Netz aus Mitläufern und Befehlshabern.

Karl und Käthe beschlossen, Ende März ins tschechische Marienbad zu flüchten. Max Wertheimer und seine Frau nahmen sie dort auf. Sie waren als Juden bereits auf der Flucht und wollten von dort aus später weiter nach Amerika.

Aber schon nach zwei Wochen kehrten Kollwitz' nach Berlin zurück. Sie waren alt, wohin sollten sie gehen, wo sollten sie bleiben mit ihren bescheidenen finanziellen Mitteln? Am Prenzlauer Berg war nun einmal ihr Zuhause, hier waren die Menschen, die sie kannten, und die gefährdet waren wie sie: Kommunisten, Sozialdemokraten und Juden.

In der folgenden Zeit konnte Käthe kaum mehr Bilder verkaufen. Die Museen distanzierten sich von ihr, die großen privaten Sammler waren nicht selten Juden, die jetzt andere Sorgen hatten und versuchten, aus Deutschland zu flüchten.

Bei Hans, dem kurz als Schularzt gekündigt wurde, fand eine Hausdurchsuchung statt. Karl Kollwitz, dem Gründer des sozialdemokratischen Ärztevereins, wurde zunächst für mehrere Monate die Kassengenehmigungen entzogen. Nach seinem Protest bekam er sie wieder zurück. Es war eine Überlebensfrage, denn Privatpatienten gab es in der Gegend wenige. Käthe schrieb: »Aber nun hat eben jetzt vor zwei Stunden auch mein

Mann seine Kündigung der Kassen bekommen, obwohl er einen Sohn im Feld verloren hat und arisch bis in die Knochen ist. Das ist nicht logisch. Seine Kündigung verändert nun für uns manches. Es bleibt ihm ein kleiner Praxisrest, – ich verdiene zur Zeit so gut wie nichts. Zum Glück haben wir etwas auf der Bank, was für einige Jahre reicht.«[5]

Sie war überzeugt davon, dass das Geld bis zu ihrem Lebensende reichen würde, es musste. Es gab keine Alternative.

Überall in Berlin klebten Plakate und Aufrufe mit den Parolen der neuen Herrscher: »Führer befiehl, wir folgen!« Die Befehle waren eindeutig und klar. Aber für den Jubelmarsch, den man anlässlich Adolf Hitlers Triumph organisierte, musste man Gesinnungsgenossen aus der Mark Brandenburg holen, aus Mecklenburg und Pommern, aus allen Teilen rund um Berlin. Die Berliner blieben zurückhaltend, und nur wenige stiegen bis in die Führerzentrale auf.

Im Vorjahr musste Joseph Goebbels in Berlin eine Niederlage hinnehmen. Nun war er in neuem Glanz wiedergekommen.

Käthe beobachtete die Geschehnisse mit Sorge. »Karl half mir wohl«, schrieb sie ins Tagebuch, »indem er versuchte, das, was er an der Bewegung gut fand, anzuerkennen, ja zu würdigen. Und das war nicht wenig. Im Ganzen aber konnten wir nicht mitgehen, mussten im Gegenteil durchaus ablehnen.«[6]

Jemand wie sie konnte die Augen nicht vor den Geschehnissen verschließen. Sie war durch den Ersten Weltkrieg gegangen, hatte schmerzlich gelernt, dass sich das Gute, der Idealismus der Jugend, zum Schlechten, zum sinnlosen Morden entwickeln konnte. Und sie hatte gelernt, dass es das Gute im Schlechten gab.

So gab es auch jetzt Verordnungen, die sie gut fand. Das Winterhilfswerk zum Beispiel oder das Ziel, die Arbeitslosigkeit zu beheben. Da war ein solidarisches Ansinnen, zweifellos, aber es schloss andere aus, schloss nur ein, wer deutsch war. Das empörte auch Ernst Barlach: » ... dass man über 60 Jahre in Deutschland gelebt hat, und dass man nun angewiesen wird, wie man deutsch zu sein habe«[7].

Jetzt ging es darum, richtig »deutsch« zu sein und dem Führer bedingungslos zu folgen, um gut leben zu können. Das hieß aber auch, sein eigenes Leben einem anderen anzuvertrauen. Und Käthe Kollwitz hatte sich nie Gruppierungen angeschlossen. Für sie zählte nur eins: Menschlichkeit.

Und die suchte Käthe nun vergebens in diesem Land. Es herrschte absolute Respektlosigkeit vor allen, die nicht mitheulten mit den Wölfen. Die Bücherverbrennung am 10. Mai 1933 demonstrierte diese Missachtung den »anderen« gegenüber, indem zerstört wurde, was sie geschaffen hatten.

Zu den Verachteten gehörte auch Käthes Schwager Georg Stern, der einer jüdischen Teehändlerfamilie aus Königsberg entstammte. Er starb am 25. März 1934 nach langer Krankheit. Der hoch musikalische technische Direktor der AEG verkörperte all das, was Käthe Kollwitz mit dem kulturellen und gesellschaftlichen Leben verbunden hatte. Sie schrieb nichts über seinen Tod in ihr Tagebuch. Aber nicht immer schrieb sie, wenn sie etwas bewegte, und der Tod von Georg hat sie zweifellos sehr ergriffen.

Vielleicht war es sein Tod, der diesmal den Anstoß gab, das Motiv, diesen »Erzklang des Lebens« neu zu umkreisen. »Du weißt, wie ich über das Sich-Vollenden denke«, hatte sie vor Jahren Hans geschrieben. »Man hat die Verpflichtung dazu«[8]. So kämpfte sie sich durch in den folgenden Jahren, bis 1937, als die achte und letzte Lithografie dazu entstand.

Die Sonne störte sie zuweilen in ihrer Arbeit an diesen Bildern. Aber merkwürdigerweise verlor der Tod für sie mit fortschreitendem Alter immer mehr seine Bedrohlichkeit. Je näher sie ihm rückte, desto mehr schien seine Größe zu schwinden.

Er bedeutete keine Herausforderung mehr. Vage kam ihr der Gedanke: Es ist alles schon einmal dagewesen.

Es scheint, als ob der Kampf mit dem Tod, der unbarmherzig nach Müttern und Kindern greift, nun wirklich ausgestanden war für sie und ihr Werk.

Die Gesten der Gestalten, wenn sie sich einander anvertrauen, sind jetzt überaus zärtlich. Es sind tief miteinander verbundene Liebende, die sich hier begegnen.

Als der Verleger Fritz Homeyer Käthe besuchte, zeigte sie ihm das Blatt, auf dem die knochige Hand des Todes eine Frau sacht an der Schulter berührt. Die Frau hat ihr eigenes Gesicht, so wie viele, ja wohl die meisten ihrer persönlichen Blätter. »Ich habe aus einer inneren Abwendung das Blatt nie zu Ende gearbeitet«, sagte sie. Sie hatte deshalb darauf geschrieben: »Unvollendeter Stein«. Die Abzüge blieben unveränderbar, obwohl sie im eigentlichen Sinne nicht zu Ende gebracht waren. »Ich kann nicht, gewissermaßen auf Kommando, die damalige Gestimmtheit wieder erfühlen. Ich habe sonst schon früher an den grafischen Blättern, besonders an den Platten, unendlich lange gearbeitet und viel verbessert.«[9]

Also begann Käthe sich in dem Leben unter den neuen Machthabern einzurichten, und sie blieb in Berlin. Das Atelier konnte sie nicht behalten, daher bewarb sie sich um ein Atelier in der Klosterstraße bei den Vereinigten Staatsschulen, die ihr eigenes Atelierhaus den Nationalsozialisten überlassen mussten. Es war ein dreistöckiges Backsteingebäude, erbaut von Martin Gropius und Heino Schmied, in der Nähe vom Alexanderplatz, und wurde in diesen Jahren ein Zufluchtsort, eine »Insel« im »braunen Getriebe für jene auch, die den neu aufgestellten Normen nicht entsprachen.« Käthe wurde eine von ihnen.

»Es wird mir gesagt, dass vor 1933 die Zahl der in Deutschland lebenden Juden 1 % betragen hat, also 600 000. Davon haben 200 000 Deutschland verlassen, es bleiben 400 000«, vermerkte Käthe später am 10. April 1937.

Es sind wieder Fakten, die sie aufschrieb und die nichts verraten über ihre Sorgen und die quälenden Gedanken über die Juden. Sie lebten mit ihnen in nächster Nähe am Prenzlauer Berg. Seit den Achtzigerjahren waren vor allem aus dem russischen Osten die Schneider gekommen, die sie als Karls Patienten aus der Praxis kannte. Aber es gab auch den Kultusvorsteher aus der Synagoge in der Rykestraße, Karls Ärztekollegen und noch viele andere. Keiner von ihnen hatte jemals darüber nachgedacht, was »deutsch sein« hieß.

In einem Brief an den ehemaligen Meisterschüler Josef Schwarzmann, der nach Israel emigrierte, schrieb Käthe von dem »vielen so sehr Traurigen, was die Menschen, vor allem die jüdischen Menschen, jetzt durchmachen müssen«. Denn »hier ist das Leben für Juden jetzt sehr schlimm.«[10]

Hinter der Weißenburgerstraße lag der jüdische Friedhof mit den großen, beschützenden Bäumen und den alten Grabsteinen, die schief oder zuweilen umgefallen waren, überwuchert vom Efeu und mit oftmals unleserlich gewordenen Inschriften. Dorthin war früher Fräulein Schumann, die Betreuerin, gerne mit ihrer Mutter gegangen, und auch Käthe kam zuweilen an diesen Ort.

Die Steine standen hier seit Jahrhunderten, allen Ereignissen zum Trotz. Sie würden bleiben, wie auch Käthe Kollwitz ausharrte.

Es ist das Jahr 1935, in dem die Nürnberger Gesetze zum »Schutze des deutschen Blutes und der deutschen Ehre« beschlossen werden, als sie Max Liebermann auf seinem letzten Gang auf dem alten Jüdischen Friedhof am Schönhauser Tor begleitet.

Karl Scheffler hält die Rede. Adolph Goldschmidt und Max J. Friedlaender vertreten die Kunstwissenschaft und die Museen. Von den Künstlern sind nur Hans Purrmann, Konrad von Kardorff und Maximilian Klein von Diepold gekommen. Mit Käthe Kollwitz insgesamt also nur drei weitere »arische« Künstler.

Max Liebermann, der große deutsche Maler, geht von dieser Welt, und kaum jemand beachtet seinen Tod. Er war mehr als dreißig Jahre Mitglied, zwölf Jahre Präsident und danach Ehrenpräsident der Akademie und hat bis zu seinem unwürdigen Abgang 1933 viele Künstler vertreten und gefördert. Aber sie sind plötzlich verschwunden. Die unzähligen Gäste, die er Zuhause bewirtet hat, gibt es nicht mehr, und die Abgeordneten und politischen Vertreter der Stadt Berlin, deren Ehrenbürger er gewesen ist, hüllen sich in Schweigen.

Käthe hat ihn nach seinem Tod noch einmal angeschaut und am 9. Februar 1935 sachlich notiert: »Gereckt liegt er da und das verändert den Eindruck, weil ihm der Kopf so überhing. Stirn, Schläfen, Nase sehr gut und vornehm.« Nichts unterscheidet ihn von anderen Menschen. Und doch wird er durch die neuen Gesetze zum Nichts. Max Liebermann hat man ausgestoßen.

Der Rabbiner spricht am Sarg noch einige Worte, Frau Liebermann steht daneben. 1943 wird auch sie Opfer dieses Landes werden, wenn sie sich selbst das Leben nimmt – bevor es andere tun, bevor andere kommen, um sie, die alte Frau, abzuholen für den Transport in den Osten.

Als Peter im Krieg gefallen war, als Käthe so sehr in ihrem Schmerz gefangen war, da hatte Max Liebermann ihr geraten: »Arbeiten Sie.« Das aber verwehrte man ihr in diesen Jahren, denn Arbeiten bedeutete für sie auch, die Umstände darzustellen, so wie sie sind.

Immerhin konnte sie ein kleines Zeichen setzen, indem sie hier am Grab von Max Liebermann stand und damit die Ausgestoßenen und Verfolgten ehrte. Viel mehr konnte sie kaum tun, sie konnte ihnen Briefe schreiben und in kleinen Gesten ihre Verbundenheit zeigen.

Ansonsten wurde sie kaum noch gehört. »Denn ich stehe nicht mehr an der Stelle«, schrieb sie an eine Frau Pfarrer, »an welcher ich stand, solange ich noch Akademiemitglied war. Empfehlende Worte für den Künstler Wilhelm Groß von meiner Seite bedeuten nicht mehr eine Empfehlung. Sie würden das Gegenteil bewirken.«[11]

Sie war verdammt zur künstlerischen Wirkungslosigkeit. Eine große Einsamkeit umgab sie, die sie zuvor niemals gekannt hatte. Schon 1918 war ihr eine schlechte Kritik lieber als gar keine Kritik gewesen. 1925 glaubte sie, sie würde es »schwer aushalten, wenn der Begriff »Käthe Kollwitz« aufhörte zu existieren, wenn der Name nicht mit Respekt und Anerkennung verbunden wäre.« Nun war eingetreten, was sie sich nie wirklich hatte vorstellen können: niemand forderte sie mehr dazu auf, für oder gegen etwas zu sein, und mit ihrer Unterschrift, ihrer Arbeit, ihrer Person Stellung zu beziehen.

Noch einmal unternahm sie einen Versuch, in die Öffentlichkeit zu gehen. Im November 1934 bewarb sie sich für die Ausstellung in der Akademie und reichte fünf Lithografien zum Tod und das neue Selbstbildnis bei der Jury ein.

Sie hatte dabei ein schlechtes Gewissen, vor allem Max Liebermann gegenüber. Es war für sie ein innerer Kampf zwischen der Stimme der Menschlichkeit, die forderte, die Realität darzustellen, und jener, die sie aufforderte, auf der stummen Seite der Ausgestoßenen zu bleiben. Die erste Stimme war stärker, sie wurde genährt von ihrem Hunger nach Anerkennung. Sie siegte nur einmal und dann nie wieder.

Als man sich bemühte, sie erneut in die Akademie aufzunehmen, lehnte sie ab: »Eine Sache, die – das wird mir immer klarer – ich ablehnen müsste, wenn sie Tatsache werden sollte.« Denn, so schrieb sie an Arthur Bonus, »wenn der Verfasser sagt, die

Seelen von Unzählungen im Arbeitsstand glühten für mich, – so hören sie sicher auf, das zu tun, wenn ich ›ehrenvoll wieder anerkannt‹ – werde. Ich will und muss zu den Gemaßregelten stehen. Die wirtschaftliche Schädigung, auf die Du hinweisest, ist eine selbstverständliche Folge. Tausenden geht es ebenso. Darüber muss man nicht klagen.«[12]

Zwar war 1933 in Dresden noch *Das neue Kollwitz-Werk mit handschriftlichen Kommentaren der Künstlerin zu den einzelnen Bildern* erschienen, aber die Reaktionen waren spärlich.

Im Sommer 1934 besuchte sie Lilli Vetter. Wie immer öffnete Fräulein Lina die Wohnungstür und führte Lilli Vetter wie in den Jahren zuvor unzählige Besucher in die satt-grün gestrichene Wohnstube. Dort stand sie, die große Künstlerin, mitten im Raum, in einem schwarzen Kleid. Die weißen Haare waren nach hinten gekämmt, ein Lächeln lag auf den immer noch sinnlichen Lippen, während sie ihr Gegenüber mit dunklen Augen ruhig ansah.

Sie sprach sachlich, aber ihre Trauer war deutlich zu spüren. »Die Professur ist mir genommen«, sagte sie, »das Atelier, na, das ist nicht schlimm ... aber – keine Ausstellungsmöglichkeit zu haben, ist schwer.«[13]

Vergessen hatte man sie jedoch nicht. Im Sommer hingen an der Klinke ihrer Ateliertür in der Klosterstraße manchmal kleine Gartensträuße oder sie lagen vor der Tür.

Hier besuchten sie auch einmal die Enkel. Der kleine Arne telefonierte häufig mit ihr, aber immer nur sehr kurz. Er verstand noch nicht viel von dem, was geschah. Aber Peter und die Zwillinge Jördis und Jutta begriffen zumindest in Ansätzen, dass es nicht leicht war, sich in dieser neuen Welt zurechtzufinden, in dieser scheinbar perfekt funktionierenden Welt, in der alles organisiert war – von Hitler bis zum Blockwart, vom Pimpf bis zur Partei. Sie spürten, dass die, die nicht in das System passten, vom Leben ausgeschlossen waren.

Etwas beklommen betrachteten die Kinder die furchterregend große Plastik, die im Atelier stand. Es war die Mutter, die ihre Kinder umschloss, eines vielleicht zehn Monate alt, das andere drei oder vier Jahre. Käthe bezeichnete sie trotzdem als »Zwillinge«. Als sie Ottilie einst mit den beiden Mädchen im Arm gesehen hatte, wusste sie plötzlich, dass sie dem einen Kind der Plastik ein zweites hinzufügen musste.

Ihrer Schwiegertochter schrieb sie später aus Bad Reinerz: »Und so ist denn alles langsam geworden und gewachsen – bis jetzt, wo sie endlich fertig ist. Und so weißt Du, wie eng Du mir verwachsen bist – Du Mutter! Ich danke Dir so von Herzen für das, was Du Hans und uns gegeben hast. Von den Kindern red ich nicht.«[14]

Es war das erste Mal nach all den vielen Jahren, dass sie anerkennende Worte für Ottilie fand. Käthe Kollwitz lernte dazu. An Marie Baum und Ricarda Huch schrieb sie: »Zu ändern ist nicht und die Fäuste bleiben in der Tasche.«[15]

Das Leben wurde ihr schwer gemacht, aber gänzlich zum Schweigen brachte man sie nicht. Jährlich nahm sie im November und Dezember an den Ausstellungen der Klosterstraße teil. Und es waren ihre Arbeiten, die in den Zeitungsbeiträgen nach wie vor besonders hervorgehoben wurden.

1936 allerdings hängten ihre Kollegen das Grabrelief mit ihrem Antlitz in eine Ecke des Hauses. Sie sah es und nahm es ab. Während sie es in ihr Atelier zurückbrachte, sagte sie ganz leise: »Dann braucht es nicht dabei zu sein.« Die anderen Zeichnungen ließ sie hängen. Keinem der Kollegen fiel auf, dass das Relief fehlte.

Für manche von ihnen mochte sie auf den ersten Blick nur eine kleine, alte Frau gewesen sein, die, schon etwas gebückt, eine Handtasche unter den Arm geklemmt, mit der anderen Hand sich auf das Geländer stützend, die Treppe zu ihrem Atelier hochstieg, wo sie zurückgezogen still vor sich hin arbeitete.

Aber wenn sie bei den Festen der Gemeinschaft Klosterstraße mit dabei war, mit den Bildhauem Ludwig Kasper und Hermann Blumenthal, mit Werner Gilles, Werner Heldt, Herbert Tucholski und anderen, dann zog sie nach wie vor alle wie ein Magnet an. »Niemals«, sagte Werner Held, »habe ich einen Menschen gekannt, der, ohne selbst ein Wort zu sprechen, durch seine bloße Gegenwart einen solchen Eindruck machte.«

Es waren nur wenige Menschen, mit denen Karl und Käthe einen wirklich freundschaftlichen Austausch pflegten. Daran hatte sich nichts geändert. Lise gehörte nach wie vor zu diesem engen Kreis. Manchmal fuhr sie jetzt nach London zu ihrer Tochter Hanna, die mit ihrer Familie nach England emigriert war, bevor sie weiter nach Amerika zogen. Dorthin war 1934 bereits Maria geflüchtet, die ihr Leben nun unter anderem als Regieassistentin von Max Reinhardt bestritt. Kattas Versuch, in Amerika eine neue Heimat zu finden, scheiterte. Sie bekam keine Aufenthaltsbewilligung und kehrte nach Deutschland zurück, wo sie mit ihrer Mutter lebte. Rele, die Ärztin, musste als Halbjüdin ihre Praxis aufgeben.

Es war gewiss nicht leicht für Lise, diese abgebrochenen Lebenslinien ihrer Töchter mitanzusehen. Sie war in eine kleinere Wohnung umgezogen, damit die Lücke, die Georg hinterlassen hatte, weniger groß wirkte. Wenn Käthe sie danach fragte, sagte sie immer: »Nein, ich fühle mich nicht einsam.« Vielleicht war es so.

Käthe war von früher das Interesse an ihren künstlerischen Arbeiten gewohnt, und darum machte sie es nicht argwöhnisch, als sich im Jahr 1936, im Jahr der Olympiade, als sich Deutschland der Welt zu öffnen vorgab, telefonisch ein russischer Käufer meldete. Sie erzählte ihm, der sich dann als Journalist entpuppte, manches, auch Dinge, die vielleicht nicht für deutsche Ohren bestimmt waren. Karl hatte Bedenken, das Interview veröffentlichen zu lassen. Und später bedauerte auch sie, das

Einverständnis gegeben zu haben. Doch da war es bereits zu spät.

Am 3. Juli 1936 erschien in der *Iswestja*, der regierungsamtlichen *Moskauer Tageszeitung*, ein Bericht über diesen Besuch, nicht aber das angekündigte Interview: »Dimitri Buchartzew. Bei Käthe Kollwitz. Brief aus Berlin«, lautete die Überschrift. Sie las von der großen Wertschätzung, die sie der UdSSR entgegenbrachte. Sie las, dass sie zwar über die Grenzen bekannt war, aber im eigenen Land keinen Einfluss mehr ausüben konnte. Und dass sie in tristen Verhältnissen lebe. Wortwörtlich stand dort: »Ungeachtet der gewaltigen materiellen Schwierigkeiten, der Unmöglichkeit, ihr Atelier zu bezahlen, der Isolierung von der Außenwelt, hört die hochbetagte Künstlerin nicht auf zu arbeiten.«

Die kulturelle Situation in Deutschland sei empörend, war zu lesen, wie es die Bildnisausstellung des modernen Deutschen beweise. »Verständlich, dass in dieser ehrwürdigen Gesellschaft kein Platz für die Arbeiten von Käthe Kollwitz sein kann. Kennzeichnend ist, dass sogar die deutsche Presse sich eher zurückhaltend über diese Ausstellung äußerte, indem sie die Mehrzahl der Arbeiten als naives Handwerk, banalen Naturalismus usw. charakterisierte.«[16]

Das, was Käthe Kollwitz gesagt hatte, hatte nun einen anderen Klang. Es war ein anderer Ton, der geschliffener und eindeutiger war. Sie war weder hochbetagt noch lebte sie in derartigen materiellen Nöten, auch wenn das Geld fehlte, um die plastischen Arbeiten ausführen zu lassen.

Und freilich wurden ihre Arbeiten wie jene von Ernst Barlach u. a. in der Jubiläumsausstellung »Berliner Bildhauer von Schlüter bis zur Gegenwart« entfernt.

Die in den Augen anderer überzeichneten Behauptungen waren ein eindeutiger Angriff auf die Kulturpolitik und das soziale System des Deutschen Reiches, das eine weit über die Grenzen Deutschlands bekannte Künstlerin wie Käthe Kollwitz regelrecht »verkommen« ließe. Am 13. Juli klingeln deshalb zwei Kriminalbeamte in der Weißenburgerstraße Nr. 25.

Käthe Kollwitz, die ein Gedächtnisprotokoll verfasst, sagt ihnen: »Ich bin keine Kommunistin gewesen, keine Unabhängige, kein Spartakusmitglied. Die Arbeiten waren immer getragen von einem sozialen Gefühl. Je älter ich werde, desto mehr sind sie Ausdruck der Menschlichkeit.« Sie fügt aber auch hinzu: »Es waren nie Arbeiten für eine Partei. Nur für die Menschen.«[17]

Die beiden Männer mustern sie argwöhnisch, die kleine, alt gewordene Frau, die ihnen gegenübersitzt und keine Angst vor ihnen zu haben scheint. Ihre Gesichtszüge bleiben gelassen, ihre Hände liegen ruhig in ihrem Schoß. Ihre Augen hat sie auf sie gerichtet und beobachten sie, wie sie immer die Menschen betrachtet. Auch die Gefolgsleute von Hitler sind Menschen. Und irgendwo regt sich vielleicht etwas in ihnen, gibt es vielleicht eine Stelle, wo sie verwundbar sind, auch wenn ihre Gesichter kühle Fassaden bleiben.

So sitzt Käthe vor diesen Männern und erklärt ihnen, dass der Journalist ihre wirtschaftliche Not stark überzeichnet habe. Geduldig erklärt sie und legt ihnen ihre und Karls Einnahmen und Ausgaben vor. Die Beamten prüfen die Unterlagen eingehend. Sie hat bezüglich ihrer materiellen Lage nicht gelogen. Trotzdem drohen sie ihr im Wiederholungsfall mit dem Konzentrationslager. Kein Alter und kein Name kann sie davor schützen.

Am nächsten Tag kommt ein anderer Beamter in ihr Atelier in der Klosterstraße und will ihre Arbeiten sehen. Er notiert sich, bei welchen Ausstellungen ihre Arbeiten entfernt worden sind und verlangt für die Zeitungen noch eine schriftliche Erklärung, in der sie den Behauptungen der Russen widerspricht. Alles läuft ruhig vonstatten, aber die Bedrohung ist doch beinahe mit Händen greifbar.

Käthe Kollwitz tat, was von ihr verlangt wurde. Sie unterschrieb und übergab die Erklärung dem Beamten, während sie ihn aus ihren dunklen Augen ruhig ansah. Aber die darauffolgenden Tage verbrachte sie in »in gedrückter und erregter Stimmung«. Ins Tagebuch schrieb sie im Juli 1936: »Es quält mich die Vorstellung, dass sie meine Erklärung ungenügend finden werden, dass ich in die Enge getrieben werde und es schließlich doch zu einer Verhaftung kommt.«

Die Bemühungen, sie und Karl nach Amerika zu holen, scheiterten endgültig. So beschlossen sie, wenn es sich nicht verhindern ließe, freiwillig aus dem Leben zu scheiden, *corriger la fortune*, das Schicksal korrigieren, wie es der befreundete Arzt Dr. Freund aus ihrem Urlaubsort Bad Reinerz einmal bezeichnete. Er hatte dabei gelacht, wie er, der Achtzigjährige jüdischen Glaubens, immer über die Politik und die jetzigen Zustände lachte. Käthe und Karl lachten nicht, die Fäuste mussten in der Tasche bleiben.

Mit leicht verständlichen, schlagzeilenähnlichen Parolen versuchte Joseph Goebbels die Massen zu manipulieren. Man hörte dieselben immer wieder und immer wieder. Bis man sie zu hören meinte, auch wenn niemand sprach.

Sie propagierten den idealen, perfekten Menschen, von dem die Menschheit seit jeher geträumt hatte. Und der sollte nun, gegebenenfalls per Züchtung, erschaffen werden. 1912 bereits hatte man in Jena den »Bund für Polygamie« gegründet. Hundert ausgewählte Männer verkehrten zur »Rasseverbesserung« mit tausend ausgewählten Frauen, um den vollkommenen Menschen zu zeugen.

In den Bildern der nationalsozialistischen Maler wie Adolf Ziegler und den Plastiken von Arno Breker zeigt sich exakt dieses von den Nationalsozialisten übernommene Ideal – der Körper, den man wie Götter verehren, aber nicht lieben oder begehren konnte, den keine Menschlichkeit auszeichnete, der nichts ahnen ließe von Tränen, Freude, Wut und Hass, wie sie das

Leben ausmachen. Er war die Antithese zur alles verzehrenden Liebe, war Stereotyp des Ewigen, Unwandelbaren, Reinen – eine perfekte Hülle, die sich nach Bedarf für Inszenierungen einsetzen ließ: bei den Aufmärschen und Parteitagen genauso wie beim Münchner Umzug am 18. Juli 1937 »2000 Jahre Deutsche Kultur in München«. Es war eine Welt des Scheins, deren Gesetze andere machten.

Aber hatte nicht Adolf von Harnack einmal gesagt: »Was aber ist Freiheit anders, als wachsen dürfen nach eigenem Gesetz?«

So zeichnete Käthe Kollwitz weiter wie zuvor, zeichnete die Wirklichkeit, ihr eigenes Gesicht, um sich selbst auf die Spur zu kommen, vielleicht auch dem Alter und dem Vergehen.

Die Konturen ihres Gesichtes waren weicher geworden, als ob die Kraft, die in ihr lebte, nicht mehr alles ausfüllen konnte. Die Haare waren dünner geworden. Nur die Augen, die waren immer noch dunkel und tief.

Der Rücken, über den sie nun gerne ein Tuch hüllte, krümmte sich bereits etwas. Fast geschlechtslos erscheint sie auf den späten Selbstbildnissen – weder Frau noch Mann, aber ein Mensch, in dem die widerstreitenden Kräfte endgültig vereint scheinen.

XIII

Am 21. Dezember 1935 nimmt sich Kurt Tucholsky das Leben. Auf die Ausgabe des *Schwarzen Korps*, der Zeitung der SS, vom 27. Februar 1936 schreibt Käthe Kollwitz »Tucholsky nimmt sich in Schweden das Leben. Er hinterlässt einen Zettel: ich hab genug.«

1935 schloss Adolf Ziegler in der Neuen Pinakothek in München die Ausstellung »Berliner Kunst« mit Arbeiten von Käthe Kollwitz, Ernst Barlach, Max Beckmann und anderen, später die Ausstellung in Düsseldorf. Bei der Jubiläumsausstellung »Berliner Bildhauer von Schlüter bis zur Gegenwart« wurden am Tag der Eröffnung ihre beiden Arbeiten, die *Mutter* von Roggevelde und das Grabrelief entfernt. Die *Mutter* sollte zurück ins Kronprinzenpalais. Ihre Ausstellung beim Frauenkunstverband GEDOK im selben Jahr in Frankfurt fand ohne politische Zwischenfälle statt.

Die Einmischungen aber waren nur Vorboten gewesen für das »große« Jahr der Beschlagnahmungen und verachtenden Ausstellungen. 1937 wurden 31 Arbeiten von Käthe Kollwitz aus den öffentlichen Sammlungen der Städte Darmstadt, Düsseldorf, Hamburg und Nürnberg beschlagnahmt. Das war verhältnismäßig wenig im Vergleich mit anderen ihrer Kollegen, in der Ausstellung »Entartete Kunst« verzichtete man darauf, ihre Arbeiten zu zeigen.

In München waren hierhin in viereinhalb Monaten über zwei Millionen Besucher gekommen. Allein am 15. August sahen 42 800 Menschen die Ausstellung, hauptsächlich Bürger, die sonst nie in eine Ausstellung gingen. Die Arbeiten waren absichtlich chaotisch gehängt oder aufgestellt worden, um den »Unwert«

der Bilder und Skulpturen zu betonen. Höhnisch blickten Joseph Goebbels und seine Begleiter auf die Werke der Expressionisten, Dadaisten, der Künstler der abstrakten und konkreten Kunst sowie derer, die mit ihrem kritischen Blick das drangsalierte Menschsein aufzeigten. Aber keiner der stramm Nationalen wusste im Grunde, worüber er so hämisch von einem Ohr zum anderen grinste, außer dass sie Goebbels gefallen wollten, der selbst nach jeder Zustimmung von oben geradezu gierte.

Es gab kaum jemanden, der die Stimme gegen diese Kulturpolitik erhob. Im November 1936 schrieb Käthe Kollwitz: »Auch diese merkwürdige Stille bei Gelegenheit der Heraussetzung meiner Arbeit aus der Akademieausstellung und anschließend (dem) Kronprinzenpalais. Es hat mir fast niemand etwas dazu zu sagen. Ich dachte die Leute würden kommen, mindestens schreiben – nein. So *etwas* von Stille um mich. – Das muss alles erlebt werden! – Nun ist der Karl noch da.«[1]

Er gab ihr Kraft und Mut. Und sie war trotz allem für manchen auch noch immer ein Stein in der Brandung. Der Grafiker Reinhard Schmidhagen schrieb, als er an dem Holzschnittzyklus *Guernica* arbeitete, an Ludwig Renn: »... meine gedanken sind viel bei der kollwitz, die nach wie vor mein großes vorbild ist ... aber manchmal, ludwig, wird einem so bange, so mutlos ums herz ... wer hat denn einer kollwitz geglaubt, wer einem tucholsky, einem remarque, oder dir, ludwig.«[2]

Man hat ihnen nicht geglaubt, als sie Zweifel an dem neuen Regime geäußert hatten.

Scheinbar unberührt von den äußeren Umständen arbeitete Käthe Kollwitz weiter in ihrem Atelier in der Klosterstraße an kleinen plastischen Werken. Ab und zu bat sie andere Bildhauer wie Ludwig Kasper und Hermann Blumenthal um Rat, wenn sie ein Problem hatte. Aber erst, wenn die Arbeit fast vollendet war, lud sie ihre Kollegen in den kalten, grauen Raum ein, der auf manchen Besucher fast feindselig wirkte.

Bescheiden und verlegen stand sie dann im Atelier, berührend zurückhaltend blickte sie mit ihren großen, tiefen Augen eindringlich und lange auf die Kollegen, um zu ergründen, was sie dachten. Wurde sie gelobt, schwieg sie, wurde Kritisches angemerkt, hörte sie aufmerksam zu.

Gerne hätte sie die Mutter mit den Zwillingen in Stein hauen lassen, doch sie hatte nicht genügend Geld für das Material, selbst wenn sie dann und wann, ganz überraschend, etwas verkaufte. Leo von König erfüllte schließlich ihren Wunsch. Er hatte an Krupp ein großes Stück Land verkauft und stellte ihr 1500 Mark zur Verfügung. Im April 1937 begann der Bildhauer Geiseler im Hof des Atelierhauses mit der Arbeit. Aber sehen wollte sie keiner. Zum Verleger Homeyer sagte sie: »Hier muss nun meine ›Mutter‹ ihr Leben vertrauern, und draußen wird so viel und laut von Mutter und Kindern geredet.«[3]

Sie setzte dennoch ihre Arbeit fort. Unbemerkt war aus der geplanten kleinen Plastik *Alter Mensch* eine Pietà geworden: Eine Mutter hat ihren toten Sohn zwischen ihren Knien im Schoß liegen, auf den sie nachdenklich blickt. War Peters Tod notwendig? Vielleicht machte er einen Sinn, wenn er andere davor bewahrte, mit Freude in den Krieg zu ziehen.

Die neue Generation von Jungen wuchs heran. Auch sie wollten leben, etwas erleben und lechzten nach neuen Perspektiven und Glücksversprechungen.

Immer lauter wurden wieder die Stimmen, die den Krieg glorifizierten. Wo waren die jungen Menschen aus den frühen Zwanzigerjahren geblieben, die so leidenschaftlich den Pazifismus verkündet hatten?, fragte sich Käthe Kollwitz.

Die Pietà durfte in Deutschland nicht gezeigt werden. Eine öffentliche Ausstellung ihrer Arbeiten wurde untersagt. »Grund immer derselbe«, schrieb sie. »Ich kann mich nur schwer an den Gedanken gewöhnen, dass ich, durch Beteiligung früher zur

Ehre gerechnet wurde, jetzt zu schweigen habe. Jetzt endlich werd ichs wohl begriffen haben.«[4]

Trotzdem gab sie nicht auf. Einem kleinen Kreis prominenter Kunsthistoriker, Museumsexperten, Kritikern und Sammlern aus dem In- und Ausland zeigte sie ihre Arbeiten in der Galerie Buchholz und auch in ihrem Atelier, das sie seit Juni 1937 im Erdgeschoss hatte.

In diesem Jahr feierte Käthe Kollwitz ihren 70. Geburtstag. Sie feierte ihn mit Karl, Lise und Katta bei einem köstlichen Essen, bei Wein und Sekt in Bad Reinerz. Im Atelier der Bildhauerin Hilde Plate in der Klosterstraße gab man ihr zu Ehren ein kleines Fest. Es kamen zahlreiche Briefe und Telegramme, nicht mehr so viele wie früher, aber immerhin an die hundertfünfzig. Es waren Glückwünsche von Gerhart Hauptmann, von Karl Schmidt-Rottluff, Georg Kolbe, Leo von König und verblüffenderweise von Arno Breker, dem offiziellen Bildhauer der Nationalsozialisten.

Etwa zur gleichen Zeit wurde in einem vertraulichen Bericht aus dem Gau-Personalamt Berlin an den Landesleiter Berlin der Reichskammer der bildenden Künste geschrieben: »Unter Bezugnahme auf die mit Ihnen geführte telefonische Rücksprache teile ich Ihnen folgendes mit: Nach der Machtübernahme hat die Volksgenossin K. in keiner Weise versucht den nationalsozialistischen Belangen mindestens nach außen hin gerecht zu werden. Sie scheint von den kommunistischen Ideen so stark beeinflusst zu sein, dass eine ehrliche Umstellung unmöglich ist. Die Volksgenossin K. bietet mir nicht die Gewähr dafür, sich jeder Zeit rückhaltlos für den nationalsozialistischen Staat einzusetzen.«[5]

Im Ausland galt sie nach wie vor als eine große Persönlichkeit. Seit Anfang der dreißiger Jahre kannte man sie in China und in der Zeitschrift *Der große Bär* wurde das Blatt *Opfer* aus dem Holzschnittzyklus *Krieg* veröffentlicht. Der Schriftsteller Lu Xun schrieb: »Diese große Künstlerin ist heute zum Schweigen verurteilt, aber mehr und mehr ihrer Werke sind in den Fernen Osten eingedrungen, denn die Sprache der Kunst wird überall verstanden.«[6]

Ähnliche Stimmen kamen aus dem Exil. In der Januar-Ausgabe von *Das Wort*, dem Sprachrohr der deutschen Exilanten, schickte Alfred Durus in Form eines dithyrambischen Artikels einen »Geburtstagsgruß«. In den USA, wohin viele Sammler geflüchtet waren, stellte man ihre Arbeiten aus. Erich Cohn, Curt Valentin und Jake Zeitlin engagierten sich für sie. An die nach Amerika emigrierte Hanna Löhneberg schrieb Käthe: »Es war mir natürlich etwas deprimierend zu erleben, wie man hier schon zu den Toten gerechnet wurde oder genauer gesagt zu den nicht mehr Lebensberechtigten. Übergehen und Stillschweigen war die angewandte Methode. Nun blüht da drüben noch einmal etwas auf, das ist erfreulich ... Vielleicht glückt im Herbst eine Kollektivausstellung in den nordischen Ländern.«[7]

1934 hatte sie gemeinsam mit Heinrich Zille und Ernst Barlach in Amsterdam ausgestellt, dabei sollte es bleiben. Immerhin in London war sie präsent. 1938 veranstaltete man in London unter dem Vorsitz des bekannten Kunstexperten Herbert Read eine »Exhibition of 20th Century German Art«, die später auch in amerikanischen Städten gezeigt wurde. Die Eintrittseinnahmen kamen emigrierten Künstlern zugute.

Einer der Verstoßenen und dennoch Gebliebenen war Ernst Barlach. Er war wohl in dieser Zeit als einziger Künstler neben dem Tierplastiker August Gaul ein Freund Käthe Kollwitz'. Auch Barlach hatte sich immer auf die Seite der Entrechteten gestellt. Gemeinsam mit Max Liebermann hatte sie dafür gestimmt, dass er die Auszeichnung »Pour le Mérite« bekam. Die Naturwissenschaftler konnte sie zur Unterstützung überreden, aber die anderen Künstler schwiegen. Sie wollten es sich nicht verderben mit den neuen Machthabern, wollten weiter verkaufen.

Am 24. Oktober 1938 starb Barlach im Krankenhaus in Rostock. Käthe kam zu seiner Trauerfeier nach Güstrow. Sie war etwas zu früh, ging durch die Seitentür in das Haus und weiter in das Atelier. Sie sah seinen Arbeitstisch mit den Werkzeugen, sah seine Arbeiten. Plötzlich blieb sie stehen. Wie magisch angezogen, wendete sie den Kopf zur Seite. Da stand in der Mitte des Raumes der Sarg. Feierlich und kostbar hatte man den großen Künstler aufgebahrt, mit einem schwarzen Teppich und einer weißen Atlasdecke. Darüber hing die Maske des Güstrower Dom-Engels, schweigend wie die Gestalten auf seinen Bildern an den Wänden.

Sein kleiner Hund lief winselnd um den Sarg herum. Käthe war wie vom Donner gerührt.

Zuhause versuchte sie festzuhalten, was sie dort so tief erschüttert hatte. Sie hatte bereits unzählige Tote gesehen, Erschossene, Ertrunkene, Erhängte, Wasserleichen, unansehnliche Körper im Leichenschauhaus. Aber so betroffen war sie noch nie gewesen. An ihre Freundin Jeep schrieb sie: »Jeep, ich sah schon manchen Toten, aber so zum Erbarmen klein, wie dies Irdische von Barlach war, hab ich noch nichts gesehen. Der Kopf lag ganz und gar zur Seite, als ob er sich verbergen wollte. Und die kleinen Hände, die er vor sich ausgestreckt hatte!«[8]

Vielleicht war der Körper durch den Transport vom Krankenhaus zurück in sein Haus verrutscht. Aber für Käthe Kollwitz war es kein Zufall, dass Barlach so abgewandt in seinem Sarg lag, so ganz »Lass o Welt, o lass mich sein.«

Bei der offiziellen Abschiedsfeier zitierte der Pfarrer aus Hiob, aus seinen Briefen und Büchern, sprach von seinem Ringen, seinem Suchen und seinem Schreien nach Gott. Trotz aller Trauer um den Kollegen und Freund schien ihr die Welt zugleich geweitet, wie ein tiefer, runder Glockenton. Als ob ihr Barlach seinen Segen hinterlassen hätte, so empfand sie es. Sie war vertraut mit diesem Gefühl. Es kam, wenn jemand begraben wurde, um den sie trauerte, aber nicht vor Schmerzen erschüttert wurde.

Tags darauf kam die kleine Gruppe der *Kinder-schützenden-Mütter* vom Gießer. Das erste Mal war sie zufrieden mit einer Bronze-Arbeit. Kurze Zeit später, im November, stellte sie die Gruppe bei der alljährlichen Ausstellung in der Klosterstraße aus. Einige Nationalsozialisten erhoben Einspruch, und sie musste die Plastik wieder entfernen. Die offizielle Begründung: »Im Dritten Reich haben Mütter es nicht nötig, ihre Kinder zu schützen, das tut für sie der Staat.«[9]

Käthes Fäuste blieben weiterhin in der Tasche.

Sie arbeitete derzeit an einem Relief, das sie *Die Klage* nannte, ein Gesicht mit geschlossenen Augen und Händen, die die eine Gesichtshälfte verbergen und den Mund verschließen. Ihre Trauer um Ernst Barlach und um jene, die unter dem Regime Entsetzliches erlebten, findet hierin einen entsprechenden Ausdruck.

Kurz nach dem Tod des Freundes kam es zum Novemberpogrom. Es war der 9. November 1938. Synagogen wurden angezündet, jüdische Geschäfte zerstört, Menschen verprügelt. Hitlers Handlanger drangen in Wohnungen ein, verbreiteten Schrecken unter den Menschen, Männern, Frauen, Alten und Kindern, Gläubigen und Assimilierten, die alle seit 1933 nicht mehr als »deutsch« anerkannt wurden. Tausende wurden gefangen genommen und in Gefängnisse gesperrt, viele auch in Konzentrationslager.

Als der Pogrom stattfand, war Käthe Kollwitz in ihrem Atelier. Über die Königsstraße ging sie nach Hause und sah die Übergriffe. Später kam Karl, er war im jüdischen Viertel gewesen und erzählte davon. Langsam, bedächtig, als ob er selbst nicht glauben konnte, wovon er sprach. Manchmal konnte er nicht weitersprechen, unterbrach sich und wandte sich ab.

Es gab in Berlin die meisten Widerstandsgruppen, hier kursierten die meisten Witze über die Nazis und ihr Regime. Aber bei diesem Pogrom unterschied sich Berlin in keiner Weise von anderen Städten in Deutschland und in Österreich, das als Ostmark seit März in das Reich eingegliedert war. An Hans Erich Blaich schrieb Käthe: »Es gibt noch andere Worte von Hölderlin, Barlach schrieb sie mir mal, die heißen: Der Knechtssinn wächst, mit ihm der grobe Mut. Diese Nacht hat den groben Knechtssinn wieder glänzend bewahrheitet. Synagogen sind abgebrannt. Sämtliche Schaufenster von jüdischen Geschäften zerschmissen. Aber der Knechtssinn hört nicht auf mit denen, die sich dazu hergaben, er pflanzt sich fort in denen, die lächelnd die Straßen füllen.«[10]

Kollwitz' kannten viele Juden – Joseph Bloch und der Schwager Georg waren darunter. An Doris Levy, für deren im englischen Exil verstorbenen Mann Franz sie ein Grabrelief am jüdischen Friedhof in Köln-Bocklemünd angefertigt hatte, schrieb Käthe am 15. Dezember 1938: »Glauben Sie mir, wir litten alle gemeinsam und tief. Schmerz und Scham fühlen wir. Und Empörung.«[11]

In der Ausgabe vom 24. November 1938 des *Schwarzen Korps* strich sie den Leitartikel »Juden was nun?« rot an. Und in ihrer großen, breiten, klaren Schrift schrieb sie daran: »Teufel!« Nach außen hin war sie allerdings vorsichtiger geworden, wie die meisten ihrer Zeitgenossen.

In einer deutsch-italienischen NS-Zeitschrift reproduzierte man die sieben Blätter aus ihrer Mappe *Hunger* der Internationalen Arbeiterhilfe unter dem Titel *Hunger im roten Paradies*. Und in der *NS-Frauenwarte* erschien ihr Beitrag – von dem bereits Hitler ein kümmerliches Plagiat zur Ankündigung einer seiner Reden im Hofbräuhaus verwendet hatte – unter dem Namen »Frank« als Propaganda für National-Spanien und gegen die »roten Mordbanden«. Sie beließ es dabei, jeder Protest hätte sie und ihre Familien in Gefahr gebracht.

Karl und sie standen sich nun näher als je zuvor. Sie waren nach so vielen Jahren, in denen sie sich in einem unablässigen Spiel einander zu- und wieder abgewandt hatten, zusammengewachsen. Wie auf dem Erinnerungsblatt, auf dem sie nebeneinander sitzen und ihre Silhouette sie miteinander verbindet. Deutlich spürten sie es 1938 in Bad Reinerz, als Karl 75 Jahre wurde und sie dort einige schöne Tage verbrachten. Nichts stand mehr zwischen ihnen, keine Patienten, keine Arbeit, keine Sehnsucht, die sie auseinandertrieb.

Der Alltag war jedoch genauso straff organisiert wie in den Jahren zuvor: Um sieben Uhr standen sie auf, während sie frühstückten und den weiteren Tagesablauf besprachen, schauten sie die Post durch und lasen die Zeitung. Von halb neun bis ungefähr zwei Uhr nachmittags war Karl in der Praxis. Käthe erledigte währenddessen die Telefonate, besprach sich mit Lina und ging anschließend ins Atelier in die Klosterstraße, wo sie später noch Besucher empfing.

Einander gegenübersitzend aßen sie zu Mittag, am selben Tisch, auf dem dieselbe Suppenterrine stand wie damals, als sie ihr gemeinsames Leben begonnen hatten.

Käthe beobachtete Karl genau. Er sah immer noch gut aus, seine Haare waren noch blond. Nur zwischen den freundlichen blauen Augen hatten sich zwei senkrechte Falten gebildet. Wenn er beschwingt wie in jungen Jahren von der Praxis in die Wohnung kam, pfiff er ein Lied und immer noch konnte er sie gelegentlich zum Lachen bringen.

Sie hatte in ihrem Leben viele interessante Männer kennengelernt, aber keinem hatte sie so sehr vertraut wie ihm. Ihm hatte sie sich in jungen Jahren anvertraut, und er hatte sie nicht enttäuscht.

Wenn er einmal krank war, vor allem jetzt im Alter, wurde ihr immer besonders klar, wie sehr sie ihn brauchte. Es waren wohl die vielen gemeinsamen Jahre und Erlebnisse, die ihr Glück ausmachten. Hätte sie ohne ihn als Künstlerin mehr herausgeholt? Diese Frage stellte sie sich immer wieder. Wäre sie weiter gegangen, besser gewesen? Vielleicht hätte sie sich auch verloren in der großen Freiheit.

Käthe hatte sich für Karl entschieden, immer. Sie war Künstlerin geworden. Man hatte ihr – zumindest in früheren Jahren – zugehört. Es war gut, wie es war.

Alltagszänkereien blieben dabei nicht aus. Manchmal konnte sie ihre Wut auch heute nicht unterdrücken, wenn Karl sich von Telefonaten während des Essens stören ließ. Oder wenn er sich weigerte, sich auszuruhen, bevor er erneut mit der Arbeit begann.

Käthe hielt grundsätzlich Mittagsruhe. Bis halb fünf durfte man sie nicht stören. Niemand durfte kommen, niemand wurde am Telefon mit ihr verbunden.

Wenn Karl dann längst wieder zu Krankenbesuchen unterwegs war, erledigte sie die Post, und zwischen fünf und sechs Uhr durften wieder Besucher kommen. Abendbrot aßen sie um halb acht, danach hatte Karl seine Abendsprechstunde, die bis 21 oder 22 Uhr dauerte. Erst danach fand er Zeit zum Lesen, Studieren und zum Schreiben. Käthe schlief dann längst.

In all den Jahren hatte sich ihr Lebensrhythmus nicht verändert. Nur donnerstagabends, wenn Karl, wie immer schon, keine Sprechstunde hatte, nahmen sie sich die Zeit, ins Theater zu gehen, ins Kino, sich mit Freunden zu treffen.

Manchmal fuhren sie am Sonntag nach Lichtenrade zu Hans und seiner Familie. Aber der Vorort war schwierig zu erreichen, und die Fahrt hin und zurück dauerte an die drei Stunden. Dort sah man Käthe dann oft schweigend über die Felder nach Marienfelde wandern. Vorübergehenden lächelte sie zu, sah ihnen offen in die Augen.

Langsam und schmerzlich hatte sie den Satz verinnerlicht, der auf dem Grabrelief von Franz Levy steht: »Ich lernte sehen, was klar ist, / ich lernte fühlen, was wahr ist, / ich lernte lieben, was rar ist.«

Krieg lag in der Luft, und das beunruhigte sie.

In ihrem Tagebuch zitierte Maxton aus dem englischen Parlament in England: »Es gibt nichts in der Welt, was wichtig genug wäre, von neuem einen Weltkrieg zu entfesseln.« Das ist ganz *meine Meinung*. Nichts in der Welt!«[12] Die vielen Toten des Ersten Weltkrieges sah sie als Mahnung. Wie viel Elend er verursacht hatte, konnte man damals nur ahnen. Erste Zählungen ergaben »zehn Millionen Tote auf allen Seiten der Fronten, fünf Millionen Krüppel, Millionen Vermisste, durch Hunger und Seuchen ums Leben Gekommene. Ungezählt die Städte und Dörfer, die zerstört, die Kulturgüter, die vernichtet wurden. Nie wieder Krieg und Gewaltherrschaft – das ist der Schwur von Millionen in jenen Novembertagen 1918.«[13]

Dieser Schwur war vergessen, als deutsche Soldaten am 1. September 1939 die polnische Grenze überschritten. Der Krieg hatte begonnen. Die Zeitungen verkündeten gute Nachrichten, die Anzahl der Toten wurden ebenso bekannt gegeben wie die der Verwundeten und Vermissten.

Polen wurde schließlich zwischen Russland und Deutschland aufgeteilt. Dann war Paris an der Reihe. Vor der Radiozentrale Alex v. Prohaska in der Friedrichstraße bejubelten am 15. Juni 1940 die Menschen mit hocherhobenen Armen den kampflosen Fall der Stadt an der Seine am Vortag. An der Stelle, wo Deutschland die Friedensbedingungen vom Ersten Weltkrieg angenommen hatte, im Wald von Compiègne, musste Frankreich die deutsche Besatzung akzeptieren.

Ins Tagebuch schrieb Käthe Mitte Juni: »Während wir in immer kleineren Kreisen unser Leben zu Ende leben, geht draußen gewaltiges Geschehen vor sich.« 1937 hatte Karl Kollwitz die ärztliche Tätigkeit wegen seines Herzleidens fast aufgeben müssen. Durch die Krankheit trat ein, was Käthe all die Jahre umsonst gehofft hatte, nämlich dass er weniger arbeitete und mehr Zeit für sich hatte. Nach schwerer Grippe und Lungenentzündung zog er sich dann 1939 ganz aus der Praxis zurück. Fast 50 Jahre hatte sein Name an der Tür zur Praxis in der Weißenburgerstraße Nr. 25 gestanden. Nun arbeitete hier ein anderer Arzt.

Über zwei, teilweise drei Generationen war Karl ein Lebensbegleiter für die Menschen gewesen. Die neue Zurückgezogenheit fiel ihm daher unsagbar schwer. Immer wieder sprach er davon, die Arbeit wieder aufzunehmen, wenigstens einige Privatpatienten weiter zu betreuen.

Aus finanziellen Gründen gaben sie eine Wohnung auf und behielten als Haushaltshilfe nur noch Lina.

Käthe sorgte sich um Karl, aber Rele Stern, eine der Töchter von Lise, kümmerte sich um ihn. Sie war Ärztin, und durch ihren großen Einsatz verhalf sie Karl dazu, das Leben zu genießen und nicht nur zum Krank- und Untätigsein verdammt zu sein. Er war nicht mehr derselbe, der unablässig Agierende. Während Käthe im Sommer mit den Kindern nach Bad Salzschlirf fuhr, ging er zur Erholung in das Elisabeth-Sanatorium in Babelsberg-Ufastadt.

1940 machte sich erneut eine Herzschwäche bemerkbar, es kam eine Fistelblutung hinzu und ein Hodenabszess. Am 7. Juni sprach er das erste Mal davon, den Tod herbeizusehnen. Er war sehr schwach geworden, nur nachmittags saß er ab und zu in der Wohnstube und empfing Besucher. Er sprach nur noch sehr leise, so leise, dass Käthe manchmal glaubte, ihn gar nicht mehr zu hören.

In einer kleinen Bronzegruppe, die sie später anfertigt, umarmt sie ihn, als ob sie ihn zurückhalten will. Zum ersten Mal empfindet sie dieses Gefühl des Zusammenseins klar und deutlich für ihn. Karl ist immer da gewesen, auch in den dunklen Stunden, die sie als Mensch und als Künstlerin durchlebt hat. Nie hat sie sich nach ihm sehnen müssen.

Nun ist es zu spät, ihm zu geben, was er sich vielleicht von ihr gewünscht hat – so leidenschaftlich begehrt zu werden, eins zu sein bis in die allerletzte Faser, wie sie es ihr ganzes Leben in ihren Arbeiten gezeigt hat.

Karl stirbt am 19. Juli 1940. »Jeep«, schreibt sie, »es ist sehr schwer, wenn dann der liebe Mensch wirklich fortgeht. Wenn er noch da liegt und schon so weit weg ist.«[14]

Die Beisetzung seiner Asche findet im engsten Kreis statt. Der kleine Arne wirft Blumen aus dem Garten in die Urne, ein letzter Gruß, ein letztes Zeichen der Liebe zu seinem Großvater. Hans spricht am Grab seines Vaters, der für die anderen gelebt hat, dessen Lebensgesetz es war, anderen zu helfen.

Viele haben ihn dafür geschätzt und geliebt. Ein dreizehnjähriges Mädchen hatte vor ihrem Tod bestimmt, dass man alle ihre Süßigkeiten Karl geben sollte. Während er selbst krank war, war offensichtlich geworden, wie sehr die Menschen an ihm hingen. Und noch lange nach seinem Tod sprachen die Leute von Dr. Karl Kollwitz. Es blieb im Gedächtnis, was er getan hatte, still und leise, ohne Aufhebens um seine Person zu machen, Tag für Tag, Nacht für Nacht.

Unter seine Todesanzeige, die sie Jeep schickte, schrieb Käthe: »Nun hat mein Karl Ruhe, Gott sei Dank.«[15] Später schrieb sie an die Freundin: »Und nun zurück ins Leben. Das gilt auch für mich.«[16] Aber von nun an brauchte Käthe zum Gehen einen Stock.

XIV

Nur noch selten kam Käthe in ihr Atelier, seit sie sich im Oktober 1939 in der Dunkelheit der Weißenburgerstraße den linken Arm gebrochen hatte. Ein Jahr später gab sie das Atelier endgültig auf. Das Leben und die Gemeinschaft in der Klosterstraße hatte sich in den letzten Jahren überdies stark verändert – die einen wurden einberufen zum Krieg, die anderen mussten Deutschland überstürzt verlassen.

Wieder einmal stand Käthe Kollwitz vor dem Problem – wohin mit den plastischen Arbeiten, wohin mit der *Mutter und den zwei Kindern*? Schließlich durfte sie sie als Leihgabe im Barlach-Haus in Güstrow unterbringen.

Ihr Arbeitsraum wurde nun die Wohnstube, davon hatte sie früher immer geträumt.

Oft hatte sie sich gefragt, was wäre, wenn Karl stirbt. »Ein neugierig kaltes Fragen oft.«[1] Sie brauchte das Leben neben ihrer Arbeit, das Lebendige. Und Karl. Das wurde ihr noch stärker bewusst. Keiner war so wie er gewesen – keiner so liebevoll, so aufmunternd und vor allem so allgegenwärtig. Nun gab es ihn nicht mehr und er hinterließ eine große Lücke in ihrem Leben. Da waren noch Hans mit seiner Familie, Lise, einige Freunde und die Verehrer ihrer Kunst, die sie manchmal besuchten. Aber es würde nie mehr so sein wie früher.

Die finanzielle Lage war schwierig. Im Jahr 1941 erhielt sie noch RM 120 monatlich vom Verleger Alexander von der Becke – aber nur bis zur Schließung des Verlages. Ansonsten hatte sie fast kein Einkommen.

Dennoch ging sie ihr neues, alleinstehendes Leben tatkräftig an. Tagelang sichtete sie die Dinge, die sie verbrennen wollte, sah Kisten von Briefen und Fotos durch, an die so viele Erinnerungen geknüpft waren, an etwas, was einer gesagt hatte, an einen Blick, der sie getroffen hatte, eine Hand, die sie berührt hatte. Von manchem konnte Käthe sich nicht trennen, darunter Dinge, die, so glaubte sie, für die übernächste Generation wertlos sein würden. Sie bewahrte sie in ihrem klein gewordenen Universum auf.

In der Wohnstube standen jetzt die Tonmodelle und Gipse auf hohen Podesten, mit feuchten Tüchern umwickelt, die sie vor dem Austrocknen schützten. Den großen Tisch nützte sie zur Ablage der Werkzeuge. An einem Eckchen deckte Lina wie seit Jahrzehnten den Tisch; jetzt nur noch für eine Person.

Manchmal schlief Käthe auch in diesem Raum, auf dem grünen Sofa, wenn die Winter sehr kalt waren und ihre Schlafstube nicht extra geheizt werden sollte. In der Balkonstube, die im Sommer zu heiß und im Winter nicht heizbar war, bewahrte sie die Ateliergegenstände auf, und in die kleine Stube, in der Karl noch einige Patienten betreut hatte, zog Clara Stern ein, die Nichte ihres verstorbenen Schwagers Georg Stern. Sie war Halbjüdin und wartete seit 1940 auf eine Möglichkeit, das Land zu verlassen.

Käthe Kollwitz schrieb: »Ich lebe wie auf einer Insel, wo alles, was ringsum passiert, in tausend Facetten sich bricht. Meine Ohren und mein Kopf und sogar mein Gefühl können auf das alles gar nicht mehr reagieren.«[2] Sie lebte nicht wirklich am Rande, aber sie konnte nicht mehr eingreifen oder so gut wie nicht mehr, und das machte sie traurig. In den Zeitungen konnte sie freilich wenig über die Gräueltaten finden, die seit der Machtübernahme der Nationalsozialisten in Deutschland verübt wurden.

Seit einiger Zeit mussten Juden, die älter als sechs Jahre waren, einen Judenstern tragen. Am 18. Oktober 1941 wurden die ersten in den Osten abtransportiert. 1013 Juden zogen im strömenden Regen von der »Hauptsammelstelle«, der ehemaligen Synagoge in der Levetzowstraße, zum Bahnhof Grunewald. Am Straßenrand standen die anderen, lächelten, lachten und feixten. Angeblich war das der Mob des Landes, aber nicht wenige von ihnen trugen Titel oder waren hoch angesehene Persönlichkeiten der Stadt.

Nach 1942 fand das Vorgehen gegen jüdische Menschen weitgehend unter Ausschluss der Öffentlichkeit statt – sozusagen an den Berlinern vorbei. Nur das *Jüdische Nachrichtenblatt* informierte darüber.

Dennoch konnte man manches erfahren von dem, was geschah: Im Dezember 1941 schrieb Käthe Kollwitz: »Die furchtbaren Judenaktionen jetzt. Die Massen-Zwangsverschickungen, die Grausamkeiten jeder Art. ›Die Juden sind Schuld an dem Kriege‹ – wie immer: ›Haut den Juden!‹« Sie erfuhr auch von den Gräueltaten im Krieg. Für zwei erschossene deutsche Soldaten wurden in Brest 100 französische Soldaten umgebracht.

Auf den Straßen war von diesen Dramen kaum etwas zu spüren. Am Kurfürstendamm saßen die Menschen in der Sonne, und die Uniformierten, die sich unter die Menge mischten, wirkten heiter. Das Strandleben in Wannsee war munter wie in Friedensjahren. Nur ganz leise hörte man es singen: »Doch hungern nur die armen Volksgenossen, die Reichen hungern nur im Geiste mit!«[3]

Was konnte Käthe Kollwitz ändern, außer den anderen, den nachfolgenden Generationen Mut zu geben, das eigene Selbst zu verwirklichen und Verantwortung zu übernehmen? Ihre Zeit schien endgültig vorbei.

Aber, sagte sie sich, wie um sich selbst zu beruhigen: »Es ist eben so.« Es gab eine Ordnung, in die man sich einfügen musste. In jedem Leben gab es einen Höhepunkt, nach dem es bergab ging.

Dennoch erfreute sie sich an ihrem Leben – wenn sie etwas von ihrem Enkel Peter hörte, wenn Lise oder Hans und Ottilie kamen. Und auch, als man 1941 ihre Radierungen und Lithografien bei der Reichs-GEDOK ausstellte. Daraufhin sollte die Ausstellung zwar verboten werden, aber eine mutige Frau

Schütte erreichte bei der Reichskulturkammer, dass die Arbeiten hängen blieben. Alle wurden verkauft.

Selten besuchte Käthe das Grab von Karl. Das erste Mal am 17. April 1941 als sie zuvor von ihm geträumt hatte. Er schien schon so fern und dann doch wieder so nah. Einmal kommt er in einem Traum aus dem Nebenzimmer, so wie er immer auf sie zugekommen ist, mit einem Lächeln, das auf seine Augen übergeht und deren Blau zum Leuchten bringt. Sie lehnen sich aneinander und halten sich an den Händen. Sie sehen sich tief in die Augen und fragen: »Wie geht es dir? Geht es dir auch wirklich gut?« Sie sind glücklich, einander fühlen zu können, das Leben in sich und im anderen zu spüren.

Käthe Kollwitz hat diese Träume von Karl in der Zeit, in der sie »allerletzte Hand« an der kleinen Gruppe *Abschied* anlegt. Wenn er vom Altwerden gesprochen hat, hat Karl immer gelacht: »Ich mach Dir die Haare und mach Dir Dein Bett, und später spielen wir Murmeln.«

Immer noch kamen Besucher zu ihr. Lina empfing sie an der Wohnungstür, begleitete sie den langen Berliner Korridor entlang bis zum Wohn- und Arbeitszimmer. Hier stand Käthe dann wie in früheren Jahren in der Mitte des Raumes und begrüßte ihre Gäste. Zerbrechlich wirkte sie jetzt, wenn sie so dastand und sich auf ihren Stock stützte.

Sie setzten sich dann im Wohnzimmer an den Tisch, auf dem ihre Arbeiten lagen. Sie fragte viel, den Kopf in die Hand gestützt, ihr weißes Haar von einer Lampe beleuchtet. Sie fragte nach Bekannten und hörte ihren Besuchern aufmerksam zu. Kein Wort entging ihr, kein ausgesprochenes und kein unausgesprochenes. Immer zeigte sie auch ihre Arbeiten, lüftete die Tücher, unter denen die plastischen Arbeiten verborgen waren. Und immer wurde sie dann plötzlich ganz still. Als ob sie sich selbst zurücknehmen und nur das Werk für sie sprechen lassen wollte.

Zum Abschied begleitete sie die Besucher zur Tür und winkte ihnen nach. Nicht selten waren es jüngere Künstler, die zu ihr kamen. Herbert Tucholsky zum Beispiel oder Hans Theo Richter. Er hatte vor etwa 30 Jahren als Dreizehnjähriger im Schaufenster einer Dresdner Buchhandlung zur Weihnachtszeit das Buch *Die moderne Grafik* von Hans W. Singer gesehen und später geschenkt bekommen. Seither hatte er sie, Käthe Kollwitz, kennenlernen wollen. Nun war es ihm geglückt. Das, was ihn fasziniert hatte an ihrer Kunst, das fand er jetzt in ihren Augen wieder. Es war etwas, das im »Tausendjährigen Reich« verloren gegangen zu sein schien, es war Menschlichkeit.

Die Enkelkinder kamen seltener in diesen Jahren. Peter war seit 1940 im Wernerwerk als Praktikant beschäftigt und wurde zum Krieg einberufen, noch bevor er das geplante Ingenieurstudium beginnen konnte. Jutta lernte Handweben in der anthroposophischen Gymnastikschule mit angeschlossenem Handwerkszentrum Loheland. Jördis besuchte weiterhin die Schule in Berlin-Mariendorf. Nur der kleine Arne war noch zu Hause, und tief beeindruckt von den strategischen Fähigkeiten seiner Großmutter, als sie einmal gemeinsam die italienischen Stadtkämpfe nachstellten.

1941 verbrachte Käthe Kollwitz zwei Monate in Feldafing bei Thildi Rüstow und ihrer Schwester Rille Herberger am Starnberger See. Die intensiven Träume hatten aufgehört sie zu plagen, und den Mond, der sie in früheren Jahren immer beunruhigt hatte, empfand sie nun nicht mehr als Feind. Wenn sie um drei Uhr morgens aufwachte, öffnete sie ganz einfach das Fenster und ließ den Duft nach Heu ins Zimmer. Manchmal glaubte sie, dass sie wieder freier atmen konnte, dass der Druck in ihr sich löste.

Wenig später zog sie für einige Wochen auf das Schloss Dornburg an der Saale. Hier verbrachte sie die erste Zeit mit Hans, Ottilie und Arne, dann war sie allein. Sie hatte wenig Kontakt zu anderen, auch weil sie inzwischen schwerhörig war. Flüchtige Bekanntschaften hatte sie aber ohnehin nie gemocht.

Im Jahr darauf kam sie mit Jeep hierher. Das Leben schien zuweilen etwas leichter geworden zu sein für sie, und sie war milder in ihren Urteilen. Sie lobte die Holzstiche von Ottilie, die darunter litt, dass man in ihr immer nur die Schwiegertochter der berühmten Künstlerin sah. Käthes Briefe aus dieser Zeit klingen zärtlicher und weniger kritisch. Öfter als früher streute Käthe nun Erinnerungen an frühere Zeiten ein.

Immer wieder glaubte sie an das Ende des Krieges. Sie erhoffte und ersehnte es. 1918 hatte sie Richard Dehmels Aufruf für ein »letztes Aufgebot« zum Kriegsgewinn öffentlich beantwortet und kritisiert. Damals hatte man ihr zugehört, jetzt hörte ihr niemand mehr zu.

Trotzdem beschloss sie 1941, noch einmal ihren Beitrag zu leisten und ein bekanntes Thema aufzugreifen: »Saatfrüchte sollen nicht vermahlen werden!« Ein Zitat aus Goethes »Wilhelm Meisters Lehrjahre«. Als alte Frau versucht sie, die an die Front stürmenden Berliner Jungen zurückzuhalten. Von dieser Lithografie konnten nur wenige Exemplare gedruckt werden. Aber immerhin.

»Nie wieder Krieg«, das war für sie kein Wunsch, sondern eine Forderung. Die Zukunft hat ein anderes Ideal, sagte Käthe Kollwitz, nämlich das Leben zu gestalten und nicht in den Tod zu führen. Pazifismus war für sie nicht nur eine Einstellung gegen den Krieg. »Es ist die Bruderschaft unter den Menschen«, erklärte sie ihrer Enkelin Jutta Kollwitz. Und an Ottilie schrieb sie: »und das Schlimmste von allem ist, dass ein *jeder Krieg seinen Antwortkrieg schon in der Tasche hat.* Ein *jeder Krieg* wird mit einem neuen Krieg beantwortet, bis alles kaputt ist ... Darum bin ich mit ganzem Herzen mit einem radikalen Schluss dieses

Irrsinns (einverstanden) und erwarte nur von dem Weltsozialismus etwas. Wie der in meinem Kopf aussieht, wisst Ihr. Und auch welche Voraussetzungen mir dazu die einzig möglichen) erscheinen. Der Pazifismus ist eben kein gelassenes Zusehn, sondern Arbeit, harte Arbeit.«[4]

Daran glaubte sie felsenfest. Es war der einzige Ausweg aus dem Dilemma der Menschheit, deren Geschichte aus Kriegen bestand.

Aber es war zu spät. Für viele andere und für den einen, für Peter.

Schweigend kam Hans eines Tages zu ihr. Sie sah ihn an und wusste es, ihr Sohn brauchte nichts zu sagen. Peter, ihr Enkel, war tot, auch der zweite Peter war Opfer eines sinnlosen Krieges geworden. Wie oft hatte Käthe Kollwitz um ihn gebangt, der ihr heimlich von allen Enkelkindern am liebsten war. Schon als er klein war, hatte sie merkwürdigerweise davon geträumt, dass er gestorben sei.

Nun war eingetreten, was sie so gefürchtet hatte. Aber noch einmal gelang es ihr, ihre ungeheure Kraft zu bündeln, um sie und Ottilie wie mit einer Welle über den ersten gewaltigen Schmerz zu tragen.

Peter hatte nur selten geschrieben, und keiner wusste, warum er sich von der Familie fernhielt. Nach Weihnachten kam noch ein Brief an die Eltern und an die Großmutter, dann gab es kein Lebenszeichen mehr. Bis die Todesanzeige kam, lange nachdem er als Unteroffizier gefallen war. Aber wann war er wirklich gestorben? Als ihn am 22. September 1942 an der Ostfront bei Reschew eine Kugel zerfetzte? Oder als er von ihnen ging? Als man ihnen seinen Tod am 14. Oktober mitteilte? Oder als er sie ausschloss aus seinem Leben, weil er – wie Konrad – alle Hoffnungen begraben hatte? Wer weiß, wann einer wirklich stirbt?

Am 30. Januar 1943 vermerkte Käthe Kollwitz in ihr Tagebuch: »Nationalsozialistischer Gedenktag. Erneute Schwüre und Versicherungen, dass Deutschland bis zum siegreichen Ende durchhalten wird.« Sie hatte begonnen, darüber zu grübeln: »Vaterland, Nation, nationale Ehre. Was ist denn Vaterland? Es ist doch nichts als der Fleck Land, auf dem man geboren ist«[5]. Währenddessen brüllte am 18. Februar im Berliner Sportpalast eine Menschenmenge »Ja!«, als Joseph Goebbels rief: »Ich frage euch: Wollt ihr den totalen Krieg? Wollt ihr ihn, wenn nötig, totaler und radikaler, als wir ihn uns heute überhaupt vorstellen können ...?«

Der Krieg wurde brutaler für die deutsche Bevölkerung. Am 1. März gab es nach den Luftangriffen der Alliierten Tausende Tote und unzählige Verletzte und Obdachlose. Käthe packte einige Arbeiten zusammen und brachte sie zu einem Bekannten, der einen tiefliegenden Keller besaß. Weitere Luftangriffe folgten und zerstörten ganze Straßenzüge in Berlin. Viele wurden obdachlos, andere vertrieb man aus ihren Wohnungen, wie die Eltern von Clara Stern, »sehr feine, sehr kultivierte Leute«. Sie waren »Mischlinge« und durften deshalb nur von »Mischlingen« aufgenommen werden. »Anrecht haben sie nur auf einen Raum und Küchenmitbenutzung. Nichts zu finden im großen Berlin«[6], schrieb Käthe Kollwitz an Frau Breysig, für die sie ein Grabrelief am Friedhof Rehbrücke bei Potsdam gemacht hatte. Vielleicht verfüge sie, obwohl Jüdin, noch über ihr Haus. Es ist unbekannt, wohin Sterns kamen, Frau Breysig wurde Ende März 1944 nach Theresienstadt transportiert.

Auch für sie wurde die Situation schwieriger. Postkarten mit ihren Motiven wurden beschlagnahmt. In einem Schreiben der Geheimen Staatspolizei Darmstadt an den zuständigen Polizeipräsidenten vom 19. November 1941 hieß es: »Falls diese Karten im dortigen Dienstbereich erfasst werden, ersuche ich um verantwortliche Vernehmung der betreffenden Buch- bzw. Kunsthändler und Vorlage der Vernehmungsniederschrift in doppelter Ausfertigung.«[7] Dennoch lag später noch eine dieser Karten in der Auslage der Galerie Buchholz. Daneben prangte die Aufschrift: »Deutschlands Kinder hungern.«

Auf eine Umfrage an hundert Prominente über die Würde der Kunst antwortete sie frei und ohne Skrupel: »Es liegt mir nicht daran, zu den hundert Prominenten gezählt zu werden, die Sie angefragt haben … Als letztes nur noch dieses: Ich stehe zu jeder Arbeit, die ich herausgegeben habe …«[8]. Auch zu ihren »Zwei wartenden Soldatenfrauen«, ihre letzte Kleinplastik im Jahr 1943.

Sie wusste, wer sie war. Sie hatte mit sich gekämpft, sie hatte gezweifelt, sie hatte sich immer nach Anerkennung gesehnt, hatte sie gewollt und sie erzwungen. Sie war sicher, nicht umsonst gearbeitet zu haben. Andere würden das Licht übernehmen, das sie entzündet hatte. Das war gut, denn sie glaubte zu fühlen, dass ihre Tage nun gezählt waren.

Da steh ich und grabe mir mein eigenes Grab, heißt eine letzte Zeichnung von ihr. Im Totenhemd steht sie im Grab und steht gleichzeitig daneben, nach getaner Arbeit und mit der Gewissheit, dass sie nun wirklich nach unten steigt.

Käthe Kollwitz hielt es lange aus in Berlin, in ihrem kleinen Universum in der Weißenburgerstraße. Bis die täglichen Bombardierungen unerträglich wurden und sie zu oft die Treppe vom dritten Stock in den Keller steigen musste. Hans suchte eine Unterkunft für sie und fand sie im thüringischen Nordhausen. Anfang August 1943 nahm sie zusammen mit Lise, Katta und Clara die Einladung der Bildhauerin Margret Böning an und zog um.

Auch hier, in dieses kleine Haus am Rande der Stadt in der Nähe der Harzberge, kamen trotz des Krieges Besucher zu ihr. Darüber freute sie sich, gerade weil sie so unter dem litt, was in ihrem Land geschah. Es quälte sie, nichts dagegen tun zu können. Und auch weil sie alt und müde geworden war, älter als die Jahre zählten.

»Krieg bleibt Krieg«, sagte sie dennoch, und immer noch ging etwas ungemein Faszinierendes von ihr aus. Daran änderte auch nichts, dass manchmal die Verzweiflung aus ihr herausbrach: »Ich bin zu alt. Ich kann nicht mehr, ich mag nicht mehr, ich will nicht mehr.«

Ein Bombenangriff am 23. November zerstörte das Haus in der Weißenburgerstraße. Nur die Mauern blieben stehen, der Balkon hing im Leeren. Die Räume, in denen sie 52 Jahre ihres Lebens verbracht hatte, waren nicht mehr vorhanden. Aber es berührte sie nicht wirklich. Die Wohnung hatte sie, auch gedanklich, verlassen, als sie nach Nordhausen zog. Lebendig blieben die Menschen, die dort gelebt hatten, die dort Gast gewesen waren und in ihrer Erinnerung blieben. Was sie aufbewahrt hatte, als Karl starb, hatte keinen Wert und keinen Sinn mehr, für niemanden, auch für sie nicht mehr. Damals wollte, da konnte sie sich nicht davon trennen. Jetzt war es ihr gleichgültig geworden.

»Was gewesen ist, ist gewesen«, sagte sie zu Clara Stern, und »Behaltet Mut«[9], schrieb sie an ihren Sohn und ihre Schwiegertochter, die im Dezember 1943 auch ihr Haus in Lichtenrade durch einen Bombeneinschlag verloren.

Zahllose ihrer Zeichnungen und druckgrafischen Blätter sowie die Aufzeichnungen von der Italienreise 1907 sind verbrannt. Margret Bönig war mehrmals nach Berlin gefahren, um ihre Arbeiten zu retten, aber viel hatte sie nicht mitnehmen können. Nun war es zu spät. An Hans und Ottilie schrieb sie am 30.11.1943: »Dass so restlos die Vergangenheit vernichtet ist, hat aber auch sein Gutes. Es bleibt nur noch ein Begriff da und der bleibt im Herzen verankert. Ich will jetzt wieder vorwärts schauen. Will mich gleich hier an die Sichtung und das Unterschreiben der Blätter machen.«[10]

Mit einer unglaublichen Vehemenz versuchte sie noch einmal das Leben in die Hand zu nehmen, erkundigte sich, ob sie die Miete für die zerstörte Wohnung noch weiter bezahlen müsste. die Rechnung für das Telefon wollte sie noch begleichen, die Leitung abmelden, die Entschädigungsansprüche für die bombardierte Wohnung beim Bezirksamt geltend machen, das Abonnement auf Kunst im Reich stornieren, und dann überlegte sie auch noch, ob sie aus der Reichskammer der bildenden Künste austreten wollte.

Der Maler Hennes Frisch, Reles zweiter Mann, schlug ihr vor, nur die wichtigsten Blätter, die den Brand überstanden hatten, aufzuheben. Aber was waren die wichtigsten Blätter? Für ihn, für sie? Heute, morgen? »Alles, was meine ›Handschrift‹ trägt und was in lebendiger Beziehung zu meinem inneren Leben steht«, entschied sie kategorisch, »möchte ich erhalten wissen und nur das ausschalten, was ich selbst als nicht gelungen ansehe.«[11]

Ihre Gastgeberin hatte ihr ein Zimmer für sie allein eingerichtet. In dem bequemen Lehnsessel neben einer hellen Lampe zum Schreiben und Lesen sinnierte sie nun und dachte über die Zukunft nach. Sie lebte, aber war auf dem Weg ins Unbekannte. Sie hatte keine Angst davor, tot zu sein, nicht mehr zu existieren. Aber dieses allmähliche Sterben, das dem Tod Entgegengehen, das langsame Loslösen von allem, das war entsetzlich für sie. »Ich habe Angst vor dem Sterben«, hatte sie im Oktober 1942 notiert, »– aber tot sein, o ja das ist mir oft ein guter Gedanke.«

Schon als Kind hatte sie sich vor dem Schmerz gefürchtet, wenn sie die Eltern verlieren würde: »Wenn mir am allerbängsten wird um das Herze sein«, das Lied aus der Matthäuspassion sprach sie oft.

Sie hatte auch jetzt Angst – aber das sah man nicht in ihren Bildern, und man sah es nicht in ihren Augen. Die Zweifel und die Kämpfe focht sie mit sich selbst aus, immer noch.

Ein entzündetes und verschwollenes Auge sowie ein schmerzhafter Krampf in der großen Schlagader beeinträchtigten sie, doch sie gab nicht auf. Zwei Stöcke halfen ihr, allein zu gehen und nicht so sehr auf andere angewiesen zu sein. Hatte nicht Hermann Stehr, der schlesische Schriftsteller, den sie gerne zitierte, gesagt, man soll sich aus jeder Prüfung einen Stecken schneiden, um leichter fortzukommen und nicht eine Rute zur Selbstreinigung daraus machen?

Ihre Gefühlslagen wechselten schnell. Einmal war sie zuversichtlich, dann wieder sehr traurig, wie damals als junge Frau, als sie zu kämpfen hatte zwischen der Freiheit, die sie lockte, und der einengenden Liebe von Karl.

An melancholischen Tagen gestand sie: »Mein tiefster Wunsch geht dahin nicht mehr zu leben.« Ihrer Überzeugung nach gibt es für jeden einen Moment, da er weiß, dass das Ende gekommen ist. »Für mich ist er da – Daran ändert nichts, ob ich noch etwas hierbleiben kann oder nicht.«[12] Die Abschiede in ihrem Leben waren immer traurig, schmerzhaft gewesen, aber die Sehnsucht nach dem Danach, die unstillbare Sehnsucht nach dem Tod überwog diesen Schmerz. Rele hatte ihr schon vor längerer Zeit Medikamente gegeben, damit sie ihren Abgang selbst bestimmen und sagen konnte: »Meine Zeit ist um.«

Als Hans sie einmal gefragt hatte, ob es in Ordnung sei, jemandem am Selbstmord zu hindern, da hatte sie geantwortet: »Wer wirklich sterben will, der bringt es wohl auch fertig.«[13]

Nun aber spürte sie eine Scheu davor, sich selbst das Leben zu nehmen. Sie hatte immer davon gesprochen, als ihre Mutter und später Konrad so langsam aus dem Leben verschwanden. Sie konnte sich damit abfinden, arm zu sein, das war erträglich. Aber geistig zu verarmen, das war für sie unerträglich.

Zweimal träumte sie davon, tot zu sein. Enttäuscht und entrüstet sagte sie: »Es war langweilig.« Und dann passierte auch nichts in der Realität. »Also mit dem Sterben ist es auch nichts!« stellte sie wie abschließend fest.

Hin und wieder besuchte sie Jeep, mit der sie eine fast lebenslange Freundschaft verband. Sie hatten Freude und Leid miteinander geteilt. Jeep hatte ihre Tochter Helga verloren, Käthe den Sohn und den Enkel. Und beide hatten bereits ihre Gatten begraben.

Beim Abschied reichten sie einander wie immer die Hände: »Wenn wir uns wiedersehen, dann lächeln wir …«, sagte die eine. Und die andere fügte hinzu: »Wenn nicht, ist dieses Scheiden wohlgetan!« Einmal war es dann wirklich das letzte Mal.

Als die Evakuierung aller Flüchtlinge aus Nordhausen im Juni 1944 spruchreif wurde, war Käthe erschüttert. Sie hatte ein neues Heim gefunden, das ihr entsprach, und auch dieses musste sie nun wieder verlassen. Prinz Ernst Heinrich von Sachsen, ein großer Verehrer ihrer Kunst, nahm sich ihrer an. Im August 1944 zog sie nach Moritzburg bei Dresden.

Zwei Zimmer bewohnte sie hier am Rüdenhof, saß am Fenster oder auf dem Balkon mit dem Blick auf das Schloss und den Teich mit den kleinen Birken-Inseln. Sie saß ganz still und sah die Wolken vorüberziehen. Tag für Tag notierte sie, was sie sah. Manchmal störten sie der Geruch des stehenden Gewässers und die Fliegen, aber es gehörte für sie dazu, wenn man die Farben, Formen und Bewegungen der Natur festhalten und dem Ablauf eines Tages und des Jahres auf die Spur kommen wollte.

Sie lernte zu lassen, zuzulassen, das Vergehen wie das Kommen. Sie versuchte, nicht mehr festzuhalten oder sich selbst zu halten, sondern sich dem natürlichen Rhythmus der Tage hinzugeben. In der Natur schien alles einem geordneten Gesetz zu folgen. »Die Natur meint es mit den Menschen gut«, schrieb sie einmal. »Nach einem wundervollen Herbst schönes Winterwetter. Aber die Menschen die meinen es *böse* miteinander.«[14]

Aus dem Tagebuch, das Arne seinem »lieben Großmuttchen« geschenkt hatte, war längst ein Merkbuch geworden. Seit dem Tod von Enkel Peter hatte sie nur noch wenig aufgeschrieben. In der letzten Eintragung im Mai 1943 zitierte sie Goethe. Wen sonst? Das Leben im Außen und das der anderen fehlte nun. Es war wohl so, dass ihr im Alter wirklich die Worte ausgingen. Nichts gab es mehr, das festzuhalten wichtig gewesen wäre. Nur noch Alltäglichkeiten vermerkte sie, die Besuche vom Arzt, Entwürfe für Briefe, Ausgaben. Sie konnte auch nicht mehr gut sehen, so dass auch ihre kurzen Briefe und Postkarten, die sie ab und zu noch schrieb, schwer leserlich waren.

Die Trennung von Hans und Lise fiel Käthe schwer, und ihre Gedanken waren immer wieder bei ihnen. Lise kam selten – und schließlich gar nicht mehr. Wegen der Strapazen der Reise und der allgemeinen Unsicherheit, sagte sie.

So sehr sich die Schwestern nacheinander sehnten, bis sie sich sahen, sprachen sie über nichtssagende Dinge und waren verlegen. Vor allem aber konnte Lise nicht ertragen, wie Käthe, die bewunderte Künstlerin und kraftvolle Frau, so langsam geworden war, so vergesslich, so hilflos – so alt. Ihr Körper war nun gebückt, angeschwollen und aufgedunsen, weil die Schilddrüse nicht mehr richtig arbeitete. Und dann war da diese große Traurigkeit, die sie umgab.

Hans und Ottilie kamen, bis es immer schwieriger wurde, sie zu erreichen. Ihn, den Sohn, wiederzusehen, wurde zu Käthes einzigem Lebensantrieb. Einmal noch wollte sie ihn umarmen, sagte sie sich. An seiner Stelle kam schließlich Jördis Mitte Dezember 1944 für einige Zeit, um ihre Schwester Jutta, die Clara Stern in der Pflege abgelöst hatte, zu unterstützen.

Es gab immer Menschen, die auf sie achteten, die Gräfin zu Münster mit ihrer Tochter, die im Erdgeschoss lebende frühere Schülerin, Erna Starke mit den drei Töchtern, die Nachbarn, die Ärztin und Ernst Heinrich von Sachsen. Im Dorf indessen nahm niemand die größte Künstlerin Deutschlands zur Kenntnis.

Jutta, seit August 1944 vom studentischen Kriegshilfsdienst für die Pflege freigestellt, war noch jung und voller Tatendrang. Das verschwindende Leben neben ihr irritierte sie manchmal, und sie begann, dagegen anzukämpfen. Aus Dresden brachte sie ihrer Großmutter Zeichenpapier mit und schloss mit ihr ein Abkommen: Jeden Morgen bekam Käthe eine Tasse Bohnenkaffee, und dann musste sie aufstehen und versuchen, zumindest ein wenig zu arbeiten.

Aber es waren nur kurze Zeiten, die sie gewann, und die die Gespräche über den Tod unterbrachen.

An den Abenden saßen sie am kleinen Kamin, Jutta las Käthe aus Goethes *Dichtung und Wahrheit* vor. Manchmal musste sie ihr die Maske des großen Dichters reichen, die über ihrem Bett hing, die Großmutter wollte sie mit geschlossenen Augen betasten. »Zur Orientierung« wie sie sagte.

Aber das, was ihr an Goethe in jungen Jahren so imponiert hatte, davon spürte man bei ihr nichts. Ihre Kraft war ausgeschöpft. »Prachtvoll, der älteste Goethe«, hatte sie einst geschrieben, »zornig, stark, wesentlich, konzentriert bis zum äußersten.«[15] Dass sie – fern von Moritzburg – mit ihrer Arbeit immer noch wirkte, ahnte sie nicht. Aber irgendwo im fernen Osten lag auf einem Bett in einem Hotelzimmer der nationalsozialistische Rüstungsminister Albert Speer. Ihm gegenüber an der Wand hing eine Reproduktion ihrer *Carmagnole*. Und wie er so dalag zwischen Traum und Wachsein und ihn die Vorstellung der drohenden Niederlage quälte, kam es ihm vor, als ob die Gestalten, die um die Guillotine tanzten, auf ihn zukamen. Immer näher kamen sie, immer schneller tanzten sie, immer drohender wurden ihre Gebärden. »Du bist Schuld an diesem Krieg«, schienen sie, immer lauter, immer eindringlicher zu schreien. Ihre Gesichter wurden zu Fratzen, ihre Hände zu Krallen, die ihn zu erdrücken drohten. Es waren die Menschen, die er in die Irre geführt hatte. Mit einem Mal wusste er, dass er mit die Schuld trug an all diesem Elend. Schweißgebadet wachte er am nächsten Morgen auf. Aber als er vor die Soldaten trat, verriet nichts in seiner Haltung oder in seinem Gesicht, was Käthe Kollwitz ihm mit ihrem Bild bewusst gemacht hat.[16]

Mit ihrer Enkelin[17] führte sie lange Gespräche über die Welt, den Krieg und das Leben und kehrte doch immer wieder zu ihrem eigentlichen Thema zurück: »Komm, lass uns vom Sterben sprechen«, sagte sie dann. Es war wie eine Manie, sie war gefesselt von dem Gedanken zu sterben. Als ob sie den Tod und das Sterben zu beschwören suchte, sie herbei- oder auch wegwünschte wie in den Bildern, in denen sie unablässig die Themen variierte.

Käthe atmete noch, aber eigentlich war sie schon tot. Denn das Leben, wie sie es verstand, war vorbei. Leben hieß lieben, hieß schöpferisch sein, hieß gestalten, hieß tief atmen und sich dessen bewusst sein.

Zunehmend häuften sich die nächtlichen Herzanfälle, und sie fiel öfters in eine Ohnmacht. Der Kreis ihres Lebens schien sich zu schließen. Damals kamen die Eltern mit Zuckerwasser, wenn sie aufschrie, nun klopfte sie, wenn sie aus einer Ohnmacht erwachte, energisch an die Wand, bis einer sie hörte.

Am 16. April schrieb sie ein letztes Mal an Hans und Ottilie.

Sie hat bewusst gelebt, das Leben im wahrsten Sinne des Wortes ausgelebt, die Freude, die Liebe, den Hass und die Trauer. Nun, am 21. April durfte sie sich, wie Stehr es einmal gesagt hat, auf die andere Seite legen. Nach einem Angina-pectoris-Anfall findet sie Erna Starke am Morgen – zur Seite gelegt, am Mund die Trillerpfeife, mit der sie sich sonst immer bemerkbar gemacht hat. Der Stock, ihr »Guter, Treuer«, mit dem sie oft dem Vollmond gedroht hat, ihrem alten Feind, lehnt am Nachttisch, auf dem großen runden Tisch liegen einige ihrer Zeichnungen und stehen die kleinen Plastiken, als ob sie sie bewachen wollen.

Sie wird in der Moritzburger Friedhofskapelle aufgebahrt, die Hände übereinandergelegt, ihr Körper umgeben von weißen und roten Magnolien. Begraben wird sie auf dem hiesigen Friedhof, erst später äschert man ihren Körper in Meißen ein. Es gilt ihr altes Gesetz von der langsamen Annäherung an die Dinge.

Niemand erfährt von ihrem Tod. Auch nicht die, die ihr nahestanden, wie der Sohn und die Schwester. Die Wege in Deutschland sind unterbrochen.

Ihre Urne überführt man schließlich im September nach Berlin, um sie im Familiengrab auf dem Zentralfriedhof Friedrichsfelde beizusetzen, den man früher den »Dissidentenfriedhof« nannte, weil hier so viele der alten Sozialdemokraten begraben sind, Menschen, die in Opposition stehen zur herrschenden Macht.

Käthe Kollwitz gehört dazu. Auch sie war Dissidentin und ist es mit ihrem unerschrockenen Plädoyer für die Menschlichkeit geblieben.

1920 hatte sie an Hans geschrieben: »Glaub mir, glaub dem alten Goethe – wie kann man sich selbst kennenlernen? Durch Betrachten niemals, wohl aber durch Handeln.«[18]

Die dokumentarische Romanbiografie kann und soll nur einen kleinen Einblick in das Leben, Denken und Schaffen von Käthe Kollwitz geben. Zur vertiefenden Auseinandersetzung seien aus der Fülle der Publikationen nachstehend einige ausgewählt. Hingewiesen sei auch auf die zahlreichen Ausstellungskataloge und Detailstudien zum Werk.

Literatur (Auswahl)

Ateliergemeinschaft Klosterstraße 1933-1945. Vom stillen Kampf der Künstler. Galerie Mitte, Berlin (Ost) 1988 (Klosterstraße)

Bauer, Arnold: Käthe Kollwitz. Berlin 1967

Bonus-Jeep, Beate: »... man arbeitet sich seinen eigenen Weg aus.« In: Die Wahrheit, Nr. 28, 2./3. 2. 1974 (Bonus-Jeep 2)

Bonus-Jeep, Beate: Sechzig Jahre Freundschaft mit Käthe Kollwitz. Bremen 1963 (Bonus-Jeep 1)

Brandenburg, Hans: München leuchtete. Jugenderinnerungen. München 1953 (Brandenburg)

Fritsch, Gudrun, Gabler, Josefine und Engel, Helmut (Hrsg.): Käthe Kollwitz. Berlin, Brandenburg 2013

Grimoni, Lorenz (Hrsg.): Käthe Kollwitz. Königsberger Jahre. Einflüsse und Wirkungen. Husum 2007

Grober, Ulrich: Das kurze Leben des Peter Kollwitz. Bericht einer Spurensuche, in: Die Zeit, 22. 11. 1998, S. 80

Haberland, Irene und Matuschek, Beate: Facetten des Realismus. Käthe Kollwitz und ihre Zeit. Petersberg 2013

Hasse, Sella: Begegnung mit Käthe Kollwitz. In: Bildende Kunst, Nr. 2, 1955

Ein Leben für das Buch. Erinnerungen von Fritz Homeyer, Aschaffenburg 1961 (Homeyer)

In letzter Stunde. 1933–1945. Schriften deutscher Künstler des zwanzigsten Jahrhunderts. Band II. Gesammelt und hrsg. von Diether Schmidt. Dresden 1964 (Schmidt)
Kaae, Helga: Ein Zusammentreffen mit Käthe Kollwitz. In: Deutsche Nachrichten, Nr. 16, S. 4
Käthe Kollwitz: Verzeichnis des druckgrafischen Werks von Dr. August Klipsteint für die Jahre 1890–1912 und Verwendung des 1913 erschienene Œuvrekataloges von Prof. Dr. Johannes Sievers. Bern 1953
Käthe Kollwitz: Aus meinem Leben. München 1957
Käthe Kollwitz: Weber-Aufstand. Einführung von F. Ahlers-Hestermann. Stuttgart 1960 (Weber-Aufstand)
Käthe Kollwitz: Briefe der Freundschaft und Begegnungen. Mit einem Anhang aus dem Tagebuch von Hans Kollwitz und Berichten über Käthe Kollwitz. München 1966 (Freundschaft)
Käthe Kollwitz: Druckgrafik, Plakate, Zeichnungen. Hrsg. Renate Hinz. Berlin (West) 1980 (Plakate)
Käthe Kollwitz in Moritzburg: Museum Schloß Moritzburg 1985
Käthe Kollwitz. Das farbige Werk. Hrsg. von Tom Fecht. Berlin (West) 1987
Käthe Kollwitz: Die Tagebücher. Hrsg. von Jutta Bohnke-Kollwitz. Berlin (West) 1989 (TB)
Käthe Kollwitz. Druckgraphik. Handzeichnungen. Plastik. Hrsg. von Herwig Guratzsch. Bonn 1990 (Druckgraphik)
Käthe Kollwitz Museum Köln: Handzeichnungen – Druckgraphik – Skulpturen. Kölner Museums-Bulletin. Sonderheft 1–2/1991 (Käthe Kollwitz Museum Köln)
Käthe Kollwitz: Briefe an den Sohn 1904 bis 1945. Hrsg. von Jutta Bohnke-Kollwitz. Berlin 1992 (HK)
Käthe Kollwitz: Meisterwerke der Zeichnung. Hrsg. von Hannelore Fischer. Käthe Kollwitz Museum Köln 1995 (Meisterwerke)

Käthe Kollwitz: Schmerz und Schuld. Eine motivgeschichtliche Betrachtung. Berlin 1995 (Schmerz und Schuld)

Klepper, Jochen: Unter dem Schatten deiner Flügel. Stuttgart 1956

Knesebeck, Alexandra von dem: Käthe Kollwitz. Die prägenden Jahre. Petersberg 1998 (von dem Knesebeck)

Knesebeck, Alexandra von dem: Käthe Kollwitz. Werkverzeichnis der Graphik. Neubearbeitung des Verzeichnisses von August Klipstein. 2 Bände, Bern 2002

Knesebeck, Alexandra von dem: Käthe Kollwitz (Wienands Kleine Reihe der Künstlerbiografien) Köln 2016

Knop, Christiane: Vater und Freund für viele Familien. In: Berliner Morgenpost, 23. 7. 1978

Koerber, Lenka von: Erlebtes mit Käthe Kollwitz. Darmstadt 1957

Krahmer, Catherine: Käthe Kollwitz mit Selbstzeugnissen und Bilddokumenten. Reinbek b. Hamburg 1981 (Krahmer)

Miller, Alice: Der gemiedene Schlüssel (Die toten Engelchen der Mutter und die engagierten Werke der Tochter. Käthe Kollwitz, S. 99–116). Frankfurt/Main 1988 (Miller)

Nagel, Otto und Timm, Werner: Käthe Kollwitz. Die Handzeichnungen. Berlin/DDR 1980

Schymura, Yvonne: Käthe Kollwitz: Die Liebe, der Krieg und die Kunst. München 2016

Seeler, Annette, Käthe Kollwitz Museum Köln (Hrsg.): Käthe Kollwitz – Die Plastik. Werkverzeichnis. München 2016

Stern, Lisbeth: Aus Käthes Jugendjahren. Erinnerungen ihrer Schwester. In: Vorwärts, 8. 7. 1927 (Stern)

Vetter, Lilli: Käthe Kollwitz zum Gedächtnis. In: Neue Zeit, 11. 10. 1945 (Vetter)

Viebig, Clara: Mit der Kollwitz durch Berliner Spelunken. In: Die Welt, 22. 3. 1975

Winterberg, Yuri und Sonya: Kollwitz: Die Biografie. München 2015

Museen

Käthe Kollwitz Museum Köln, Neumarkt 18 – 24, 50667 Köln – www.kollwitz.de

Käthe-Kollwitz-Museum Berlin, Fasanenstraße 24, 10719 Berlin – www.kaethe-kollwitz.de

Käthe Kollwitz Haus, Meißner Straße, 01468 Moritzburg – www.kollwitzhaus.de

Danken möchte ich allen, die durch ihre Forschungen und ihre Veröffentlichungen, insbesondere des Tagebuches und der Briefe von Käthe Kollwitz und durch die Gespräche dazu beigetragen haben, das Bild »Käthe Kollwitz« zu zeichnen: Dr. Jutta Bohnke-Kollwitz, der Enkelin der Künstlerin, Köln; Hannelore Fischer, M.A., Köln; Dr. Alexandra von dem Knesebeck, Göttingen.

Danken möchte ich auch der Lektorin Imke Rösing für die kritische Hinterfragung des Textes und Ariane Hug vom Verlag Herder.

Anmerkungen

Kapitel I

1 Überdimensional vergrößert wurde die Bronzeplastik »Mutter mit Sohn« 1993 als Mahnmal in der »Neuen Wache« in Berlin aufgestellt. Diese Aktion des damaligen Bundeskanzlers Kohl stieß auf heftigen Widerstand. Vgl. dazu u. a.: Wenk, Silke: Die »Mutter mit totem Sohn in der Mitte Berlins«, in: Schmerz und Schuld. Die trauernden Eltern waren ursprünglich am deutschen Soldatenfriedhof in Roggevelde/Westflandern in der Nähe des Grabes des Sohnes Peter aufgestellt. Seit der Zusammenlegung mehrerer Friedhöfe in der Mitte der 50er Jahre stehen sie am Eingang des Friedhofes Vladslo-Praetbosch für alle hier begrabenen Soldaten. Eine etwas vergrößerte Nachbildung wurde ebenfalls in den fünfziger Jahren von den Meisterschülern von Ewald Mataré von Joseph Beuys (Vater) und Erwin Heerich (Mutter) für die Kirche St. Alban in Köln angefertigt. Ein Abguss der Figuren erinnert seit 2014 in der deutschen Kriegsgräberstätte Rshew an den Enkel von Käthe Kollwitz und Sohn von Hans Kollwitz Peter.

2 Krahmer, S. 56

3 TB, S. 721

4 TB, S. 728

5 TB, S. 133

6 TB, S. 726

7 TB, S. 726

8 TB, S. 726

Kapitel II

1 TB, S. 867

2 Stern

3 So empfand Käthe Kollwitz auch Jahre später noch, wie sie 1920 festhielt. TB S. 456

4 Freundschaft, S. 137 (Tagebuch Hans Kollwitz)
5 von dem Knesebeck I, S. 22
6 Freundschaft, S. 20 (an Paul Hey, 26.2.1891)
7 Freundschaft, S. 133 (Tagebuch Hans Kollwitz)
8 TB, S. 741
9 TB, S. 148
10 TB, S. 740

Kapitel III

1 TB, S. 438
2 Bonus-Jeep 2
3 TB, S. 740
4 Freundschaft, S. 138 (Tagebuch Hans Kollwitz)
5 Freundschaft, S. 33 (an Hanna Löhneberg, 20. 11. 1929)
6 von dem Knesebeck I, S. 118
7 TB, S. 740
8 TB, S. 503
9 von dem Knesebeck I, S. 197
10 TB, S. 143
11 von dem Knesebeck I, S. 119, 120
12 Meisterwerke, S. 21
13 Ebenda, S. 21, 25
14 HK, S. 169
15 Käthe Kollwitz Museum Köln, S. 33
16 TB, S. 741

Kapitel IV

1 von dem Knesebeck I, S. 213. Die Bezeichnung »Lex Heinze« bezieht sich auf den Prozess des Zuhälters Heinze.
2 Aus meinem Leben, S. 172
3 TB, S. 862
4 TB, S. 321

5 TB, S. 722

6 Vgl. dazu: Miller und Mair, Roswitha: Picasso und die Frauen. In: Kat. Picasso. Les Femmes. Galerie im Taxispalais, Innsbruck 1994

7 TB, S. 835, 836

8 Heller, Hugo: Literarische Rundschau. In: Die Neue Zeit 21. Wochenschrift der deutschen Sozialdemokratie, 1903, Bd. 2, S. 59, 60. Zur Person: Dictionnaire Biographique du Mouvement Ouvrier International. I. Autriche. Paris o. J. S. 131, 132; Nostitz, Helene von: Aus dem alten Europa. Menschen und Städte. o.O. 1964

9 TB, S. 783

10 Roeßler, Artur: Hermine Heller-Ostersetzer. Sätze und Aufsätze zu einem Essay, S.41–47. In: Das Leben der Armen ist bitterer als der Reichen Tod. Hermine Ostersetzer. Malerin. Kämpferin. Frau. 1874–1909

11 TB, S. 368

12 TB, S. 827

13 TB, S. 743

14 TB, S. 72

15 Engelmann, Bernt: Eine Stadt wie keine andere. Göttingen 1991, S. 199

16 Freundschaft, S. 138 (Tagebuch Hans Kollwitz)

17 Krahmer, S. 53

18 Aus meinem Leben, S. 137–140

19 Bonus-Jeep 1, S. 65

Kapitel V

1 Bonus-Jeep 1, S. 73

2 Glatzer, Ruth, Das wilhelminische Berlin. Panorama einer Metropole 1890–1918. Berlin 1997, S. 119, 120

3 Lange, Annemarie: Das Wilhelminische Berlin. Zwischen Jahrhundertwende und Novemberrevolution. Berlin 1967, S. 105

4 TB, S. 49

5 Ebenda

6 Käthe Kollwitz Museum Köln, S. 63

7 Bonus-Jeep, S. 163
8 TB, S. 71
9 Zit. nach: TB, S. 19
10 Vgl. dazu auch: TB, S. 466
11 TB, S. 65
12 TB, S. 134
13 TB, S. 96
14 TB, S. 137
15 TB, S. 85
16 TB, S. 76
17 TB, S. 110
18 HK, S. 85, 86
19 TB, S. 117
20 HK, S. 258 (Karl Kollwitz)

Kapitel VI

1 TB, S. 120, 121
2 TB, S. 66
3 HK, S. 62
4 TB, S. 117
5 HK, S. 65, 72
6 Vgl. dazu die Erinnerungen der Enkelin Juttea Bohnke-Kollwitz in der Einführung des Tagebuches, S. 7–34
7 HK, S. 132
8 TB, S. 124
9 TB, S. 118
10 TB, S. 474
11 TB, S. 141
12 Bonus-Jeep 1, S. 146
13 TB, S. 330
14 TB, S. 860
15 Vgl. dazu den späteren Film »Schaffende Hände« von Hans Cürlis, der sie wie andere Künstler beim Zeichnen filmte

16 HK, S. 50
17 Zit nach: Fehlemann, Sabine in: Kat. Garten der Frauen. Wegbereiterinnen der Moderne in Deutschland. 1900–1914. Sprengel Museum Hannover. Von der Heydt-Museum Wuppertal 1997, S. 62, 63
18 TB, S. 799
19 TB, S. 408
20 HK, S. 87
21 Käthe Kollwitz gehörte nach der Spaltung der Berliner Secession als Vorstandsmitglied der »Freien Secession« von 1914 – 1916 an. Sie war außerdem Mitbegründerin und 1. Vorsitzende des Frauenkunstverbandes bis 1923.
22 TB, S. 779, 216
23 HK, S. 79
24 Meisterwerke, S. 55
25 Engelmann, a.a.O. (Kapitel 4, Anm. 15), S. 203
26 HK, S. 63

Kapitel VII

1 TB, S. 176
2 Glatzer, a. a. O. (Kapitel 5, Anm. 2), S. 376
3 TB, S. 151
4 TB, S. 158
5 TB, S. 852
6 TB, S. 154
7 TB, S. 171
8 TB, S. 173
9 TB, S. 174
10 TB, S. 182
11 TB, S. 197
12 TB, S. 241
13 TB, S. 282
14 TB, S. 269
15 TB, S. 268

16 TB, S. 191
17 TB, S. 201
18 TB, S. 267
19 TB, S. 250
20 TB, S. 812
21 TB, S. 456

Kapitel VIII

1 HK, S. 110
2 TB, S. 273
3 HK, S. 134
4 HK, S. 120
5 HK, S. 137
6 HK, S. 147
7 HK, S. 150
8 TB, S. 288
9 TB, S. 254
10 TB, S. 334
11 TB, S. 253
12 HK, S. 154, 155
13 HK, S. 150
14 HK, S. 160
15 TB, S. 822
16 HK, S. 151
17 TB, S. 321
18 TB, S. 356
19 HK, S. 177
20 Die zwanziger Jahre. Manifeste und Dokumente deutscher Künstler. Hrsg. und kommentiert von Uwe M. Schneede. Köln 1979, S. 14, 15
21 TB, S. 844
22 HK, S. 181

Kapitel IX

1 Glatzer, a. a. O. (Kapitel 5, Anm. 2), S. 425
2 TB, S. 410
3 HK, S. 31
4 TB, S. 436
5 TB, S. 404
6 Lange, Annemarie: Berlin in der Weimarer Republik. Berlin 1987, S. 196
7 Freundschaft, HK, S. 134 (Tagebuch Hans Kollwitz)
8 TB, S. 483
9 TB, S. 465
10 TB, S. 542
11 Schmidt, S. 187 (an Reinhard Schmidhagen, 8. 12. 1943)
12 TB, S. 458
13 TB S. 519
14 Ebenda
15 TB, S. 476
16 TB, S. 480
17 Louise Diel: Käthe Kollwitz. Ein Weberaufstand. Bauernkrieg. Krieg. Die drei Blattfolgen der Künstlerin mit Text von Louise Diehl, Berlin 1930, S. 44
18 Freundschaft, S. 163 (Dr. Ilse Reicke)

Kapitel X

1 TB, S. 449 – Die Hilfsaktion für Wien musste abgebrochen werden, weil auch in Berlin Hungersnot herrschte.
2 von dem Knesebeck I, S. 11
3 Ebenda, S. 12
4 Freundschaft, S. 136 (Tagebuch Hans Kollwitz)
5 Freundschaft, S. 135 (Tagebuch Hans Kollwitz)
6 TB, S. 895
7 TB, S. 439

8 TB, S. 844, 845
9 TB, S. 541
10 TB, S. 498
11 TB, S. 483
12 Kat. Garten der Frauen, a. a. O. (Kapitel 6, Anm. 17), S. 63, 64 (Sabine Fehlemann)
13 TB, S. 438
14 TB, S. 457
15 TB, S. 571
16 TB, S. 583
17 Druckgraphik, S. 239
18 TB, S. 343
19 TB, S. 146
20 TB, S. 335
21 TB, S. 589
22 Krahmer, S. 149 (Sozialistische Monatshefte, September 1931)
23 TB, S. 555
24 TB, S. 422
25 TB, S. 560
26 TB, S. 579 – Vgl. dazu: LX Jahresbericht des k.k. Staats-Gymnasiums Ried am Schlusse des Schuljahres 1912/13. Ried o.J. (Albert Sallak: Bildung, Qualitätsarbeit und Persönlichkeit, S. 1–14); Fünfzigster Jahresbericht der k.k. Staats-Realschule im ersten Gemeinde-Bezirk Wiens Schottenbastei 7 für das Schuljahr 1910/11. Wien 1911 (Albert Sallak: Kunsterziehungsfragen und ihre Ausgestaltung, S. 1–23)
27 Freundschaft, S. 160 (Gertrude Sandmann)
28 Ebenda, S. 161 (Gertrude Sandmann)
29 HK, S. 261

Kapitel XI

1 TB, S. 605
2 TB, S. 18
3 TB, S. 586, 587

4 TB, S. 888

5 TB, S. 590

6 TB, S. 613

7 HK, S. 200

8 HK, S. 212

9 TB, S. 627

10 TB, S. 898

11 HK, S. 144

12 TB, S. 898

13 Bonus-Jeep 1, S. 164

14 HK, S. 202

15 HK, S. 283 (Hans Kollwitz)

16 Krahmer, S. 148

17 Bonus-Jeep 1, oS

18 HK, S. 153

19 Lange, a. a. O. (Kapitel 9, Anm. 6), S. 833

20 HK, S. 199

21 TB, S. 609

22 Vgl. TB, S. 27

23 TB, S. 654

24 TB, S. 640

25 TB, S. 669

26 TB, S. 623

27 Bonus-Jeep 1, S. 198, 199

28 TB, S. 656

29 HK, S. 44

30 TB, S. 655

Kapitel XII

1 TB, S. 673

2 Die zwanziger Jahre, a. a. O. (Kapitel 8, Anm. 20), S. 290

3 Bonus-Jeep 1, S. 188

4 TB, S. 913

5 Bonus-Jeep 1, S. 189
6 TB, S. 747
7 Schmidt, S. 60 (Ernst Barlach an Otto Nagel, 6. 5. 1934)
8 HK, S. 115
9 Homeyer, S. 121
10 Freundschaft, S. 37 (an Josef Schwarzmann, 30.10.1935)
11 Brief vom 17.6.1933, Käthe Kollwitz-Museum, Berlin
12 TB, S. 678 und Bonus-Jeep 1, S. 189
13 Vetter
14 HK, S. 214
15 Schmidt, S. 109 (Juli 1937)
16 TB, S. 920, S. 921
17 Vgl. TB, S. 921, 922

Kapitel XIII

1 TB, S.686, 687
2 Schmidt, S. 108, S.118 (Reinhard Schmidhagen an Ludwig Renn, 15. 4. 1937 und 24. 9. 1937)
3 Homeyer, S. 120
4 Klosterstraße, S. 20, 21 (an Anni, 13. 2. 1937)
5 Zit. nach: TB, S. 917
6 Krahmer, S. 114
7 Freundschaft, S. 35, 36 (an Hanna Löhneberg, 6. 5. 1937)
8 Bonus-Jeep 1, S. 191
9 Zit. nach: Käthe Kollwitz Museum Köln, S. 55
10 TB, S. 928
11 Schmidt, S. 154
12 TB, S. 692
13 Glatzer, a. a. O. (Kapitel 5, Anm. 2), S. 425
14 Bonus-Jeep 1, S. 203
15 Bonus-Jeep 1, S. 203
16 Freundschaft, S. 49 (an Joseph Faassen, 29. 8. 1940)

Kapitel XIV

1 TB, S. 544
2 Bonus-Jeep 1, S. 212
3 Schäfer, Hans Dieter (Hrsg.): Berlin im Zweiten Weltkrieg. München 1991. 2. Auflage, S. 203
4 HK, S. 240
5 TB, S. 709
6 Freundschaft, S. 85 (an: Gertrud Breysig, 21. 5. 1943)
7 Zit. nach: TB, S. 917
8 Plakate, S. 6
9 HK, S. 228
10 HK, S. 226
11 HK, S. 228
12 HK, S. 245
13 HK, S. 74
14 HK, S. 227
15 TB, S. 560
16 Vgl. dazu: Speer, Albert: Erinnerungen. Firn. Berlin 1969, S. 429
17 Vgl. zu dieser letzten Lebenszeit auch die Einführung Jutta Bohnke-Kollwitz
18 Aus meinem Leben, S. 168

I

Ein Schrei zerriss die *schläfrige Sonntagnachmittagsstille*. Er durchzog das elegante Schlafzimmer, schwappte über die Diele mit dem Perserläufer, breitete sich in allen Zimmern aus, machte auch vor der Eingangstür nicht halt. Er drang zur Belästigung der Nachbarn durch Böden und Wände, stieß zum Fenster hinaus auf die Straße. In der Küche fiel der Tochter des Hauses die Wärmflasche, die sie gegen die Rückenschmerzen der kränklichen Mutter gerade befüllte, aus der Hand. Das siedende Wasser ergoss sich über ihre Finger und der brennende Schmerz verband sich augenblicklich mit dem infernalischen Schrei, der gar nicht enden wollte, auch nicht menschlich klang, eher wie ein Tier – im Todeskampf.

»Was ist denn jetzt wieder los?«, entfuhr es Vicki. Sie wickelte ein Küchenhandtuch um ihre verbrühte Hand, stieß die Tür auf und lief ins Schlafzimmer. Auf dem Bett krümmte sich die Mutter. Ein hilfloses Bündel, vor Schmerzen fast ohnmächtig. Erbarmungswürdig, wenn sie nicht ohne Unterlass kreischen würde.

Vicki fuhr ein kalter Schauer über den Rücken. Sie stürzte ans Bett, ergriff die Hand der Kranken, schrie gegen den Klagelaut an: »Was ist los? Was ist?« Die aufsteigende Panik trieb ihre Stimme in die Höhe. »Bitte! Bitte hör' auf zu schreien«, flehte sie, bereit, alles zu tun, die Ursache des Ungemachs sofort abzustellen, wenn es denn eine gab, denn der blanke Irrsinn brauchte keinen Grund.

Schaudernd dachte Vicki an den Tag zurück, als ihre Mutter versucht hatte, sich aus dem Fenster zu stürzen. Zwölf Jahre war es her, seit sie in die Privatheilanstalt Inzersdorf gebracht wurde. Vicki war erst sieben Jahre alt gewesen. Niemand hatte ihr irgendetwas erklärt. Sie lag mit Scharlach im Bett, als ihre Mutter verschwand und durch eine furchteinflößende Pflegerin ersetzt wurde. Wochenlang hatte Vicki geglaubt, Mama wäre gestorben und der Vater getraue sich nicht, ihr die traurige Nachricht zu sagen. Schließlich löste die Putzfrau die Sache auf: Die Madame war nicht tot, sie war verrückt und ins »Narrenhaus« gebracht worden. Seither war die Mutter nervös und kränklich gewesen, doch der blanke Irrsinn hatte seine Fratze nicht noch einmal gezeigt. Bis heute?

Vicki streichelte den nach hinten gekrümmten Kopf, allein, um sich nicht die Ohren zuhalten zu müssen. »Es ist gut, Mama. Alles wird gut. Beruhige dich.« Streng und freundlich redete sie auf die Mutter ein und konnte nicht einmal sagen, ob ihre Stimme den Vorhang aus Schmerzen und Schreien überhaupt durchdrang.

Ein Arzt! Ein Arzt musste her. Sofort. Vicki wand die Hand aus der Umklammerung, stürzte die Treppe hinunter und klopfte an die Tür von Dr. Kotnik in der ersten Etage, der war zwar nicht ihr Hausarzt, aber er hätte sicher geholfen, wäre er nicht übers Wochenende mit der Frau und den zwei goscherten Buben aufs Land gefahren. Die Mutter kümmerte das nicht, sie schrie und schrie, verlangte einen Arzt, eine Morphiumspritze. Vicki konnte den Ärger kaum zurückdrängen: »Bitte, bitte, nimm dich zusammen, *probier' es doch. Ich hole Dr. Popper, ja ja, er wird dir sicher etwas geben, Morphium, bestimmt, ganz bestimmt«, versicherte sie, als ob sie nicht gewusst hätte, dass die Mutter sich niemals zusammennehmen konnte und wollte, sich nie beherrschen würde.*

Still betete Vicki zu einem Gott, an den sie nicht glaubte, und zu ihrem Großvater, den gütigen, kleinen alten Juden, der seit dreizehn Jahren tot war, er möge der Mutter eine Ohnmacht schicken, egal was, wenn nur das Schreien aufhörte. Als sie die Wohnungstür erneut öffnete, stand die Hausmeisterin davor und reckte neugierig den grindigen Hals hinein: »Was ist denn da los?«, fragte sie. »Was soll das Spektakel?«

»Nichts ist los«, erwiderte Vicki und trat einen Schritt vor die Tür. »Die Mama hat sich den Rücken verrenkt. Ich muss einem Arzt telefonieren.«

»Das G'schrei muss aufhören!«, bestimmte die Alte und empfahl: »Der Justizrat in der Zweiten hat einen Fernsprechapparat.«

Zwei Etagen tiefer öffnet die Schwester des besagten nach kurzem Klopfen. Sie war eine grillenhafte Person, die Vicki oft dabei beobachtet hatte, wie sie beständig vor sich hinmurmelnd immer drei Schritte vor und zwei zurück die Treppe erklomm. Nun schauderte ihr vor der Kontaktaufnahme, aber die gellenden Schreie der Mutter trieben sie voran. Sie murmelte etwas von starken Rückenschmerzen und bat, den Telefonapparat benutzen zu dürfen. Man führte sie in die düstere Wohnung.

Dr. Popper war nicht in der Stadt und als läge ein Fluch auf diesem sonnigen Spätsommersonntag, war auch kein anderer Arzt zu sprechen. In ihrer Verzweiflung wäre Vicki vielleicht einfach davongelaufen, hätte das Fräulein ihr nicht so ruhig und verständnisvoll zur Seite gestanden. So lief sie den restlichen Nachmittag, bis in den Abend hinein immer wieder die zwei Etagen hinunter zum Telefon und wieder zur Mutter hinauf, ohne dass die unmenschlichen Schreie auch nur für eine Minute ausgesetzt hätten.

Rettung kam kurz vor zwei Uhr nachts in Gestalt eines sehr jungen Mannes, dessen Gesichtsausdruck und Achselzucken nichts als blanke Hilflosigkeit verrieten. Seine Autorität als Arzt bewies er schließlich, als er mit der lautstark geforderten Morphiumspritze herausrückte. Offenbar war er zu dem Schluss gekommen, dass hier eine Süchtige auf Entzug tobte und so verabreichte er ihr eine gehörige Portion des süßen Gifts.

Binnen Minuten ebbten die irren Schreie ab, bis sie zu einem kläglichen Wimmern wurden. Ruhe. Fast schon Stille. Doch die Pause währte nur kurz. Kaum hatte der junge Arzt das Haus verlassen – Vicki hatte nicht einmal Zeit gehabt, sich einen Tee zu bereiten –, ging der Albtraum weiter: Schrille Schreie, nun begleitet von krampfartigem Würgen, Erbrechen und wildem Schluchzen. Entgegen der voreiligen Diagnose des Mediziners hatte Mathilde Baum noch niemals Morphium erhalten. Ihre unsagbaren Schmerzen rührten, wie ihr Hausarzt einige Zeit später feststellen sollte, von einer Wirbelsäulenentartung. Krebs. Die Metastasen hatten an diesem Schreckenstag die Wirbelsäule erreicht und ein Todesurteil über sie verhängt. Zunächst aber wehrte sich ihr Körper vehement gegen die hochdosierte Arznei, die endlosen Stunden der Nacht hindurch bis zum Anbruch des neuen Tages. Und von da an jeden Tag, denn der Körper war jung und verweigerte dem Tod einen schnellen Triumph.

II

Der Sessel stand noch immer da, wo Vicki ihn vor Monaten platziert hatte, nah am Krankenbett, das noch immer kein Sterbebett war, aber eines sein würde – früher oder später. Vicki stellte die Notenmappe an die Wand. Sie kam vom Wiener Konzertverein, wo sie seit drei Monaten als Harfenistin für das Berufsorchester engagiert war. Und das mit nur neunzehn Jahren. Noch dazu als einzige Frau unter achtzig Männern. Der Gipfel ihrer Karriere. Fast fünfzig Auftritte hatte sie im letzten Monat absolviert. Wenn sie nicht probte oder spielte, war sie bei der Mutter. Tagsüber zwischen den Proben und nachts, wenn sie den Schmerzensschreien ihrer Mutter nicht entrinnen konnte.

Vicki setzte sich in ihren Sessel. Sie klagte nicht. Einer musste der Mutter in ihrem Todeskampf beistehen und ihr Vater konnte es nicht. Er verabscheute Krankheiten, fürchtete Ansteckung, hatte umgehend seine Reisetasche gepackt und war zu seiner Mutter gezogen. Seither kam er einmal die Woche zu einer kurzen Visite. Vicki genoss die Abwesenheit des großen Tyrannen.

Erschöpft legte sie den Kopf ans Polster, betrachtete den ausgemergelten Körper der Kranken. Morphiumgetränkter Schlaf. Wie lange noch? Jeder Atemzug, den sie tat, riss Oberkörper und Kopf energisch mit sich, wie viele würden die magere Gestalt noch erschüttern, ehe das schwache Fleisch seinen Dienst einstellte?

Vicki saß einfach da und wartete, dass die Qual wieder aufbrandete oder ein für alle Mal endete. Bis zur nächsten Dosis dauerte es noch über eine Stunde. Dr. Popper hat ihr eingeschärft, es mit den Injektionen sehr genau zu nehmen. Nicht weniger als vier Stunden durften zwischen zwei Spritzen liegen, auch wenn die Wirkung schon nach der Hälfte der Zeit nachließ und die letzte Stunde vor dem rettenden Gift von Stöhnen und Schreien erfüllt war.

Draußen, vor dem Fenster trieb der Wind graue Wolken über

den Himmel. Es war Februar und so düster, als würde es niemals Frühling werden. Wen kümmerten die Knospen und Triebe, wenn das Leben sich so qualvoll festkrallte an einen Körper, der seit Monaten unrettbar verloren war.

Irgendwann ging es los. Ein Stöhnen weckt Vicki aus ihrem substanzlosen Dämmerzustand. Im Zimmer war es dunkel, bis auf das kleine Nachtlicht. Das Stubenmädchen musste es inzwischen entzündet haben, die fröhliche Flamme durch einen grünen Schirm vor den Augen der Kranken verborgen. Wie spät mochte es sein? Mathilde starrte mit wildem Blick zur Decke. Die wahnsinnige Qual war zurück. Vicki spürte einen Augenblick reglos dem Brennen nach, das hinter ihrer Schläfe saß, da formte sich schon der Schrei in der trockenen Kehle der Kranken, schon brach er hervor, hallte durchs Zimmer. Dienstpersonal und Nachbarn war der Lärm längst zu einer vertrauten Belästigung geworden. Jeder Tag war durchschnitten von seinem infernalischen Rhythmus. Die arme Mama, *die niemals auch nur die geringste Selbstbeherrschung besessen hatte, nichts, was sie ein wenig hätte stützen können, nichts von solchen unwägbaren Kräften wie Selbstzucht und Disziplin, keine Interessen, keine Liebe, keine Religion*. Die arme Mama. Längst hatte sie sich den *Folterqualen des Schmerzes* willenlos überlassen.

Dieser markerschütternde Schrei riss Vicki endgültig hoch. Schnell öffnete sie das Schubfach vom Nachtkästchen, fand die Ampulle in ihrer Kassette. Routiniert brach sie das Glas, zog die Flüssigkeit mit der Spritze auf, hob die Haut am Oberschenkel an, der von den Einspritzungen schon ganz gesprenkelt war, stach zu und wartete, bis das Stöhnen leiser wurde und die Stille zurückkehrte. Selige Morphiumstille. Ruhe für die nächsten Stunden.

Vicki schlich zur Tür. Auf dem Gang roch es nach Fichtennadeln. Vetl, die gute Seele, hatte ihr ein Bad eingelassen. Im Wasser würde sie den steifen Körper entspannen und den Krankenzimmergeruch von sich waschen. Danach würde sie im wattierten Morgenrock, den Frau Gross ihr für die kalten Winternächte genäht hatte, wieder in ihrem Lehnstuhl sitzen, am Bett der Mutter. Hier verbrachte sie ihre Nächte. Jede Nacht seit dem verhängnisvollen Spätsommersonntag. Sie wird ein wenig lesen, darüber einschlafen, bis zum nächsten Stöhnen, zur nächsten Spritze oder bis die Morgensonne sie einstweilen von den Tochterpflichten entband.